개념 기반 외국어 교수와 학습

깊이 있는 학습을 통한 의사소통 역량 함양

J. Rafael Angel 저 | 고은지 · 신은정 공역

FROM INCEPTION TO FRUITION

Concept-Based Language Teaching and Learning

학지사

From Inception to Fruition: Concept-Based Language Teaching and Learning
by J. Rafael Ángel

역자 서문

역자 고은지와 신은정의 대화

신 작년부터 우리는 참 바쁘게 지냈네요. 둘이 함께 다양한 협업을 진행했는데, 연수 콘텐츠 제작과 운영에서부터 비영리 단체 발족까지 그 범위가 상당히 넓었습니다. 특히 개념 기반으로 설계하기 가장 어려운 과목 중 하나로 꼽히는 외국어에 관한 도서를 공동 번역하기로 결정한 것은, 지금 생각해 보면 정말 대담한 선택이었던 것 같습니다. 외국어 교사로서 이 책을 번역하는 것은 개인적으로 어떤 경험이었나요?

고 네, 이번 번역 작업은 개념 기반 외국어 교육을 실천하는 교사들의 고민에 대한 실질적인 해답을 찾을 수 있는 기회가 되었습니다. 많은 선생님들께서 언어 단원을 설계하는 과정에서 텍스트의 맥락에 치중하다 보면, "내 수업이 인문사회 교과인지 언어 교과인지 모르겠다."라는 고민을 토로하곤 합니다. 이 책을 통해 개념 기반 단원 설계를 적용하여 '외국어 교과의 본질'을 유지하면서도 맥락에 적합한 균형 잡힌 모델을 활용하는 방법과 교육 현장에서 실질적으로 적용할 수 있는 다양한 예시를 참고할 수 있었습니다. 특히 외국어 교육과 관련된 개념(concept) 목록은 언어 교사가 단원을 설계할 때 참고할 수 있는 귀중한 자료로 활용될 것입니다. 이를 위해 영어에서 한국어로 번역하는 과정에서 원문의 의미를 온전히 전달하기 위해 중요한 개념과 용어는 한영 병기로 표기하였습니다.

신 네, 저 역시 트레이너로서 평소 답을 찾지 못했던 부분을 이번 번역 작업을 통해 많이 발견할 수 있었습니다. 또한 다중 언어 구사자인 라파엘 안헬(Rafael Ángel)의 작업물을 보면서 평소 제 생각을 다시 확인하게 되었습니다. 제 주변에도 라파엘처럼 여러 언어를 자유롭게 구사하는 동료 교사나 지인들이 있는데, 그들의 인지적 유연성은 늘 놀라웠어요. 저는 이런 능력이야말로 외국어 학습의 중요한 가치 중 하나가 아닐까 하는 결론에 점점 다가가고 있습니다. 언어교육을 개념 기반으로 구현하는 것이 학습자의 인지적 유연성을 어떻게 지원할 수 있을까요? 이는 앞으로 우리가 더 깊이 탐구해 봐야 할 중요한 주제인 것 같습니다.

고 현재 국내 외국인 수가 251만 명에 이르며, 한국은 점점 다문화 사회로 진입하게 되었습니다. 이러한 변화 속에서 교사는 학생이 가진 다양한 언어 자원을 유연하게 활용하고, 각 학생의 다양한 수준의 배경지식을 고려하여 교육을 설계하는 것이 중요합니다. 깊이 있는 이해를 위해 학생이 모국어를 포함한 자신 있는 언어를 활용할 수 있도록 하고, 목표 언어와 모국어 간의 차이를 인식할 수 있는 기회를 제공해야 합니다. 예를 들어, 대문자 개념에 익숙한 문화권의 학생은 이를 쉽게 이해할 수 있지만, 그렇지 않은 환경에서 온 학생은 이 개념을 새롭게 학습해야 할 수도 있습니다. 또한 개념 기반 언어교육은 다중 언어 사용자가 외국어 학습을 통해 인지적 유연성을 강화할 수 있도록 돕는다는 점에서 강점을 갖습니다. 이를 통해 학생은 상황에 따라 언어와 사고를 유연하게 전환하고, 다양한 관점을 수용하며, 문제 해결 능력과 창의성을 발휘할 수 있게 됩니다. 뿐만 아니라, 개념 기반 언어교육은 단순히 일상적 의사소통 능력(Basic Interpersonal Communicative Skills: BICS)을 개발하는 데 그치지 않고, 학문적 언어 능력(Cognitive Academic Language Proficiency: CALP)을 강화하는 데도 중요한 기여를 할 수 있습니다. 이는 학생이 학교나 과업에서 사용되는 형식적이고 학문적 언어를 의미하며, 학생이 언어와 관련된 개념어를 탐구하는 과정을 통해 자연스럽게 개발될 수 있는 중요한 능력입니다.

신 맞아요. 최근 언어교육의 범주가 단순히 번역을 넘어 학문적 언어(Academic Vocabulary)뿐만 아니라 프로그래밍 관련 언어(Application Language)까지 확장되고 있는 것 같습니다. 또한 요즘 다중 언어주의(Multilingualism)와 트랜스랭귀징(Translanguaging)의 개념이 활발하게 논의되고 있습니다. 이러한 개념과 아이디어 중에서 이번 책 작업과 연결하여 더 심화할 수 있는 영역이 있다면 어떤 부분이 있을까요?

고 트랜스랭귀징은 개념 기반 언어교육에서 학생이 자신의 언어 자원을 통합적으로 활용하여 깊은 개념적 이해에 도달하도록 돕는 강력한 도구입니다. 특히 학습자가 모국어와 학습 언어를 자유롭게 전환하며 사고하고 표현할 수 있는 기회를 제공함으로써 학문적 언어 능력(CALP) 향상에 기여합니다. 학생이 모국어를 사용해 학문적 대화를 나누고 개념을 탐구하는 과정은 구체적인 사고에서 추상적인 사고로의 전환을 촉진하며, 언어와 사고 능력을 함께 발전시킵니다.

트랜스랭귀징과 개념 기반 탐구는 다중 언어 사용자가 여러 언어 자원을 유기적으로 연결하여 개념을 이해하고 표현하는 과정을 통해 학문적 사고를 강화할 수 있도록 돕습니다. 이번에 번역한 책은 이러한 트랜스랭귀징과 개념 기반 언어교육의 연결성을 보여 주며, 이를 수업 시간에 어떻게 활용할 수 있을지에 대한 영감을 제공합니다. 특히 학생이 일상 언어(BICS)에서 학문적 언어(CALP)로 발전해 나가는 과정에서 다중 언어 자원을 활용하는 가능성을 제시하고 있습니다.

신 그것이 바로 학습자가 자신의 언어 자원을 능동적으로 활용하며 개념을 탐구할 수 있도록 돕는, 학습자 주도성이 실현되는 교수의 한 모습이 아닐까 싶습니다. 중등 영어 교사이기도 한 선생님께서는 이번 번역 작업에서 한국 교육 현장과의 어떤 연관성을 보셨는지 궁금합니다.

고 우리나라 교육과정은 2015 개정 교육과정부터 '핵심 개념'을 도입해 학습의 깊이와 폭을 확장하고자 했습니다. 특히 2022 개정 교육과정은 '핵심 아이디어'를 통해 사실과 기능을 넘어 개념까지 확장하는 '3차원적 교육과정'을 지향하지만, 이를 단원 설계에 적용하는 데 있어서는 현장의 갈증과 고민이 존재합니다. 이 책은 국가 교육과정에서 제시된 핵심 개념과 핵심 아이디어를 바탕으로, 언어 교사가 학습자의 개념적 이해를 돕는 3차원적 교육과정을 설계하고 수업에 적용할 수 있는 구체적인 아이디어를 제공할 것입니다. 또한 2022 개정 영어 교육과정에서는 기존의 듣기, 말하기, 읽기, 쓰기에서 벗어나, 언어의 사회적 목적을 중심으로 '이해(reception)'와 '표현(production)'의 두 영역으로 재구성되었습니다. 이 변화는 단순 텍스트뿐만 아니라 이미지와 동영상 등 다양한 매체를 활용해 영어 지식과 표현 능력을 기르는 방향으로 발전하고 있습니다. 예를 들어, 시각적 요소가 포함된 블로그 글을 통해 학생은 시각적 요소가 텍스트의 유형과 메시지 전달에 어떻게 영향을 주는지 탐구하며 개념적 이해를 확장할 수 있습니다. 이러한 활동은 '보기(viewing)'와 '제시하기(presenting)'를 통해 학생이 언어 기능을 넘어 시각적 정보와 표현을 종합적으로 이해하고 활용하는 능력을 키우는 데 도움이 될 것입니다.

신 라파엘은 래닝의 과정 구조인 네 가지 단계—이해하기, 반응하기, 비평하기, 산출하기—를 엄격하게 따르는 언어 교사이기도 합니다. 기존의 4대 매크로 기능인 듣기, 말하기, 읽기, 쓰기가 아닌 이 네 가지 과정 스트랜드를 활용하고, 각 과정에서 도달할 일반화를 설정하는 방식은 제가 본 어떤 설계보다도 체계적이고 엄밀한 것 같습니다. 결국 우리가 언어로 수행하는 모든 과정은 이 네 가지 기능의 적절한 조합을 통해 완성된다고 생각합니다. 그러나 '이해하기'와 '반응하기'의 경계, 그리고 '반응하기'와 '비평하기'의 경계를 명확히 구분하는 것이 쉽지 않다고 느끼곤 합니다. 선생님께서는 이러한 목차를 구별하며 일반화를 작성할 때, 자신만의 노하우를 개발하셨는지요?

고 네, 저는 '이해하기' 스트랜드에서는 주어진 멀티모드 텍스트(multimodal text)의 주제(theme)와 관련된, 즉 지식 구조에서 도출된 개념 간의 관계를 다룹니다. 또한 언어 자체에 대한 이해를 위해 목표 문법, 패턴, 구조, 형식, 의도 등 과정의 구조에서 도출된 개념 간의 관계도 함께 다룹니다. 이를 통해 학생이 텍스트의 다양한 요소를 이해하고, 그 속에서 개념적 연결을 형성할 수 있도록 돕습니다. '반응하기' 스트랜드에서는 학생이 개인적으로 또는 협력하여 텍스트에 대한 생각을 공유하고, 능동적인 청취, 텍스트 분석, 다양한 역할 수행, 시각적 문해력 등을 탐색합니다. 이 스트랜드에서는 학생이 다른 사람의 통찰에 더 개방적이 되고, 자신의 생각과 경험을 텍스트와 연결시킬 수 있도록 돕습니다. 예를 들어, 학생은 서로 다른 매체에서 같은 주제에 대해 읽고, 그 주제에 대한 의견을 토론하거나 글로 표현해 보는 활동을 진행합니다. '비평하기' 스트랜드에서는 학생이 언어 사용자로서 올바른 판단을 내리고 텍스트의 품질을 평가하는 데 필요한 개념을 다룹니다. 학생은 텍스트의 신뢰성, 편견, 설득 전략 등을 분석하며 비판적 사고를 키우게 됩니다. 예를 들어, 광고나 연설문을 분석하며 메시지의 설득 전략이나 의도, 편견을 파악하는 활동을 진행합니다. 마지막으로, '산출하기' 스트랜드에서는 학생이 학습한 내용을 바탕으로 실제로 언어를 생산하고 표현하는 과정을 다룹니다. 학생은 특정 유형의 텍스트, 목적, 청중을 고려하여 글을 작성하거나 프레젠테이션을 준비하며 언어를 정확하고 효과적으로 사용해 보는 연습을 하게 됩니다. 이를 통해 학생은 실제 맥락에서 언어를 적용하고 자신의 생각을 명확하게 전달하는 능력을 키우게 됩니다. 이러한 네 가지의 스트랜드는 학생이 단순한 언어 기능을 넘어 개념적으로 깊이 있는 언어 사용을 학습하고, 다양한 맥락에서 언어를 효과적으로 활용할 수 있도록 돕는 중요한 역할을 합니다.

신 덧붙이자면, 저는 코칭 때 이해하기와 산출하기 과정을 먼저 설정하는 것을 제안드립니다. 그러면 이해를 돕는 반응하기와 산출의 품질 개선을 위한 비평하기를 설정하기에 용이해지니까요.

저는 원래 외국어 교사가 아니었기 때문에 이번 작업을 진행하면서 IB(국제 바칼로레아) 교육자로서 IB 교육에서 강조하는 "모든 교사는 언어 교사이다."라는 관점에서 접근하려고 했습니다. 영연방 국가의 이민자로 살면서 모국어가 아닌 외국어로 수학을 가르쳤던 경험이 있어서 언어교육이 단순히 번역이나 물건 구매에 그치는 것이 아니라는 점을 일찍이 깨달았습니다. 특히 의도적인 언어 교육이 수학적 소통과 개념적 이해에 얼마나 중요한지 확인하는 계기가 되었습니다.

고 IB에서는 언어가 외국어 수업에만 국한되지 않고 모든 교과에서 학습의 핵심 매개체로 작용한다는 관점을 지니고 있습니다. 즉, 학습자가 언어를 통해 사고를 정리하고, 개념을 이해하며, 지식을 표현하기 위해 필요한 언어 능력을 모든 교과에서 길러야 한다는 것입니다. 외국어 교사로서 저 또한 언어는 단순히 가르쳐야 할 과목이 아니라, 학생이 세상을 이해하고 자신의 생각을 표현하는 핵심 수단이라고 생각합니다. 이번 번역 작업을 통해 CBCI 공인 트레이너로서 많은 것을 배울 수 있었고, 특히 한국 교육 현장에서 개념 기반 언어교육을 어떻게 적용할 수 있을지에 대한 다양한 아이디어를 얻을 수 있었습니다. 이 작업을 계기로, 제 수업에서 학생들이 효과적인 언어 생산자이자 소비자로 성장할 수 있도록 더욱 깊이 있는 언어 학습의 여정을 이어 가고 싶습니다. 또한 이 경험을 많은 언어 교사들과 함께 나누고 싶습니다. 이 책이 개념 기반 언어교육을 실천하는 모든 교사에게 유용한 지침이 되고, 학습자가 자신의 언어적 주도성을 찾는 데 작은 도움이 되기를 바랍니다.

신&고 우선, 개념 기반 언어교육에 대한 국내 교육자의 고민에 공감하며, 소중한 번역 기회의 문을 열어 주신 저자 라파엘 안헬(Rafael Ángel)에게 깊이 감사드립니다. 또한 개념 기반으로 외국어 교육을 실천하고자 하는 국내 교사분들께서 번역의 필요성을 일깨워 주시고, 그 과정을 응원하며 출판을 기다려 주신 덕분에 이 작업을 끝까지 완성할 수 있었습니다. 언제나 CBCI 코칭팀을 이끌며 멘토링으로 큰 도움을 주신 레이첼 프렌치(Rachel French)의 든든한 지원도 잊지 않겠습니다. 이 책의 표지 그림은 현재 국립현대미술관에 소장된 최선 작가의 작품 〈모국어회화〉를 디지털 작업한 것입니다. 이 작품은 작가가 당시 방황하던 청소년들과 대화를 나누며 그 속에서 얻은 영감을 풍선껌으로 표현한 콜라보 작업입니다. 껌 씹기와 같은 일상적 행위를 회화로 시도하면서, 우리의 정체성과 감각을 각인시켜 주는 모국어와 연결한 개념 아트 작품입니다. 라파엘의 책 이야기를 듣고 이 작품을 떠올려 책의 표지로 아름답게 구현해 주신 최선 작가님께 감사의 마음을 전합니다. 아울러 감수를 도와주신 이요나 선생님과 이진영 선생님께도 감사드립니다. 두 분의 세심한 검토로 번역의 완성도가 더욱 높아졌습니다. 끝으로, 이 번역 프로젝트의 가치를 알아봐 주시고, 출판의 모든 여정을 함께해 주신 학지사 김진환 대표님과 관계자 여러분께 진심으로 감사드립니다.

2025년 가을, 서울역 카페에서

고은지 & 신은정

추천 서문

로이스 래닝 박사(Dr. Lois Lannig)와 린 에릭슨 박사(Dr. Lynn Erickson)

라파엘 안헬이 쓴 『개념 기반 외국어 교수와 학습』은 세계 언어 교사에게 진정한 선물이 될 것입니다! 이 책은 단순한 기능 훈련과 청소년이 별로 관심을 갖지 않는 토픽을 가르치는 전통적인 수업의 틀을 깨고자 하는 '사고하는 교사'를 위한 '사고를 확장'하는 책입니다. 이 책에서 저자는 독자로 하여금 전통적인 중등 외국어 교육과정과 수업을 재고하고 새로운 방식에 도전하는 것은 교육자의 사회적 의무라고 강조합니다. 여러분은 이 책을 통해 오늘날 청소년의 관심사와 동떨어진 중등 언어 학습 토픽[1]을 재검토해야 하는 이유와 언어 교수에 사용되는 방법을 재설계해야 하는 이유를 알게 될 것입니다.

세계 곳곳의 학생 및 교육자와 함께한 다양한 경험과 최고의 교수법을 찾아 끊임없이 배우고자 노력하는 모습은 언어 교수법에 혁신을 불러오려는 라파엘의 열망을 잘 보여 줍니다. 이 책을 읽다 보면 청소년에게 다가가고 가르치는 방법에 있어 라파엘이 보여 주는 깊은 분석과 통찰에 매우 감탄하게 될 것입니다. 라파엘은 언어의 교수와 학습 전체를 조망하며 어떻게 개념 기반 교육과정과 수업(CBCI)의 원칙이 외국어 수업과 통합되면서도 여전히 언어 교과의 고유성을 유지하는지 잘 보여 줍니다.

1) 역자 주: 여기서 토픽(topic)은 우리나라에서 소재 또는 주제(theme)로 해석 가능하므로 번역하지 않고 그냥 토픽이라 부른다.

외국어[2]를 배운다는 것은 좁은 범위에서 뇌가 새로운 인지적 틀을 구성해야 한다는 것을 의미합니다. 교육과정과 수업이 어떻게 설계되느냐에 따라 이 과정이 더 어렵거나 쉬워질 수 있습니다. 언어 학습 앱 '복시(Voxy)'의 최고 교육 책임자인 케이트 닐슨(Katie Nielson)은 '비지니스 인사이더'의 기사에서 고등학교 이상의 학생 또는 성인에게 새로운 언어를 가르칠 때 발생하는 가장 큰 실수는 언어를 다른 교과목과 같은 방식으로 다루는 것이라고 말합니다.

비지니스 인사이더 기사 (성인이 되어 새로운 언어를 배우기가 어려운 이유)

> "역사 수업에서는 사건이 일어난 순서대로 연대기적으로 시작하고, 날짜를 사용하여 학습합니다. 하지만 언어 학습은 그렇게 작동하지 않습니다. 단어와 규칙을 외우는 것은 그 언어에 대한 지식을 가지게 될 뿐이지 말할 수 있게 되는 것은 아닙니다. 즉, 언어를 설명할 수는 있지만, 실제로 사용할 수는 없습니다."

개념 기반 교육 과정 및 수업(CBCI) 모델은 가장 효과적으로 학습하는 방법에 대한 인지 연구를 반영하는 프레임워크입니다.

지식(knowledge)과 과정(process)은 모든 교과 학습에서 중요한 역할을 합니다. 그러나 일부 과목에서는 자연스럽게 학습해야 할 지식(내용) 쪽으로 기울면서 학습이 이루어집니다. 어떤 과목은 자연스럽게 과정 중심으로 흐르며, 내용은 학습 경험을 위한 맥락으로서의 역할을 합니다. 과정 중심 교과(언어, 음악, 시각 예술 등)의 주요 목적은 학생이 구술 발표, 글쓰기, 예술 작품 등 무엇을 제작하든 필요한 기능의 시기, 이유, 방법을 이해하고 숙달하는 것에 있습니다. 과정은 복잡하며(Lanning, 2013), 배우고 이해하기 위해서는 연습과 도전이 필요합니다. 교육과정이 학생에게 선택권을 제공하고, 관련성이 높으며 흥미로운 토픽(지식)을 사용했다면, 그것은 학습 동기를 자극하는 데에 성공한 것이라고 할 수 있습니다. 또한 교육과

2) 역자 주: 원문에는 world language, additional language, foreign language 등의 용어가 혼용되어 있으나, 이 번역서에서는 독자의 혼란을 줄이고 한국의 맥락에 맞게 세 용어를 모두 외국어로 통일하여 번역하였다.

정과 수업이 탐구를 촉진하고 해당 과목에서 필수적인 개념을 중심으로 의도적으로 설계될 때, 깊은 이해와 전이가 촉진됩니다. 이것이 바로 CBCI의 핵심입니다.

이 책에서 라파엘은 CBCI 모델을 중등 언어 수업에 적용하는 방법을 보여 줍니다. 세계 언어 교사들은 오랫동안 이런 책을 기다려 왔습니다. 라파엘이 교사들의 요청에 응답해 준 것을 매우 자랑스럽게 생각합니다. 라파엘은 수년 전 CBCI 공인 트레이너 양성 과정에서 돋보였던 인물 중 하나였습니다. 이 책에 담긴 아이디어는 자신이 배운 것을 외국어 교육에 적용하여 수업을 개선하려는 라파엘의 열정을 반영하고 있습니다.

전통적이고 고전적인 언어교육 방식에서 벗어나는 것에 대해 많은 이야기가 있습니다. 고등학교 시절 프랑스어나 스페인어 수업에서 언어의 작동 방식에 대한 개념적 이해 없이 단순 반복 훈련만 진행하고, 10대들이 거의 흥미를 느끼지 못하는 토픽 중심의 수업을 설계하는 방식은 언어 요구 사항을 충족시키는 데 그치고, 학습 내용이 오래 기억되지 않으며 학습을 지속하려는 의욕도 없는 부정적인 결과를 초래합니다. 이 책에서 제시된 접근법은 낡은 방식에서 벗어나 이론적으로 타당한 학습 및 교수법으로의 전환을 제안합니다. CBCI를 언어교육에 적용하는 것은 새로운 언어를 더 효과적으로 학습할 가능성을 열어 줄 뿐만 아니라, 전 세계의 다양한 언어에 매료된 더 글로벌하고 유능한 시민을 양성하는 데 기여할 것으로 기대됩니다.

저자 서문

중등 교육의 맥락에서 외국어 교수 및 학습에 대한 고찰

우리가 외국어를 배워야 하는 이유를 돌아보면, 가장 즉각적이고 일반적인 대답은 다른 사람과 소통하기 위해서일 것이다. 마찬가지로, 외국어 학습에 있어서 실제 세계와의 관련성에 대해 성찰할 때, 학습이 현실을 반영하는 상황 속에서 맥락화되어야 한다는 점에 대부분의 교사가 동의할 것이다.

그러나 여기서 한 가지 질문이 떠오른다. 과연 현실 세계란 누구의 세계를 말하는 것인가? 남아메리카의 파타고니아 지역에 사는 사람의 현실 세계가 마다가스카르 섬에 사는 사람의 현실 세계와 같을까? 게다가 우리 어른이 생각하는 현실 세계는 청소년이 자신의 세계에 대해 묘사할 때 그리는 모습과도 다르다. 청소년이 속한 세계는 학습이 이루어지는 시점에서 청소년이 살아가는 세계이며, 청소년이 겪는 관계, 난관 그리고 열망이 담겨 있는 세계이다.

스페인어와 영어를 외국어로 가르치며, 고국인 멕시코뿐 아니라 미국, 요르단, 인도, 중국, 아랍에미리트 등 다양한 국가에서 수업을 진행한 경험을 통해, 중고등학생을 위한 외국어 프로그램의 교육과정 설계가 대부분 성인의 경험과 활동, 혹은 성인의 감독하에 이루어지는 활동을 기반으로 한다는 점을 지속적으로 주시해 왔다. 11~18세 사이의 학생이 언어를 사용하는 상황, 대화 주제, 그리고 참여하는 상호작용을 떠올려 보면, 날씨에 대해 이야기하거나, 식당에서 음식을 주문하거나,

의사와 대화를 나누거나, 여행 계획을 세우는 상황은 실제로 청소년의 인생에서 거의 일어나지 않을 일들이다. 혹시 우리가 여행이나 이주를 준비하는 성인을 위한 언어 학습 모델을 청소년을 위한 언어 교실에 도입해 가르쳐 온 것이 아닐까?

청소년이 어떤 주제에 대해 이야기하기를 좋아하고, 어떤 주제에 대해 탐구하고 싶어하는지 알아보기 위해, 2015년과 2020년에 설문조사를 실시했다. 이 설문조사에는 전 세계 수천 명의 청소년들이 참여했는데, 이는 이전에 함께 일했던 동료 교사들의 지원 덕분이었다.

설문 결과를 통해 시중 외국어 교과서에 자주 등장하거나 많은 학교 교육과정의 근간을 이루는 토픽들이 학생의 흥미를 거의 끌지 못하거나 전혀 관심을 받지 못한다는 점을 확인할 수 있었다.

나는 학생이 가장 관심을 가지는 토픽이 관계, 지식과 기능, 정체성, 사람들, 성공, 지루함을 극복하는 방법, 자존감, 선택, 안전, 두려움, 그리고 소셜 미디어 등을 포함한다는 것을 알게 됐다. 세계 여러 학교에서 주장하는 학생 중심 설계가 정작 학습자가 진정으로 원하는 것과는 상당히 거리가 멀다는 점은 흥미로웠다. [그림 1]의 워드 클라우드는 설문조사에서 수집된 답변 중 가장 빈도가 높은 응답이다.

[그림 1] 전 세계 청소년이 외국어 수업에서 탐구하고 싶은 내용을 보여 주는 워드 클라우드

앞과 같은 워드 클라우드를 살펴본 후 우리가 학생에게 사용하고 만들어 내도록 요청하는 텍스트의 유형에 대해 다시 한번 생각해 보게 됐다. 그리고 우리는 왜 학습 경험을 제공할 때 사용하는 텍스트 구성을 위해 빠르게 주고받는 문자 메시지, 소셜 미디어 게시물, 10대들 사이에서 인기 있는 다양한 앱의 인터페이스, 동영상이나 노래에 대한 반응, 관심 있는 제품에 대한 리뷰 등을 포함하지 않는지 궁금해졌다. 이 모든 것은 10대들이 기꺼이 자신들의 시간을 투자하는 활동에 관한 내용들이다. 따라서 이를 수업 설계에 추가하면 이메일, 잡지 기사, 신문 뉴스, 블로그 게시물로 제한되어 있는 외국어 수업 텍스트의 범위를 넓힐 수 있게 된다.

"세상은 빠르게 진화하고 있고, 최근 들어 특히 그렇다. 새로운 지식과 중요한 사건이 일어나는 속도에 맞춰 교과서를 발행하기란 쉽지 않다고 느낀다. [...] 나는 시사 이슈와 관련된 수업이 매우 중요하다고 생각한다. 인류가 어떻게 붕괴되고 있는지, 기후 위기 등을 알리는 것은 젊은 세대의 목소리를 수용하고 초대할 뿐 아니라, 더 풍부한 정보와 지식을 갖춘 사회로 이끌기 때문이다. 젊은 세대가 사실과 주장, 잠재적 해결책과 그 논증에 참여할 때, 세상은 진정으로 하나가 되어 함께 나아갈 수 있을 것이다."

–카메론 다니엘스(Cameron Daniels, 2019).

*카메론은 설문조사에 참여한 학생 중 한 명이다.

청소년과 성인은 확실히 서로 다른 종류의 과제 수행을 위해 언어를 사용한다. 성인이 더 많은 언어적 도구를 가지고 있는 것도 사실이다. 성인은 청소년에 비해 더 복잡한 수준에서 언어를 사용할 수 있도록 이미 다양한 언어적 기능을 개발하고 숙달했음은 분명하다(모든 성인이 그렇다는 이야기는 아니다).

청소년과 성인은 서로 다른 과업을 수행하기 위해 언어를 사용한다.

따라서 학습자의 현실에 진정 반응할 수 있는 외국어 교육과정을 구현하려면 학생의 연령에 맞는 탐구 예제와 실제적 활용이 가능한 텍스트를 포괄하는 설계 외에도, 정보 및 미디어 문해력, 연구 조사, 다양한 언어 모드의 콘텐츠 제작을 위한 기능을 명시적이고 의도적으로 가르칠 수 있어야 한다. 요컨대, 학생이 지속적으로 학습할 수 있는 힘을 갖춘 개인으로 성장하도록 역량과 자질을 개발해 주어야 한다.

우리는 왜 외국어를 배우는가?

성인이 외국어를 배우기 위해 어학원에 다니는 이유에는 해당 언어를 통해 아이디어를 공유하고 싶은 것도 있겠지만, 사실은 직장에서 외국어를 구사할 때 얻을 수 있는 이점 때문인 경우가 대부분이다.

어학원에서는 내용을 교육 목표에 맞게 조정하거나, 다른 과목과 주제 및 역량 진도를 배열하거나(교육과정의 수직적 · 수평적 연계), 학생이 수행하게 될 평가 과제에 대한 가이드라인이 존재하지 않는다.

만약 고등학생에게 왜 스페인어를 공부하는지 물어본다면 다른 외국어보다 쉽다고 들어서 선택했다는 학생들이 있을지도 모른다. 하지만 일단 스페인어 수업에 들어오면, 학생은 교실에서 일어나는 학습 경험을 완수할 수밖에 없는 위치에 놓인다. 따라서 학생에게 '스페인어가 좋아서'나 '듣기로는 어떻더라' 이상의 동기를 제공하려면 우리는 외국어 수업에서 학생이 연습하고 개발할 수 있는 다양한 역량을 명확히 인식할 수 있도록 도와야 한다.

새로운 언어를 습득하고 궁극적으로 유창해지는 것은 단시간에 달성할 수 없고 점진적인 과정을 거친다. 교육과정에서 이러한 과정의 본질을 포착하는 것은 쉬운 일이 아니다. 또한 학습이 우연처럼 느껴지지 않도록 진행 상황을 측정하고 학습을 구성하는 증거를 균형 있게 수집하는 과정은 중심 아이디어(big idea)에 기반할 필요가 있다.

이러한 이유로, 중등 외국어 교육에 내포된 뉘앙스를 인식하고 문법과 의사소통 그 이상의 것을 포괄하는 프레임워크를 만드는 것이야말로 우리 교실에 큰 변화를 가져오는 방법이 될 수 있다. 또한 교사에게 학습 동기를 가지고 노력하는 학습자를 육성해야 할 의무가 있다는 것을 이해한다면, 우리는 언어를 총체적인 방식으로 가르치기 위해 언어, 대인관계, 사고 및 연구 기능을 개발하여 교육과정을 풍부하게 만들 방법을 모색할 것이라고 확신한다. 실제적 의사소통은 30초에서 2분 정도 걸리는 짧은 상호작용을 넘어 일어나는 지속적이고 인지 기능을 요구하는 행위이기 때문이다.

실제적 의사소통은 짧은 (30초~2분) 상호작용을 넘어 일어나는 지속적 행위를 말한다.

학생이 문단을 구성하는 법을 안다고 가정해 버리면 실제로 학생이 알고 있는 것을 재확인할 기회를 놓칠 수 있고, 학생이 다양한 텍스트를 다루는 법을 안다고 가정해 버리면 학생의 삶에서 중요한 기능 개발이 지연될 수도 있다. 학생이 다양한 질문에 대한 답하는 법을 이미 안다고 가정해 버린다면, 우리는 결실을 맺기 위해 기다리고 있는 씨앗에 비료를 줄 기회조차 놓치게 될 수도 있다. 다시 말하면, 중등 외국어 교사가 되기로 한 이상 우리는 학생이 유능한 학습자가 될 수 있도록 필요한 지식과 기능을 갖추도록 계속해서 지원해야 할 의무를 다시금 인식해야 한다.

외국어 교사가 학생의 글이 유익한 정보를 담고 있으나 설득력이 없다는 이유로 좋지 않은 성적을 주는 것이 괜찮은 일인가 한번 생각해 보자. 교사가 학생에게 설득력 있는 글의 소통 요소와 어떤 종류의 문법 및 어휘 구조가 글의 성격에 가장 적합한지 인식하도록 명시적 교수를 제공했다면, 그 결정은 납득이 간다. 그게 아니라면 이 교사는 안타깝게도 자신의 책임 중 일부를 묵과한 것이나 다름없다. 다른 과목에서 특정 기능을 습득했다고 가정하는 것은 무책임한 생각이다.

언어 학습과 개념

내가 '개념'을 언급한 모델을 처음 접한 것은 외국어로서의 영어를 위한 시리즈인 『문법의 차원(Grammar Dimensions)』(1993)의 초판으로 거슬러 올라간다. 이 책에서 편집자인 다이안 라센-프리먼(Diane Larsen-Freeman)은 교사와 학생에게 형태(form), 의미(meaning), 사용(use) 같은 개념을 통해 언어를 탐구하도록 제안했다. 라센-프리먼은 형태, 의미, 사용을 '개념'으로 언급하지는 않았지만, 독자가 단순히 동사 시제의 이름을 아는 것을 넘어서, 이러한 용어들이 다양한 기능 수행과 다양한 아이디어 표현에 유용할 수 있다는 점을 인식하게끔 독려했다.

『문법의 차원』 시리즈는 귀납적인 모델을 사용하고 여러 예시와 함께 설명을 제시함으로써 학생이 단어 형태의 변화를 관찰하고, 맥락이 단어의 의미와 뉘앙스를 어떻게 형성하는지 이해하며, 학습 중인 구조의 다양한 사용법을 구별할 수 있도록 해 주었다. 형태(form), 의미(meaning), 사용(use)은 내가 단원을 설계할 때 성찰하던 '개념'이 되었고, 이후 린 에릭슨 박사와 로이스 래닝 박사의 연구를 접하기 전까지 나는 이러한 방식으로 단원을 설계했다.

에릭슨과 래닝의 개념 기반 교육과정과 수업(CBCI) 모델을 접하면서, 사고력과 의사소통 기능을 의도적으로 결합하는 방법을 발견하게 되었다. 이는 단순히 문법 규칙을 배우는 데 그치지 않고, 그 규칙을 이해하고 실제로 적용할 수 있는 능력을 개발할 수 있다는 놀라운 사실을 알게 되었다. CBCI 모델은 학생이 어휘와 문법 구조의 관계를 맥락 속에서 이해하도록 도울 뿐만 아니라 토픽과 그 토픽에 대한 정보를 진정성 있게 전달하는 텍스트 간의 연결성을 더 잘 이해하게 해 준다. 따라서 이 모델은 학생이 효과적인 의사소통자가 될 수 있도록 돕는 것 외에도, 또 다른 언어를 배우는 것이 정보를 책임감 있고 단계적으로 소비하고 생산하는 행위로 이끌어 준다는 것을 알게 해 준다.

> 토픽, 문법, 어휘 및 수행 과제를 성공적으로 완성하는 데 필요한 능력 간의 관계를 분석하는 데 학습자를 참여시켜야 한다.

이를 바탕으로 나는 개념적 이해를 기반으로 교수와 학습을 촉진하는 교육과정이 중등 외국어 교육에서 전통적인 교수법에 대한 대안을 제공할 수 있다는 결론을 내렸다. CBCI 모델을 채택함으로써 우리는 맥락화된 교수법, 언어의 기능, 소비하고 생산할 텍스트의 유형, 다양한 의사소통 과정에서 사용할 기능을 고려할 뿐만 아니라 학생이 탐구하는 토픽, 문법, 텍스트 간의 관계 분석에 참여하는 것이 중요하다는 것을 인식하게 된다. 따라서 이 모델은 의사소통을 목적으로 언어를 가르치는 것을 넘어 언어를 통해 학습하고, 새로운 도구의 습득을 통해 목표 언어 그 자체에 대한 학습이 가능하도록 지원할 것이다.

이 책은 어떻게 구성되어 있는가?

이 책은 총 6개의 장으로 구성되어 있다. 제1장에서는 개념 기반 언어 교수 및 학습의 기초를 다룬다. 또한 린 에릭슨 박사와 로이스 래닝 박사가 개발한 CBCI 모델을 외국어 맥락에서 설명하며, 개념적 이해가 외국어 교육과정의 주도적 역할을 하는 방식을 자세히 다룬다.

제2장에서는 중등교육과정을 위한 개념 기반 외국어 교수 및 학습 모델의 주요 특징을 다룬다. 이 장에서는 교육과정 설계자가 현재 교육과정의 상태를 점검하고, 해당 교육과정이 학교의 미션과 비전에 얼마나 부합하는지, 목표로 하는 기준을 얼마나 반영하는지, 그리고 문법 중심의 내용 전달에서 벗어나려는 노력을 얼마나 반영하고 있는지 성찰할 수 있도록 돕는 지침을 제시한다. 또한 언어, 토픽, 텍스트 간의 관계를 고려하며 단원 내에서 상호작용하는 개념들에 대해 참여자들이 민감성을 갖추도록 돕는 협력적 계획 과정을 지원하는 루틴을 예시로 제공한다. 마지막으로, 탐구 단원을 계획하기 위한 필수 단계를 정리하여 제시한다.

제3장에서는 교사와 학생이 개념 기반 교수 및 학습을 어떻게 경험하는지에 대해 다룬다. 이 장에는 외국어 교육, 자료 설계, 효과적인 전략 선택에 있어서 CBCI 원칙이 어떻게 작동하는지 보기 위해 고안된 일련의 시나리오(사례 연구)가 포함되어 있다. 각 시나리오에는 탐구를 이끄는 맥락적 일반화 또는 진술이 포함되며, 교사가 설계한 학습 경험이 설명된다. 이 시나리오들은 학생이 단순히 문법 지식의 강화에 그치지 않고 개념적 이해를 습득할 수 있도록 돕는 방법을 구체적으로 보여준다.

제4장에서는 평가를 다루며, 학습이 어떻게 구성되어 총괄 수행 평가에 대한 대비를 할 수 있는지에 중점을 둔다. 이 장에서는 연구에 기반한 몇 가지 외국어 학습 원칙을 다루며, 학생 과제 예시를 통해 CBCI 모델로 외국어의 평가 과정을 명확하게 표현할 수 있는 방법을 탐색한다.

제5장에서는 이 책의 집필 의도를 바탕으로 간략한 결론을 내리고, 오늘날 외국어를 가르친다는 것에 대한 교사의 성찰을 제안하며 마무리한다.

이 책의 여섯 번째이자 마지막 장에는 다음과 같은 부록이 담겨 있다.

- 다양한 맥락의 학교를 위한 교육과정 설계안 예시
- 탐구 계획의 예시
- 사례 연구에서 나타난 다양한 탐구 단계에서 사용된 과제의 예시
- 평가 도구

세계는 효과적으로 외국어를 구사하는 의사소통자를 필요로 하고 있다. 사회적 · 문화적 · 정치적 · 역사적 사건들은 디지털 공간만이 따라갈 수 있는 속도로 급증하고 있다.

이러한 사건들은 인간관계와 상호작용 그리고 언어 학습의 목적을 재정의하며, 언어 사용자에게 글로벌한 세계에서 다양하고 중요한 역할을 수행할 새로운 기회를 제공한다. 긴밀하게 서로 연결된 이 세계는 언어 사용자가 통역가와 문화 컨설턴트로 활동하고, 이민자를 지원할 공감 능력을 갖춘 사람으로 행동하며, 각 맥락에 맞는 새로운 정보를 생산하여 사람들에게 그것을 제공하고, 소외된 이들의 목소리를 대변하는 독창적인 개인으로서 역량과 역할 수행을 요구한다.

이 책이 언어 학습의 본질을 되새기며, 세계가 필요로 하는 의사소통자와 생각하는 사람을 양성하고자 외국어 수업을 풍부하게 하려는 중등 교사들에게 길잡이가 되기를 바란다.

차례

1

개념 기반 언어 교수 및 학습의 구조

개인적 탐구

- 언어 학습에서 교사가 종종 간과하는 중요한 관계들에는 어떤 것이 있는가?
- 탐구 단원을 설계하는 데 필요한 개념은 어디에서 찾을 수 있는가?
- 개념 간의 관계를 이해하는 것이 중요한 이유는 무엇인가?

외국어 교수 접근 방식의 진화는 언어의 다양한 측면 중 어디에 중점을 두는지가 교육과정 설계자들에게 성찰의 도구로 작동해 왔음을 시사한다(Larsen-Freeman & Anderson, 2011). 따라서 오늘날 우리는 학생에게 의미 있는 학습 경험을 설계할 수 있는 도구를 갖추고 있으며, 언어 학습이 단순히 어휘를 암기하고 짧은 상호작용을 위한 구문을 외우는 것을 넘어선다는 것을 보여 줄 수 있다. 외국어를 습득한다는 것은 해당 언어가 사용되는 사회의 문화 및 가치 체계와 '하나가 되는 것'임을 이해하는 것이 중요하다. 정보가 생산되고 소비되는 방식과 관련된, 지적 성장과 심화에 기여하는 다양한 과정(process)에 대한 인식을 우리는 또한 길러야 한다.

앞의 문단에서 언급된 내용과 현재 우리가 시행하고 있는 외국어 교수 · 학습 프로그램이나 교육과정 모델이 얼마나 부합하는지, 또한 현행 교육과정 모델이 수용하지 않았거나 효과적으로 극대화하지 못한 측면은 무엇인지도 고민할 필요가 있어 보인다.

> 의사소통 행위와 사고하는 행위를 분리하는 것은 무의미하다.

언어 교사는 명확한 의사소통이 새로운 언어를 배우는 주된 목표가 되어야 한다는 것을 잘 알고 있다. 그러나 단어, 구문 및 아이디어 간의 관계를 탐색할 때 관찰, 분석, 패턴 탐색 및 일반화의 역할을 강조하는 교육자를 만나는 것은 매우 신선한 경험이다.

언어를 배우는 과정에는 효과적인 정보의 소비자이자 생산자가 되는 것이 포함된다. 이는 아이디어를 구성할 때 결합하는 다양한 언어적 요소 간의 관계를 이해하고, 특정한 목적을 위해 여러 맥락에서 다양한 청중을 대상으로 메시지를 전달하는 방법을 개발하는 것을 의미한다. 따라서 의사소통 행위를 비판적 사고와 분리하는 것은 적절하지 않다.

개념 기반 외국어 수업은 의사소통이 이루어지는 다양한 맥락에서 핵심 과정(process), 전략(strategy) 및 기능(skill)을 활용한다. 마찬가지로, 우리는 단순한 의사소통을 넘어서, 아이디어를 교환하는 과정에 대해 깊이 성찰할 수 있는 적합한 교수법을 지지해야 한다. 따라서 수년간의 실험과 성찰을 바탕으로, 나는 청소년을 위한 개념 기반 언어교육 모델의 목표를 다음과 같이 정리하고자 한다.

1. 개념 간의 관계를 탐색하기 위한 탐구 설계하기
2. 효과적이고 자신감 있는 의사소통자 양성하기
3. 탐구 중인 토픽, 관련 문법 및 텍스트와의 관계 속에서 개념적 이해를 증진시켜 이를 일반화하기
4. 텍스트 소비와 생산 과정에서 비판적 사고 촉진하기
5. 개념적 이해와 기능을 다양한 맥락으로 전이하기

이 다섯 가지 목표는 2015년부터 2020년까지 진행된 외국어 교육과정 설계와 관련된 다양한 교사 연수 경험을 바탕으로 설정된 것이다. 또한 이 책의 기초가 된 단원 설계와 수업을 시범적으로 운영할 교육과정이나 프로그램을 탐색하고, 나의 워크숍 참가자들의 성찰을 통해 외국어 교육과정과 수업에서 문제점을 다음과 같이 확인할 수 있었다.

- 탐구하는 토픽과 관련된 개념 간의 관계에 대한 성찰이 거의 없거나 전무하다.
- 토픽과 관련된 목표 어휘와 해당 토픽을 가장 실제적으로 논할 수 있는 텍스트 사이의 연결에 대한 성찰이 거의 없다.
- 단원 전체에서 탐구, 개발 또는 숙달해야 할 기능 및 개념적 이해에 대한 관념이 거의 없거나 전무하다.

게다가 워크숍 참가자들은 언어가 사용되는 맥락 내에 존재하는 여러 관계, 학습의 최종 목표로 여겨지는 총괄 과제, 그리고 교수 및 학습 과정에서 이루어지는 어휘와 구조의 스캐폴딩(scaffolding)에 빈틈과 약점이 있다는 것을 발견했다. 간단히 말해, 학습 여정이 서로 연결되어 있지 않았던 것이다.

이 책의 자료와 전략을 시범적으로 사용해 본 교육자가 제공한 다음 추천의 글은 학생이 이러한 관계를 이해하도록 돕는 것이 왜 중요한지 그 근거를 보여 준다.

“토픽을 선정할 때, 우리는 학생이 참여할 상호작용과 학생이 연습하길 바라는 어휘가 포함된 텍스트를 고려합니다. 학생이 학습하는 어휘와 문법의 사용법을 보여 주는 문장을 모델링하거나 기본적인 의사소통 이상의 것을 보여 주는 텍스트를 생각해 보는 경우는 거의 없습니다. 대부분의 경우, 우리는 학생에게 현실적으로 발생할 가능성이 적은 다소 인위적인 텍스트를 작성하도록 요구합니다. 그래서 문법에 능숙한 많은 학생이 자신이 배운 어휘와 구조를 사용하여 다른 텍스트를 작성하도록 요청받을 때, 그 지식을 전이하는 것을 여전히 어려워합니다.”

– 니디 자인(Nidhi Jain), 인도 뭄바이

실제적이고 효과적인 텍스트는 특정한 메시지를 표현하는 데 사용되는 언어의 방식을 모델링한다.

“우리가 학생에게 제공하는 상호작용 상황 중 대부분은 일상생활에서 거의 발생하지 않거나 주로 성인 사이에서 일어나는 일들과 관련되어 있습니다. 십 대들은 얼마나 자주 의사와 상호작용할까요? 여행 중 머물고 싶은 숙소를 설명하는 데 관심을 갖는 학생이 과연 몇이나 있을까요? 슈퍼마켓에서 무엇을 사는지 이야기를 할 일이 얼마나 있을까요? 학생에게 자신이 배운 언어로 만들 수 있는 다양한 텍스트를 제시해 주면, 학생은 수업에서 배운 내용을 어디에 적용할 수 있는지 자연스럽게 깨닫습니다. 저는 이것이야말로 학생이 어떤 것이 공부할 가치가 있는 것인지 스스로 깨닫게 되는 방법이라고 생각합니다.”

– 타니아 유리세비치(Tania Juricevic), 아랍에미리트 두바이

“많은 언어 교사가 저와 같은 상황에 처해 본 적이 있을 것이라고 생각합니다. 일련의 어휘와 문법 구조가 포함된 정해진 토픽을 가르치지만, 학생의 성취수준을 평가할 때 종종 학생이 최종 과제에서 우리가 명시적으로 가르치지 않은 구조를 사용하거나 언어 지식을 적용해야 하는 상황이 발생합니다. 우리가 가르치는 토픽과 관련하여 최종 과제의 실제성을 성찰하는 것은 우리가 따라야 할 단계를 예측하는 데 도움이 될 뿐만 아니라, 학생이 연습한 어휘와 구조를 어떻게 사용할지에 대한 기대치를 설정하는 데도 도움이 됩니다. 분명히 이러한 관련성을 이해하는 것은 우리가 더 의도적으

로 수업을 설계하는 데 도움이 됩니다."

– 루이스 에스테반(Luis Esteban), 미국 뉴욕

개념 기반 언어 교수와 학습의 구조

중고등학생이 단순한 상호작용을 넘어 전이 가능한 언어의 이해와 기능을 개발할 수 있도록 돕는 외국어 교육 모델의 특징을 이해하려면 내용(content)과 과정(process) 간의 관계를 탐구해 볼 필요가 있다. 이 탐구를 통해 교육과정의 각 측면이 개념적 사고와 학습에 어떻게 기여하는지 확인할 수 있을 것이다. '지식의 구조(Structure of Knowledge)'는 1995년에 린 에릭슨의 저서 『머리, 마음, 영혼 뒤흔들기–교육과정과 수업의 재정의(Stirring the Head, Heart and Soul: Redefining Curriculum and Instruction)』에 처음 등장했다. '지식의 구조'는 교실에서 가르치는 사실과 토픽, 개념, 일반화 또는 원리, 이론 간의 계층 구조와 관계를 보여 준다.

2013년에 로이스 래닝은 에릭슨과 18년 이상의 협력 끝에 『언어 교과 개념 기반 교육과정 설계하기(Designing a Concept-Based Curriculum for English Language Arts)』에서 '과정의 구조(Structure of Process)'를 소개했다. '과정의 구조'에서 묘사된 대로 교육과정과 수업을 설계하는 것은 개념에서 비롯되는 이해를 가능하게 하며, 이 개념들이 상호 연관되어 탐구될 때 비로소 개념적 이해로 작동하는 일반화와 원칙의 창출로 이어진다. 개념적 이해는 피상적으로 진행되는 과정, 전략 및 기능의 연습에 관련성을 더해 준다.

지식의 구조와 과정의 구조는 서로 보완하여 3차원적이며 개념적 모델을 완성한다. 또한 가장 최신의 개념 기반 교육과정 및 수업 모델이기도 하다. 두 구조 간의 밀접한 연관성은 단순히 구성 요소와 목표를 나타내는 것을 넘어, 유사점, 차이점 및 관계를 이해하기 위한 지도 또는 나침반 역할을 한다. [그림 1.1]은 에릭슨과 래닝의 모델을 보여 준다.

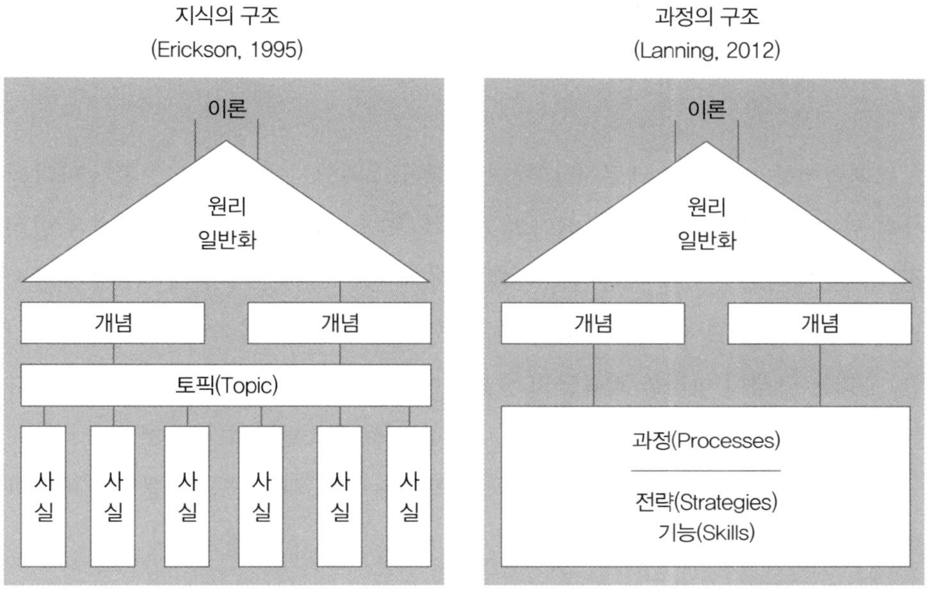

[그림 1.1] '지식의 구조'와 '과정의 구조'는 개념에 기반한 언어교육 모델 설계의 기반이 된다.

외국어를 가르치려면 내용(content)과 과정(process)은 모두 필수적이며, 이 두 가지 요소는 분리될 수 없는 '결합체'이다. 맥락을 고려하지 않고는 어휘를 효과적으로 사용할 수 없다. 특정한 목적을 위해 목표 청중에 맞춘 메시지를 만들지 않고, 단순히 일련의 단어만 암기하는 것은 큰 의미가 없다. 기능이나 역량을 실제로 적용하는 이유와 그 개발의 중요성에 대한 메타인지적 성찰이 없다면, 그것은 무슨 의미가 있겠는가?

내용과 과정은 외국어 교육에 필수적 요소이다.

과정과 내용은 공생 관계에 있다(Lanning, 2013). 외국어 학습에서 학습자가 창의적으로 참여할 수 있는 상황은 다양하다. 그러므로 우리가 다양한 교과목 영역에서 가져올 수 있는 내용은 맥락이 되고, 해당 맥락에서 과정은 우리가 관련 아이디어와 상호작용하고 해당 맥락에서 메시지를 전달하기 위해 언어와 다양한 언어 방식(modes of language)을 사용하는 방법을 보여 준다.

지식의 구조

스페인어를 외국어로 배우는 10학년 학생이 스페인어를 사용하는 여러 나라의 사회 관습에 관한 단원을 공부했다고 가정해 보자. 지난 몇 주 동안, 학생은 인쇄물, 사진, 비디오를 통해 다양한 나라의 인사, 허용, 규칙 및 가족 내에서의 역할에 관한 정보를 탐구했다. 이 학생은 사회적 관습에 대한 예시를 인용할 수는 있겠지만, 우리는 학생이 이러한 관습들의 중요성이나 관습과 신념, 가족 가치관 또는 다른 문화적 측면 간의 관계를 어느 정도 이해하고 있다고 말할 수 있을까?

일반적으로 중등교육과정에서의 외국어 학습은 수학, 과학 또는 인문학과 마찬가지로 학생에게 다양한 기초 기능을 개발하고 숙달하도록 돕는 과목이다.

'지식의 구조'는 우리가 가르치기로 선택한 토픽이 학생의 사고를 전이 가능한 개념적 이해로 이끄는 일련의 기초적인 사실들을 어떻게 포괄하는지 보여 준다. 지식의 구조의 기초에는 (토픽과 관련된 어휘와 같은) 사실적 지식들이 있으며, 이는 단원의 일반화를 뒷받침하는 증거 또는 예시가 된다. 따라서 단원을 계획할 때는 먼저 탐구하고자 하는 토픽을 파악한 다음, 토픽과 관련된 중요한 개념을 도출한다. 마지막으로, 단원을 개발할 때 우리는 일반화 또는 개념적 이해의 진술로 표현될 개념들 간의 관계를 찾는다. 이제 지식의 구조의 각 구성 요소를 탐색하고 몇 가지 예시를 살펴보겠다.

토픽은 탐구 단원의 맥락을 정한다. 또한 토픽은 종종 시간, 공간 및 상황에 따라 구분되는 구체적인 상황을 나타내므로 전이되지 않을 수 있다. 토픽[1]의 몇 가지 예시는 다음과 같다.

---

1) 역자 주: 토픽 자리에는 전이성이 없는 소재(예: 지리산 국립공원)나 개념어(예: 축제)가 올 수 있으므로 모든 토픽이 전이하지 않는다는 것은 오류일 수 있다.

- 특정 도시의 언어
- 행동 패턴과 습관
- 생활방식과 경제
- 예의범절
- 축제와 정체성

개념(concept)은 추상적이며(다양한 정도로) 시대를 초월하는 보편적인 정신적 구성물이다(Erickson & Lanning, 2014, p. 33). 개념은 여러 상황에 전이될 수 있다. 개념은 토픽에서 도출되며 사실적인 예시를 분류하는 틀로 사용된다(Lanning, 2013, p. 17). [그림 1.2]는 Erickson(1995)이 개념을 정의하기 위해 만든 기준을 사용한 두 가지 예시를 보여 준다.

창의성과 문화는 개념인가?	친환경 옷과 지난 여름의 여행은 개념인가?
☑ 추상적인 용어이다. ☑ 시간이나 공간에 구애받지 않는다. ☑ 여러 가지 예시로 표현된다(문화: 인간 문화, 가상 문화, 직장 문화 등). ☑ 사실을 조직하는 데 도움이 된다('문화'는 우리가 사용할 수 있는 다양한 어휘 항목, 경험 및 표현을 담아 낸다). ☑ 이 개념들에 대한 이해는 다양한 맥락에서 적용될 수 있다.	☑ 추상적인 용어가 아니다. ☑ 여러 가지 예시로 표현되지 않는다. ☑ 아이디어를 조직하는 데 도움이 되지 않는다(의미가 비슷한 단어들을 묶는 어휘적 그룹과 혼동하지 말 것).

[그림 1.2] 린 에릭슨 박사가 고안한 기준을 사용하여 해당 단어가 개념인지 아닌지 판단한다.

다음은 탐구에 초점을 맞추는 개념적 렌즈 역할을 할 수 있는 개념의 몇 가지 예시이다.

- 행동(behaviour)
- 문화적 이해(cultural understanding)
- 의사소통(communication)
- 사회적 관습(social conventions)
- 신념(beliefs)
- 문화(culture)
- 사회적 규범(social norms)
- 원칙(principles)
- 관계(relationships)
- 사회(society)
- 동향(trends)
- 전통(traditions)

- 습관(habits)
- 정체성(identity)
- 가치(values)

일반화(generalization)는 토픽에서 도출된 중요한 개념들 간의 관계를 표현하는 진술이다. 일반화는 전이 가능한 아이디어를 제시한다. 일반화의 정당성(justification)은 아이디어를 뒷받침하는 다양한 예시나 사실을 통해 분명하게 드러난다.

외국어 교육에서 자주 사용되는 토픽에 대한 일반화의 예시는 〈표 1.1〉과 같다.

〈표 1.1〉 **외국어 수업에서 가르치는 토픽에서 도출할 수 있는 개념의 예시**

토픽	토픽에서 도출할 수 있는 개념	일반화(개념적 이해의 진술)
생활 공간	건축(construction), 위치(location), 사회계층(social class), 문화(culture)	사람이 거주하는 공간은 지리적 위치, 사회 계층, 문화의 요소를 반영한다.
엔터테인먼트	사회(society), 경제(economy), 관심사(interests), 가치(values)	한 사회의 구성원들은 그들의 경제 상황, 관심사, 가족의 가치관에 따라 엔터테인먼트 형태를 선호하고 선택한다.
축제	가치(values), 표현(expression), 문화(culture), 유산(legacy), 사회(society)	사회는 축제를 통해 다양한 형태의 표현, 문화 유산, 역사를 보여 준다.

지식의 구조에서 도출된 일반화는 단원의 탐구를 맥락화하는 '중심 아이디어(big idea)' 역할을 하며, 그 본질을 검증하는 데이터, 정보 및 사례를 보여 주는 자료를 선별하도록 도와준다.

이론(theory)은 특정한 현상에 대한 설명으로, 유효한 증거에 기반하여 그 정당성을 부여한다. 이러한 설명의 복잡성과 깊이로 인해 외국어 수업에는 이론이 포함되는 경우는 거의 없거나 드물다. 따라서 개념 기반 언어 교수 및 학습에서는 전이 가능한 일반화에 중점을 둔다.

이론의 예시는 다음과 같다.

• 행동주의 • 촘스키의 유심론(mentalism) • 구성주의

앞의 예시들은 교육과정 단원을 작성할 때, 토픽에서 개념을 도출하여 이를 개념적 관계의 진술로 표현하는 방식을 보여 준다. 단원을 가르칠 때 교사는 목표 일반화를 실현할 수 있도록 학생의 사고를 안내할 것이다.

지식의 구조(Erickson, 1995)

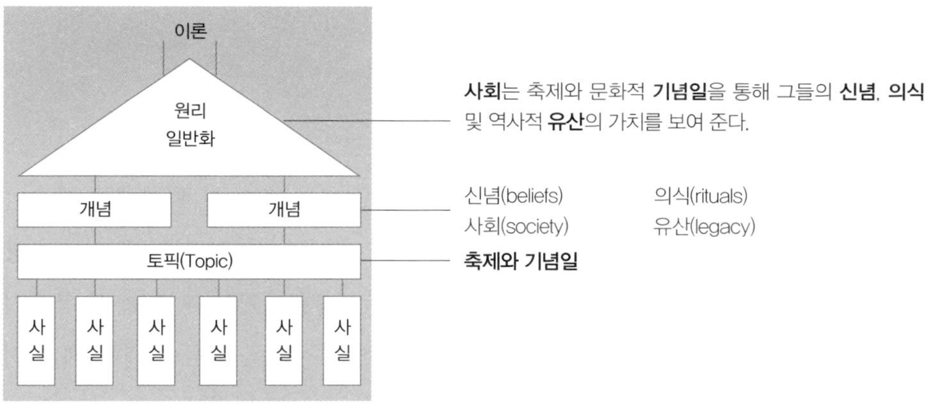

[그림 1.3] 미국 뉴욕 유엔 국제학교에서 열린 교육 워크숍에서 작성된 일반화

지식의 구조(Erickson, 1995)

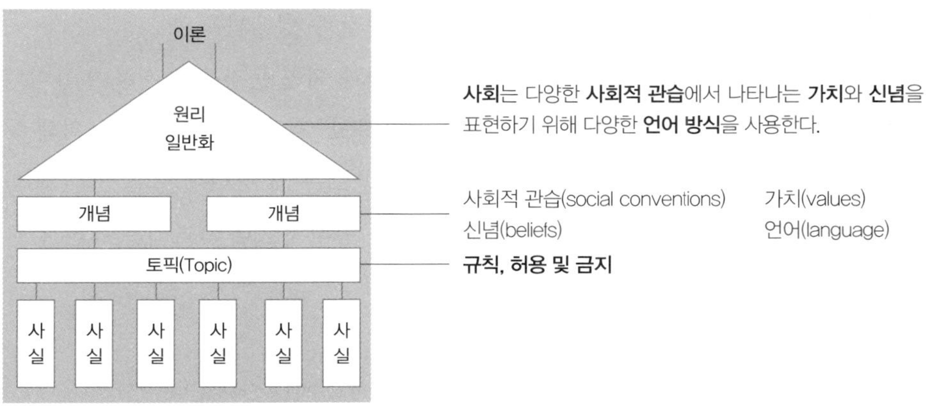

[그림 1.4] 대한민국 서울외국인학교와 함께한 교육 워크숍에서 작성된 일반화

지식의 구조(Erickson, 1995)

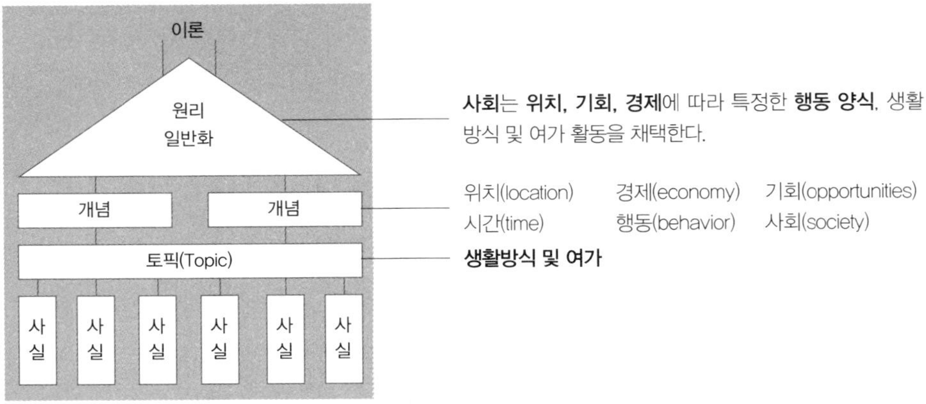

[그림 1.5] 인도 뉴델리(노이다) 패스웨이즈 국제학교와 함께한 교육 워크숍에서 작성된 일반화

과정의 구조

> 듣기와 독해 연습만 하는 것은 학생에게 듣고 읽는 데 필요한 전략을 가르치는 것과 같지 않으며, 그만큼 강력하지도 않다.

7학년[2]인 한 학생은 사람들의 '습관'이라는 맥락에서 단순 현재 시제를 학습한 뒤, 세계 여러 지역의 사회 활동을 담은 다양한 사진을 분석하고 사람들의 삶의 방식과 시간을 보내는 것에 관한 다양한 텍스트와 상호작용하기 시작했다. 이 학생이 학습한 단순 현재 시제가 자신이 읽는 것과 유사한 텍스트를 만들어 내는 데 어떤 역할을 하는지 이해하게 하려면 우리는 어떻게 해야 할까? 또한 우리는 어떻게 이 학생이 자신이 읽은 텍스트에서 얻은 정보를 사용하여 유사한 목적과 메시지를 가진 텍스트를 생성할 수 있다는 것을 확실히 이해시킬 수 있을까?

특정 문법 구문을 사용하여 문장을 완성하는 것과 여러 문장을 연결하여 아이디어를 표현하기 위해 연결 표현(connector)을 사용하고, 결국 특정한 청중을 위해 특정 메시지를 전달할 텍스트로 이어지는 문단을 만드는 것 사이에는 큰 차이가 있다. 독해 연습을 시키는 것과 일련의 독해 기능을 명시적으로 가르치는 것은 같은 교수법이라고 할 수 없다.

2) 역자 주: 본문에 언급된 7학년(Grade 7)은 한국 교육과정의 중학교 1학년에 해당한다.

즉, 학생에게 독해 과정의 필수 전략과 기능을 명시적으로 가르치지 않고서는 독해력을 갖추게 해 주었다고 간주할 수 없다(Lanning, 2009). 읽기 과정과 관련된 개념을 탐구하는 것은 학생에게 더 나은 독자가 되는 데 도움이 되는 전략을 제공할 뿐만 아니라, 그들이 소비하는 정보를 평가하는 비판적 사고자로서의 능력을 평가하는 데에도 기여한다.

중등교육과정에서 외국어를 배울 때 언어가 다양한 유형의 텍스트를 창의적으로 생성하는 데 어떻게 활용될 수 있을지를 학생이 이해하도록 돕지 않는다면 그 언어 학습은 교육적 효과가 약화된다. 마찬가지로 다양한 과정에서 기능을 개발하기 위한 전략을 연습할 기회를 간과하거나 과소평가하면 그 언어 학습은 규칙 암기에 그치며, 학생들은 개념적 이해를 개발하거나 적용하지 못하게 된다. 학생이 다양한 과목에서 다양한 기능과 이해를 발전시킬 수 있다는 것은 분명한데 우리는 왜 이것을 언어 수업에서 명확하게 보여 주지 않고 있는 것일까?

개념 기반 언어 학습을 통해 우리는 학생이 자신의 모국어 또는 자신이 유창한 언어 사이에 유사하거나 다를 수 있는 다양한 언어적 측면을 파악하도록 탐구하고 성찰하는 기회를 촉진할 수 있다. 외국어 학습 분야에서의 개념(concept)은 다양한 예시를 통해 제시되는 추상적이고 시대를 초월하며 보편적인 구성 요소이다. 또한 개념은 거의 모든 언어에 존재하는 요소로서, 서로 다른 언어 간 유사점, 차이점 및 의미 구성 방식을 구별할 수 있도록 이해를 통합하는 데 기여한다.

즉, 이중 언어 화자, 삼중 언어 화자 또는 다언어 화자가 자신이 사용하는 언어의 언어 체계에 대한 개념적 이해를 설명할 때 단어 형태와 의미, 문장 구조, 사용역, 억양, 도치, 시제, 사회적 관습, 생산 및 소비되는 텍스트의 유사점과 차이점을 근거로 든다. 케이트 페사니, 헤더 윌리스 알렌, 비트리스 두푸이와 같은 언어학자들은 다중문해력을 기반으로 한 교육 프레임워크를 정의할 때 언어의 개념을 언급한다(Paesani et al., 2016). 마찬가지로 외국어 교육에서 문해 교육 원칙을 선도한 선구자인 리처드 컨은 이 개념들을 교수·학습 과정에 비판적 사고를 통합하는 데 도움이 되고 교수법을 구축하는 데 필요한 도구라고 말한다(Kern, 2000).

과정에 대한 전이 가능한 이해를 개발하는 개념의 예시

앞서 소개한 [그림 1.1]에서 '과정의 구조'(Lanning, 2013) 모형은 읽기와 같은 다양한 학습 과정, 아이디어를 예측하는 것과 같은 전략, 의사소통 요소의 시각화와 같은 기능에서 개념을 도출하는 방법을 설명한다. 지식의 구조와 마찬가지로 상향식 접근 방식이 요구되는데, 이 모형에서 과정이 어떻게 전략으로 쪼개지고, 그 전략이 다시 특정 기능의 실행에 유리하게 작용하는지 탐색하는 일은 초기 단계에서 매우 복잡하게 느껴질 수도 있다.

로이스 래닝 박사가 자신의 저서 『언어 교과 개념 기반 교육과정 설계하기

〈표 1.2〉 **다양한 언어 영역에서 도출할 수 있는 개념의 예시**

영역	개념
시제 체계	동사 형태(verb form), 구조(structure), 의미(meaning), 용법(usage), 맥락(context), 결합(combination), 종속(subordination)
어휘	의미(meaning), 형태(form), 용법(usage), 기능(function), 문자 그대로의 의미(literal meaning), 암시적 의미(implicit meaning), 내포적 의미(connotation), 명시적 의미(denotation), 특유의 표현(idiosyncrasy), 사용역(register)[3], 스타일(style)
구문	구조(structure), 의미(meaning), 용법(usage), 문장(sentence), 구(phrase), 사용역(register), 스타일(style), 연결(connection), 패턴(pattern)
음운론/파닉스	소리(sound), 음소(phoneme), 억양(intonation), 딕션(diction), 발음(pronunciation), 조음(articulation), 자음군(cluster), 조합(combination), 어조(tone), 패턴(pattern)
화용론	용법(usage), 맥락(context), 텍스트 구성(text organisation), 논리(logic), 의도(intention), 해석(interpretation), 담화자(interlocutor), 방식(mode), 시간(time)
기호학	기호(sign), 상징(symbol), 체계(system), 의미(meaning), 관계(relationship), 표현(representation)
텍스트	메시지(message), 대상(audience), 관습(conventions), 맥락(context), 목적(purpose), 편향(bias), 관계(relationship), 형식(format), 조직(organisation), 단어 선택(word choice), 분위기(mood)

3) 역자 주: 사용역(register)은 화자가 청중과의 관계 및 상황에 따라 언어를 조정하는 방식을 의미한다. 사용역은 청중, 주제, 목적, 장소에 따라 달라진다.

(Designing a Concept-Based Curriculum for English Language Arts)』(Lanning, 2013, p. 19)에서 제시한 과정, 전략, 기능의 정의는 외국어 습득과 관련된 요소를 더 풍성하게 만들어 준다.

"과정(process)은 결과를 만들어 내는 행동이다. 과정은 연속적이고 단계를 거쳐 나아간다(Lanning, 2013, pp. 19-20)." 이 구성 요소에는 듣기, 독해, 말하기, 쓰기(이 네 가지는 일반적으로 언어의 영역으로 묘사됨), 연구 및 텍스트 분석의 과정이 포함된다. 과정은 구체적인 전략 단위로 나뉜다.

전략(strategy)이란 학생의 과제 계획의 일부이자 학생이 주어진 과제를 효과적으로 수행할 수 있도록 하기 위한 일련의 계획된 활동으로 정의될 수 있다. 전략이 얼마나 복잡한지는 학생이 완료하거나 숙달하기를 원하는 과정에 따라 달라진다. 다음은 전략의 몇 가지 예시이다.

- 사전 지식 전략: 사전 지식을 활용하여 독자가 읽으려는 주제에 대해 민감하게 반응하도록 유도한다.
- 요약 전략: 읽은 텍스트에 관한 토론을 진행하기 위해 요약본을 작성한다.
- 텍스트 식별 전략: 메시지나 의미를 파악하기 위해 텍스트 단서를 사용한다.
- 문장 구조 전략: 문장 패턴을 사용한다.

기능(skill)은 주어진 과제를 성공적으로 완료하는 과정에서 배우고 발전시키며 수행해야 하는 능력이다. 과정에서 필요한 기능의 예시가 〈표 1.3〉에 정리되어 있다.

[그림 1.6-1.8]에서 보여진 예시는 어떻게 다양한 과정에서 개념과 일반화가 도출되며 개념적 관계의 진술로 표현되는지를 보여 준다. 기능이나 전략은 그 자체의 복잡성과 학습의 요구 정도에 따라 기능 또는 전략 단위에서 일반화를 구성하는 것도 가능하다. [그림 1.6]이 그러한 예시이다.

〈표 1.3〉 **각 과정[4]에서 연습하고 개발할 수 있는 기능의 예시**

듣기와 보기(viewing)	서면 텍스트의 독해	서면 텍스트 생산(글쓰기)	구두 텍스트 생산(말하기)
• 단어를 인식하기 • 발음이나 억양에 따라 단어를 구별하기 • 상호작용에서 특정 단어를 구별하기 • 텍스트에서 특정 데이터를 식별하기 • 청자, 화자 또는 서술자를 식별하기 • 말할 내용의 규범을 파악하기 • 가능한 응답을 예측하기 • 맥락 및 배경에서 관련 어휘를 식별하고 이해하기 • 듣기 텍스트의 핵심 아이디어를 이해하기	• 텍스트에서 언급된 사실 정보를 식별하기 • 학습 자극 자료에 포함된 대부분의 어휘를 이해하기 • 다양한 질문(사실적, 개념적, 논쟁적)에 대해 대답하기 • 텍스트 유형마다 사용된 언어의 유형을 인식하기 • 텍스트 유형별로 필수 구성 요소를 식별하기 • 다양한 텍스트 유형에서 정보의 조직 방식을 이해하기	• 주어진 상호작용의 맥락에 적합한 어휘를 작성하기 • 토픽과 관련된 어휘를 정확하게 사용하기 • 유사한 단어 간의 차이점을 구별하기 • 동의어와 반의어의 개념을 이해하기 • 의도한 의미에 맞게 문장 및 단어를 올바르게 배열하기 • 단순한 아이디어를 구조화하기 • 긍정문, 부정문, 의문문에 대해 이해하기 • 불변화사(不變化詞)의 사용에 대해 이해하기(예: 전치사) • 다양한 유형의 문장을 구성하기	• 소리를 정확하게 생성하기 • 적절한 억양을 넣은 문장을 발화하기 • 어조(tone)를 인지하기 • 서로 다른 소리와 단어의 발음을 구별하기 • 주어진 상호작용의 맥락에 적합한 어휘를 사용하기 • 토픽과 관련된 어휘를 올바르게 사용하기 • 유사한 단어 간의 차이점을 구별하기 • 동의어와 반의어의 개념을 이해하기 • 생성되는 텍스트의 맥락과 관련된 어휘를 사용하기 • 아이디어를 연결하기 • 다양한 유형의 문장을 결합하기 • 필요한 메시지 전달을 위해 적절한 구조를 사용하기

과정의 구조(Lanning, 2012)

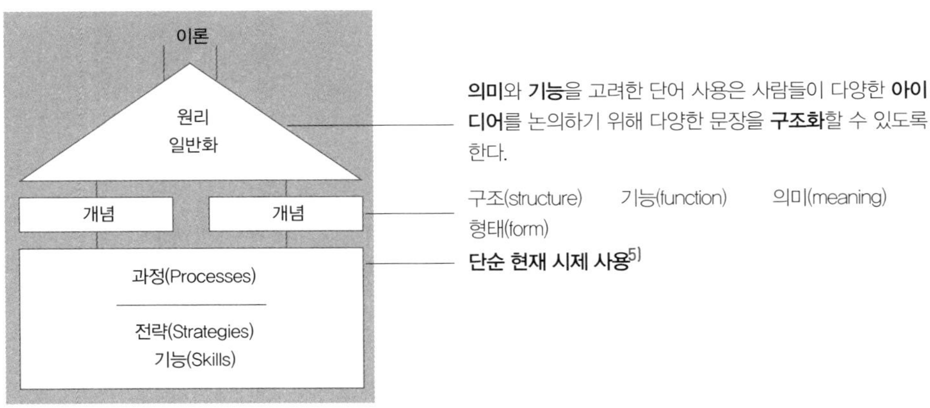

[그림 1.6] **폴란드 바르샤바 아메리칸 스쿨과의 교육 워크숍에서 개발된 일반화**

4) 역자 주: 여기에서 말하는 과정(process)은 종종 언어 학습의 네 가지 영역인 듣기, 말하기, 읽기, 쓰기를 각각 칭하기도 하고, 이들의 조합으로 이루어진 작업 과제를 일컫기도 한다.

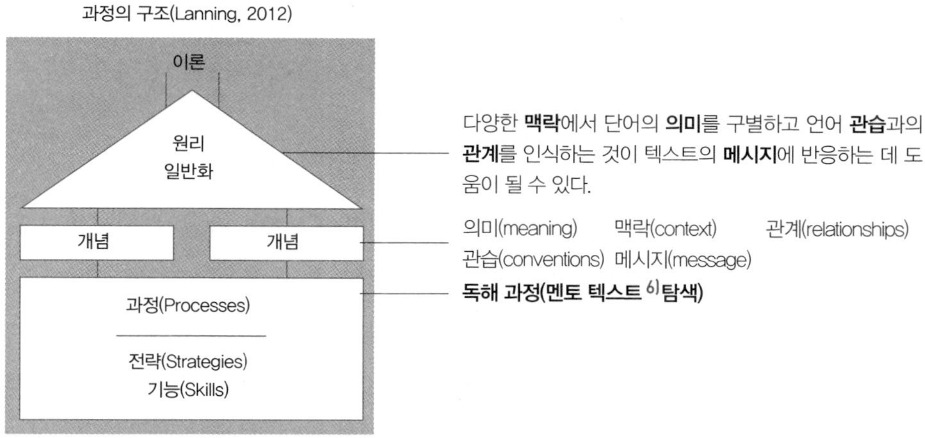

[그림 1.7] 중국 칭다오 바이산 학교와의 교육 워크숍에서 개발된 일반화

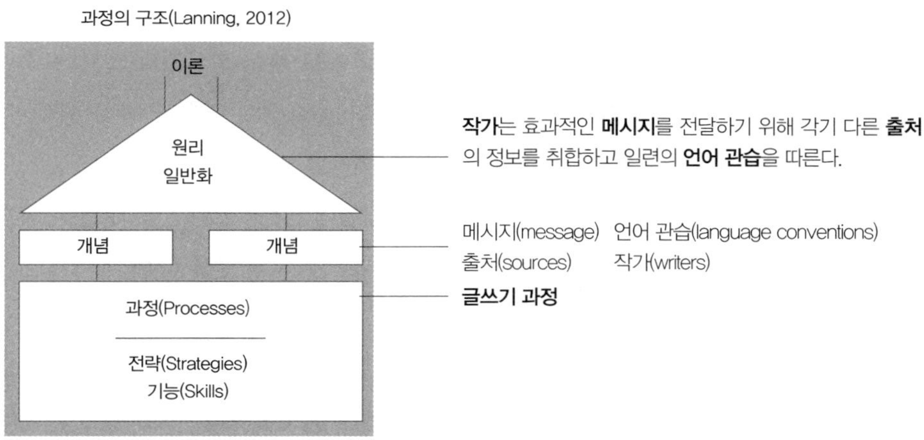

[그림 1.8] 아랍에미리트 두바이 GEMS 국제 학교와의 교육 워크숍에서 개발된 일반화

---

5) 역자 주: 이 경우에는 과정이라기보다 기능에 기반하여 개념과 일반화를 도출한 것으로 보인다.

6) 역자 주: 멘토 텍스트(mentor text)는 학생 작가에게 좋은 글쓰기의 예로서 사용할 수 있는 글이다. 학생은 멘토 텍스트를 읽고, 글쓴이가 사용한 글쓰기 기법과 접근 방식을 식별하고, 생각하고, 토론함으로써 자신의 글쓰기 실력을 향상시킬 수 있다.

언어교육과정의 설계 과정에서 '지식의 구조'와 '과정의 구조' 간의 관계

지식의 구조는 언어, 미술, 음악, 기술 및 디자인과 같은 과정 중심의 학문 분야에서 교육과정 단원을 작성하기 시작할 때 선택하는 토픽(내용)을 다룬다. 단원 토픽의 출처는 인문학이나 과학과 같은 다른 과목 또는 학생이 흥미를 느끼는 일상생활에서 찾을 수 있다. 언어 개념 기반 단원에는 한두 개의 지식 구조 일반화가 있을 수 있지만, 그 외에는 과정을 중심으로 구성되는 언어 과목의 본질을 잊지 말아야 한다.

과정의 구조는 탐구 단원 내에서 다룰 필수 과정을 보여 준다. 과정에는 듣기 또는 독해, 구두 및 서면 텍스트 생산(말하기와 쓰기) 또는 연구 조사 등이 포함될 수 있다. 과정의 구조 일반화는 학생이 단원을 마칠 때까지 터득해야 하는 과정, 전략 및 기능에 대한 개념적 이해를 나타낸다.

다음에서 살펴볼 예시들은 '규칙, 허용, 금지'라는 제목을 가진 단원에서 지식의 구조와 관련된 한 가지 일반화와 동일한 단원 내에서 과정의 구조와 관련된 일반화 사이의 관계를 보여 준다. 앞서 논의한 바와 같이, 탐구 단원에는 지식의 구조와 관련된 일반화가 하나 이상 있을 수 있지만, 단원의 대부분의 일반화는 과정 기반이어야 한다. 예를 들어, 언어 단원에는 문법, 독해 기능 개발, 서면 및 구두 텍스트 생산(쓰기와 말하기)과 같은 과정과 관련된 일반화가 포함될 수 있다. 이 단원에서는 문화, 사회, 정체성 등과 같은 여러 지식 개념을 탐구할 수 있지만, 다시 한번 주의해야 할 점은 외국어라는 교과의 본질적 측면이 단원의 내용(content) 때문에 뒷전으로 밀려나지 않도록 주의해야 한다는 것이다.

개념 기반 언어 교수에서는 문법(단어의 형태, 의미 및 사용, 동사 시제, 문장 구조 등)의 개념을 도출하여 구두 또는 서면 텍스트 생산과 듣기, 보기(viewing) 또는 독해에 필수적인 일반화를 구성하는 데 사용한다. 물론 문법에 대해 배워야 할 사실들(facts)이 많지만, '문법'이라는 아이디어의 정신적 구성체(mental construction)는 언어를 배우는 과정에서 필수적인 개념이기도 하다(Lanning, 2018).

[그림 1.9]는 탐구 단원의 설계에서 지식의 구조와 과정의 구조 간의 관계를 보여 줄 뿐만 아니라, 각 구조에서 식별된 개념을 관찰하고, 이러한 개념이 해당 단원의 교수 · 학습 과정에서 중심 역할을 하는 개념적 이해를 어떻게 구성하는지 보여 준다.

지식의 구조(Erickson, 1995)

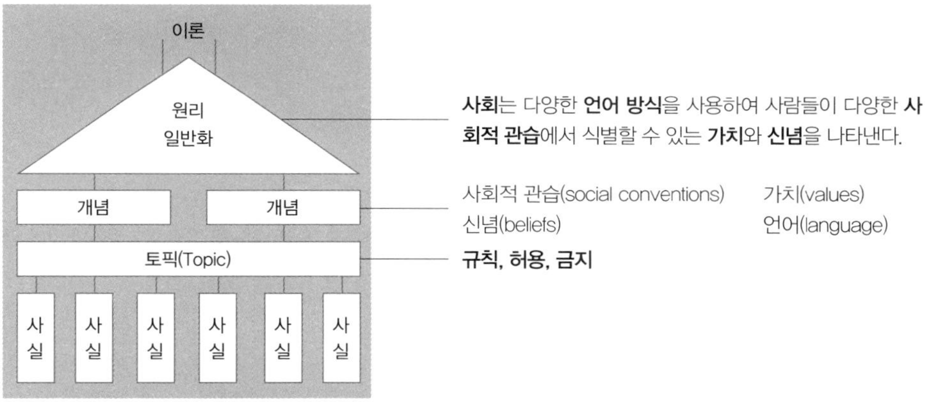

과정의 구조(Lanning, 2012)

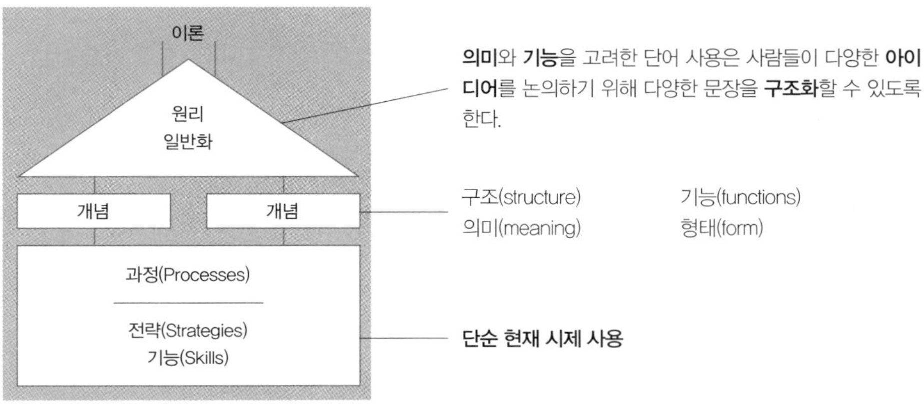

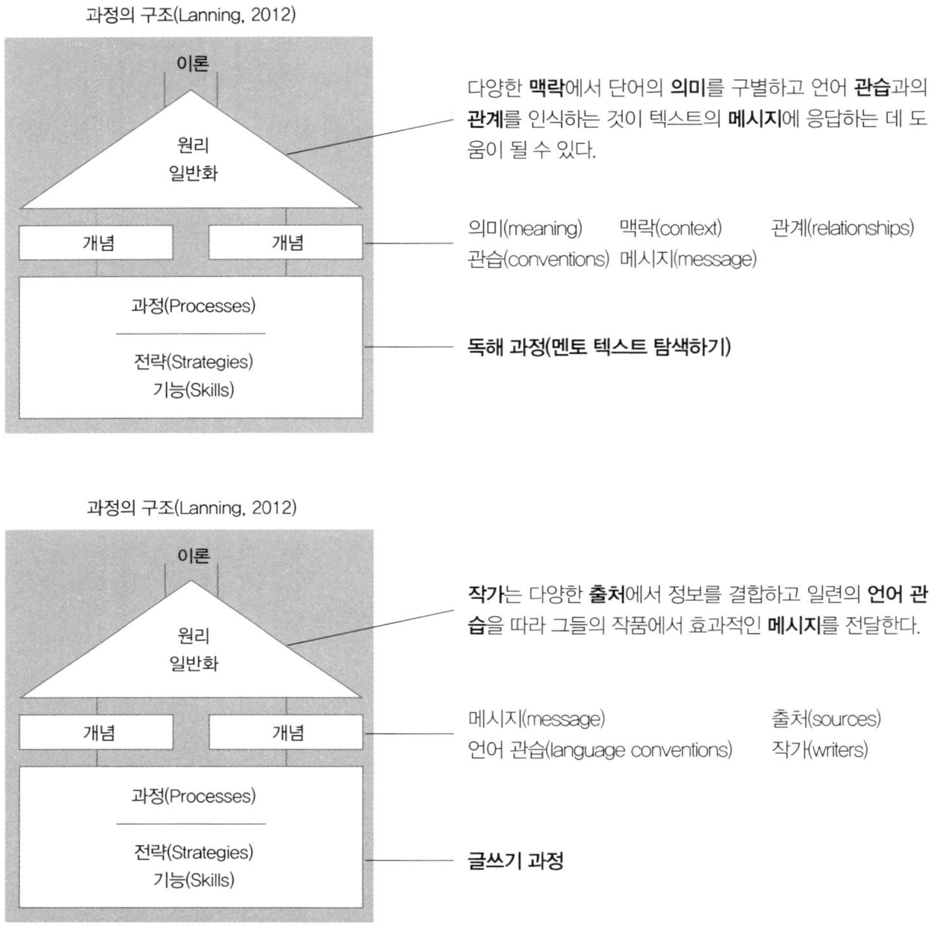

[그림 1.9] 개념 기반 언어 학습을 위한 탐구 단원의 틀을 형성하는 일반화의 예시

지식의 구조에서 도출된 일반화는 맥락을 나타내는 반면, 과정의 구조에서 도출된 일반화는 단원에서 예상되는 언어에 대한 전이 가능한 이해를 언급한다.

서울외국인학교에서 열린 워크숍에서 작성된 일반화

〈표 1.4〉는 개념 기반 언어 교수 · 학습의 다섯 가지 목표, 그 과정의 방향성을 제시하는 일반화, 그리고 이해가 달성된 학습 경험 사이의 관계를 구체적으로 설명한다.

〈표 1.4〉 **개념 기반 언어 교수 · 학습의 목표와 탐구 단원을 구성하는 학습 경험 및 일반화 사이의 관계**

개념 기반 언어 교수 · 학습의 목표	교수 · 학습 과정의 방향성을 제시하는 일반화	교수 목표가 달성된 단원의 학습 경험
1. 개념 사이의 관계를 탐색하기 위한 탐구 수업 설계	사회는 축제와 문화적 기념일을 통해 그들의 신념, 의식, 역사적 유산의 가치를 보여준다.	단원에서 개발할 맥락적 일반화를 정의
2. 효과적이고 자신감 있는 의사소통자 양성	작가는 효과적인 메시지를 전달하기 위해 다양한 출처의 정보를 취합하고 일련의 언어 관습을 따른다.	학생이 작가 역할을 할 때 얻을 수 있는 개념적 이해를 적용
3. 일반화하기 위해 탐구 중인 토픽, 관련 문법 및 텍스트 내의 개념 간 관계에 대한 이해 증진	의미와 기능을 고려한 단어 사용은 사람들이 다양한 아이디어를 논의하기 위해 다양한 문장을 구조화할 수 있도록 한다.	학생이 단순 현재 시제와 어휘가 주어진 토픽에 대한 정보를 실제적으로 전달하는 텍스트를 작성하는 데 어떻게 도움이 되는지 조사할 때 얻을 수 있는 개념적 이해를 실행에 옮김
4. 텍스트의 소비 및 생산 과정에서 비판적 사고 촉진	다양한 텍스트에서 단어의 의미를 구별하고, 언어 관습과의 관계를 인식하는 것은 텍스트의 메시지에 반응하는 데 도움이 될 수 있다.	학생이 샘플 텍스트를 읽고 직접 작성하는 방법을 배울 때 얻게 될 개념적 이해의 성찰
5. 개념적 이해와 기능을 다양한 맥락에 전이	여기에 해당하는 일반화는 이 단원에서 발전된 개념적 이해를 사용하는 향후의 단원에서 구성될 것이다.	학생이 작가로서의 역할을 수행하며 습득한 개념적 이해를 통해 어떻게 향후의 단원에서 유사한 기능을 전이할 수 있는지 인식

CBCI 모델은 어떻게 의미 있는 개념 기반 언어교육을 지원하는가?

경험은 우리가 이전과 다르게 변화했음을 분명히 인식할 때 비로소 의미를 갖게 된다. 마찬가지로 우리가 학습을 의미 있게 느끼려면, 이해를 추구해야 한다. 그 이해는 기존의 지식과 기능을 만들어 내고 변화시킬 수 있다.

CBCI 모델은 기존의 외국어 학습을 정신적, 정서적으로 흥미로운 경험으로 바꿔 준다. 토픽과 문법 규칙을 초월하는 교육은 실제로 학생의 잠재력을 존중하며 교육자가 학습자의 삶의 여정으로 확장될 수 있는 풍부한 경험 중심 교육과정을 설계하는 데 기여한다.

CBCI 모델은 우리의 지적 호기심을 자극하고 언어를 사용하여 우리의 관점을 탐색하고 표현하고자 하는 갈증을 해소해 준다.

개념을 사용하여 토픽과 과정을 아우르고, 이해의 공동 구성과 적용을 이끄는 진술로서 일반화를 수용하는 것은 CBCI 모델 내의 학습과 전통적 학습을 명확하게 구분 짓는다. 뚜렷한 목적 없이 토픽과 관련된 어휘 목록 및 문법을 학습하는 것은, 언어를 통해 세상을 알아 가거나, 언어를 통해 언어 자체에 대해 배우는 것에는 도움이 되지 않는다. 따라서 일반화는 교사가 수업에 관련한 결정을 내릴 때 도움이 되는 도구의 역할을 한다.

예를 들어, 지식의 구조에서 도출된 일반화는 교사에게 다음을 제시할 수 있다.

- 학습하는 토픽뿐만 아니라 관련 개념 간의 관계를 반영하는 적절한 어휘를 선택함
- 다양한 아이디어를 표현하는 방법을 배울 수 있도록 언어를 사용하는 방식을 모델링하는 강력한 멘토 텍스트를 식별함
- 탐색 중인 토픽과 관련하여 어떤 멘토 텍스트가 가장 진정성 있게 메시지나 관점을 전달하고 있는지 선정함
- 학습 중인 어휘와 구조를 사용하여 의미를 형성하는 시각적 텍스트(시각 자료) 또는 데이터 표현 방식을 구상함
- 지식 기반 일반화를 구축할 수 있도록 학생의 이해를 점진적으로 길러 주는 일련의 상호작용 활동을 선택함
- 멘토 텍스트를 교수・학습 과정의 중심에 배치하여 다음을 수행함
  a) 관련 예시 식별하기
  b) 텍스트의 중요한 측면을 중심으로 교육 순서 결정하기
  c) 단순한 이해를 넘어 텍스트의 활용 목적을 확장하기

이와 유사하게 과정의 구조에서 도출된 일반화는 교사에게 다음을 제시할 수 있다.

- 깊이 있는 학습에서 읽기, 듣기, 협업, 조사 및 비평이 필수적인 이유에 대한 학생의 통찰을 개발
- 학생이 자신이 특정한 방식으로 언어를 사용하는 이유를 어떻게 정당화할 수 있는지 관찰
- 학생이 자신의 언어 기능을 더욱 발전시키는 데 도움이 되는 요소를 인식하는 과정을 관찰
- 언어 기반의 개념적 이해의 개발을 기록하여 교육과정의 일관성을 보장
- 수행 기반 기능의 전이를 측정

[그림 1.10]은 이 장의 주요 내용을 요약한 마인드맵이다.

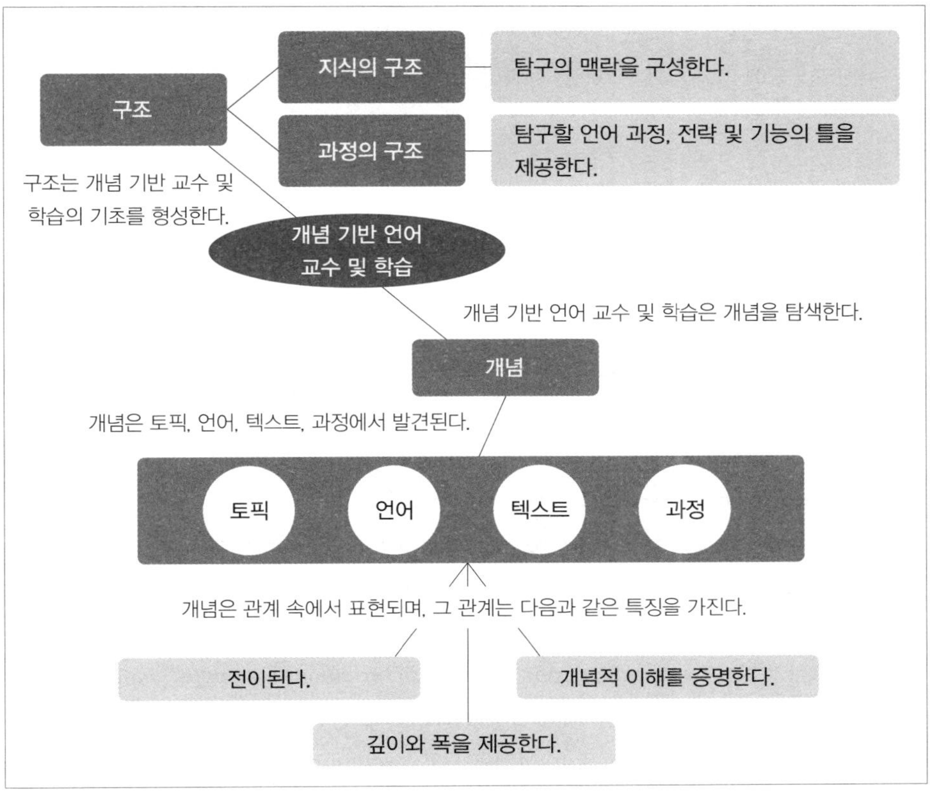

[그림 1.10] 1장 요약

나머지 장에서는 개념 기반 학습을 지원하는 방법을 사용하여 탐구 단원을 가르칠 때 따라야 할 단계에 대해 자세히 설명할 것이다.

개인적 성찰

다음 장을 시작하기 전에, 다음 질문을 고려하여 성찰해 보자.

- 탐구 단원 설계 과정 중에 지식의 구조와 과정의 구조에서 도출되는 개념적 이해를 고려해 본 적이 있는가?
- 지식의 구조 일반화는 탐구를 위해 선택할 텍스트와 상황들의 내용적 가치에 대해 어떻게 사고하게 하는가?
- 과정의 구조 일반화는 언어의 요소 중 어떤 것이 수업 설계의 기반이 되어야 하는지 인식하는 데 어떤 도움을 주는가?
- 과정의 구조 일반화는 학습 과정에 가치를 더할 수 있는 과제를 예측하는 데, 또한 학생이 자신의 필요에 따라 받을 피드백을 예측하는 데 어떤 도움을 주는가?

참고문헌

Erickson, L. (2008). *Stirring the head, heart and soul* (3rd ed.). Corwin.

Erickson, L., & Lanning, L. (2013). *Transitioning to concept-based curriculum and instruction: How to bring content and process together*. Corwin.

Erickson, L., Lanning, L., & French, R. (2017). *Concept-based curriculum and instruction for the thinking classroom* (2nd ed.). Corwin.

Kern, R. (2000). *Literacy and language teaching*. Oxford University Press.

Lanning, L. (2009). *Four powerful strategies for struggling readers, grades 3-8*. Corwin.

Lanning, L. (2018). *Grammar is a process*. Personal Communication.

Lanning, L. (2013). *Designing a concept-based curriculum for english language arts: Meeting the common core with intellectual integrity K-12*. Corwin.

Larsen-Freeman, D., & Anderson, M. (2011). *Techniques & principles in language teaching* (3rd ed.). Oxford University Press.

Paesani, K., Allen, H., & Dupuy, B. (2016). *A multiliteracies frame-work for collegiate foreign language teaching*. Pearson.

2

개념 기반 교육과정 설계, 단원 계획 및 외국어 교육

새로운 제도를 만드는 것보다 더 계획하기 어렵고, 성공 여부가 불확실하며, 관리하기 위험한 것은 없다. 왜냐하면 새로운 제도 도입자들은 구제도들로부터 이익을 얻던 모든 자를 적으로 삼게 되고, 새로운 제도를 통해 이익을 얻게 될 자들의 미온적인 지지만을 받기 때문이다.

—마키아벨리, 1513, 『군주론』

개인적 탐구

문법 내용과 토픽만을 고려하여 계획한 교육과정은 어떤 방식으로:

- 탐구 단원의 설계를 제한하거나 지원할 수 있는가?
- 각 수준에서 학생이 언어로 무엇을 창조할 수 있는지를 정확하고 일관되게 규정하는 데 제약을 가하는가?
- 학생이 기능, 개념적 이해, 그리고 수용하거나 산출할 수 있는 텍스트를 아우르는 일련의 연속성을 형성할 수 있도록 하는가?

자주 채택되는 언어교육과정의 구조를 돌아보며

외국어 교육과정 설계에 관한 명확한 연구 결과가 있음에도 불구하고, 전 세계 많은 학교가 여전히 내용 중심 교육과정이나 상황 중심 교육과정을 이행하고 있다. 또는 교사 중심 교육과정을 운영하는 경우를 볼 수 있다. 교과서는 토픽, 어휘, 상호작용 활동을 제시하여 언어를 연습할 기회를 제공하지만, 학생이 학습한 내용을 교실 밖에서 적용하는 데 필요한 개념적 이해나 기능을 실제로 적용하기에는 여전히 부족한 수준을 보여 준다.

학생의 학습과정에 동반자가 되기 위해서 교사는 출판된 자료를 뛰어넘어 학생의 학습 욕구에 대해 생각해 봐야 한다. 교과서에 나오는 내용과 학생이 새로운 언어를 습득하게 되는 맥락 간의 연관성에 대해 반드시 생각해 봐야 한다. 학생이 우리가 사용하는 자료에서 다루는 맥락에 익숙하거나 관심이 있다고 미리 가정하는 것은 바람직하지 않다. 교사는 학습자가 맥락과 관련된 뉘앙스를 인식할 수 있도록 디딤돌을 마련할 필요가 있다. 또한 주어진 맥락에서 특정 어휘와 문법 구조가 사용되는 이유와 특정 아이디어가 자신의 모국어와 다른 언어에서 어떻게 다르게 표현될 수 있는지 학습자가 이해할 수 있도록 지원하는 것이 중요하다.

매컬리스터(Macalister, 2016)는 토픽별 내용만 결합하고 문법 구조의 이해를 돕는 요소를 거의 반영하지 않은 교과서 시리즈 사례를 인용하며 이러한 방식이 다양한 문법 요소의 기능을 이해하는 데 방해가 될 수 있다고 지적한다. 예를 들어, '마태오는 코스타리카 사람이다(Mateo is Costa Rican).'와 '마태오는 코스타리카 출신이다(Mateo is from Costa Rica).'라는 영어 문장의 구조를 고려할 때, 어떤 문장 패턴이 더 모방하기 어려울까? 두 문장이 초급 수준의 학생에게 똑같이 이해하기 쉬운가? 전체적인 아이디어가 가진 의미를 이해하기에 앞서 단어 변경이 필요한 문장은 무엇인가? 어떤 예제가 문장의 의미 이해나 유사한 문장 구성 연습으로 이어질 수 있을까? '코스타리카(Costa Rica)' 또는 '코스타리카인(Costa Rican)'을 변경하면 학생이 직면하게 될 어려움은 무엇인가? 어떤 문장이 이러한 어려움을 덜어 주는가? 출신지를 나타내는 형용사는 불규칙한 형태를 가질 수 있지만 국가명은 변하지 않으므로 학생은 전치사를 사용하게 된다는 점을 기억해야 한다.

지속적으로 비판받는 교과서의 또 다른 요소로는 저자가 내용 관련 어휘를 소개한 후 이와 관련 없는 토픽으로 바꾸고 새로운 문법 요소를 추가하는 경우이다. 그 결과 문법 구문과 어휘의 개념(예: 사용과 의미)에 대한 탐구가 충분히 이루어지지 않게 된다. 다양한 맥락에서 어휘와 구문에 대한 이해를 확장하고 심화하는 것은 전이를 촉진할 뿐만 아니라 학습자가 의사소통 기능을 보다 선택적으로 활용하는 데에도 도움이 된다.

따라서 다양한 상황에 어휘와 구문을 적용하는 과정에서 나타나는 개념적 이해에 중점을 둔 교수법은 학생이 더욱 복잡한 맥락과 새로운 상황에서 의사소통 기능을 사용하고 적용하며 전이할 수 있게 한다. 학생은 이런 수업을 통해 자신이 해당 언어를 가지고 얼마나 많은 것을 할 수 있는지 깨닫게 된다.

팀컴(Tinkham, 1993)과 히가(Higa, 1963)의 심층 연구는 철저하게 특정 토픽과 관련된 어휘만을 기반으로 한 수업의 효과를 분석했다. 이러한 접근 방식은 외국어 학습을 필요 이상으로 어렵게 만든다. 기존 교육과정에서 학생이 언어를 사용하여 특정 대상을 위해 특정 메시지가 담긴 특정 텍스트를 작성하도록 장려하는 경우를 거의 찾아볼 수 없다. 더욱 중요한 것은 현행 교육과정은 대부분 학생이 과제를 수행할 때 적용하는 기능이나 의사 결정에 대한 '이유(왜)'와 '방법(어떻게)'을 이해하도록 지원하지 못한다는 것이다. 학생이 효과적인 언어 사용자가 되기 위해서는, 특정 의도를 가지고 특정 메시지를 전달하기 위해 신중하게 언어를 선택하는 것이 중요함에도 불구하고 말이다.

용어 정리: 교수요목 vs 교육과정

이 장에서는 '교수요목'과 '교육과정'이라는 두 용어가 언급되므로, 명확한 정의가 필요하다. 교수요목(syllabus)은 특정 강의나 과목에 대한 정보를 전달하고 해당 수업 내용과 기대 사항을 정의하는 문서이다(Nunan, 1998). 반면에 여기에서 다루게 될 교육과정(curriculum)의 정의에는 주제 중심별 내용뿐만 아니라 학습자가 도달해야 할 기대수준과 그에 따르는 책임까지 포함된다. 래닝(Lanning, 2013, pp. 3-6)은 교육과정을 마스터 플랜(master plan), 즉 파급 효과를 일으키는 '마스터' 도구로 정의했다.

메일과 워터스(Male & Waters, 2012)가 제안한 교육과정의 정의를 살펴보자. 그들은 교육과정을 학교의 모든 과목에서 발생하는 학습 경험의 총합으로 정의한다. 이 경험들은 교실에서 일어나는 경험, 학교의 관행과 의식으로부터 발생하는 경험, 그리고 학교와 전문가 및 단체와의 협력을 통해 마련된 기회에서 비롯된 경험 간의 균형을 포함한다. 이러한 정의는 학교의 맥락이 문화, 가치, 그리고 학사 일정에 반영될 모든 교육적 활동을 규정하는 요소라는 점을 인식하게 한다(Male & Waters, 2012).

개념 기반 외국어 교육과정의 지향점

외국어 교육을 위한 개념 기반 교육과정은 학교에서 치르는 행사나 지역 사회에서 발생하는 활동을 간과해서는 안 된다. 이 교육과정은 단지 교실 안에서의 학습의 경험을 창출하는 데에만 그쳐서는 안 되며, 온 · 오프라인 환경 모두에서 공존할 수 있는 진정성 있는 공간을 확보하는 결과물을 창출하기 위한 청사진(blue print) 역할을 해야 한다.

개념 기반 외국어 교육과정은 학생의 전인적 발달에 기여하는 언어적 지식과 기능의 개발과 다양한 수준과 맥락 속 전이의 실현을 모색한다. 이러한 유형의 교육과정은 주제별 내용과 개인 및 공적 영역에서 이루어지는 일련의 상호작용을 제시하는 것에 그치지 않고, 학습 경험을 교실과 학교 밖까지 확장한다.

중고등학생의 사고를 형성하기 위한 이상적인 교육과정은 학생의 맥락과 관련된 학습 경험으로 구성되어야 한다. 언어는 대화에 참여하고 다양한 관점을 탐색하며 아이디어를 전파하는 매개체 역할을 한다. 따라서 학습 경험은 이런 언어를 매개체로 플랫폼, 상황 혹은 맥락 속에서 풍부해져야 한다. 그리고 이러한 경험은 학생이 학습자로서의 삶을 지속적으로 영위하는 데 필요한 역량을 개발하도록 연속체의 형태로 설계되어야 한다.

전 세계 많은 학교에서 흔히 나타나는 언어교육과정의 문제점은 성인들의 상호작용으로 이루어지는 상황들을 중심으로 교육과정이 설계된다는 것이다. 이러한 측면을 보여 주는 학교 밖 상황의 몇 가지 사례로는 환자와 의사 간의 상호작용(일반적으로 대화를 하는 것은 부모님)과 가족 휴가 계획(성인들이 예산 등을 고려하여 결정하는 것)이 있다. 이렇듯, 우리는 학교에서 학교의 사명과 비전, 또는 학교가 추구하는 교육 철학(학생 중심의 사명 등)을 제대로 담아내지 않거나 담지 못한 교육과정을 발견하곤 한다. 이는 탐구와 개념 기반 수업을 강조하는 다양한 교육 인증 기관이 요구하는 학교의 기준과 운영 방침을 어떻게 실천하고 있는지 보여 주려 할 때, 많은 국제학교가 직면하는 문제이기도 하다.

학교가 직면하는 또 다른 문제는 학생이 각 단계의 외국어 교육에서 습득해야 하는 기능의 식별과 배열이다. 실제로 많은 학교가 학생이 복잡한 개념적 이해와 기능을 어떻게 점진적으로 발전시키고, 또 어떻게 통합하는지에 대한 내용을 포괄적으로 보여 주는 교육과정 개발에 어려움을 겪고 있다. 교사는 듣기, 읽기, 보기(viewing), 쓰기, 말하기 및 조사하기가 어떻게 개념적 관계를 통해 가르쳐지는지 이해할 필요가 있으며, 그리고 이러한 요소들이 상호 보완적이라는 것과 분리된 방식으로만 가르치는 것이 아님을 알아야 한다. 일련의 듣기 및 독해 활동을 통한 연습은 학생에게 이 두 과정과 연결된 개념적 이해를 발전시키도록 의도적으로 가르치고, 궁극적으로 학생이 자신의 능력을 개발하는 이유를 이해하도록 돕는 것과는 매우 다르다.

우리는 사람이 자신이 의도하는 메시지를 산출하기 위해 어떤 언어 방식(modes of language)을 선택하는지 학생이 이해하도록 돕고자 한다. 또한 다양한 유형의 텍스트를 생성하는 데 어휘와 구조를 사용하는 방식을 보여 주는 모범 사례들을 탐구할 기회를 제공하고자 한다. 학생이 다양한 멘토 텍스트에서 패턴을 발견할 수 있도록 하면, 목표로 하는 개념적 이해를 구축하는 데 도움이 된다. 교사의 체계적인 지도를 통해 학습의 주체는 학생으로 전환된다. 또한 학생이 정보의 생산자와 소비자 간의 관계를 이해하도록 돕는 것은 학생이 필자로서 더 나은 결정을 내리게 함과 동시에 성찰하는 독자로서 기능을 개발할 수 있게 한다.

학생이 듣기, 읽기, 말하기, 쓰기를 할 때 다양한 과정을 탐구하도록 기회를 제공하는 것은 학생이 전략을 습득하고 메타인지 능력을 향상할 수 있도록 지원한다. 언어의 작동 원리를 더 깊이 이해하면 학생은 콘텐츠를 생산할 때 정보에 기반한 신중한 결정을 내릴 수 있다. 또한 학생은 자신의 언어 사용이 개념적 이해의 적용에 기반하고 있음을 입증할 수 있게 될 것이다. 특정 시제에서 동사의 활용형을 단순히 암기하는 것은 아이디어를 표현하기 위해 시제를 고려하여 적절한 동사 형태를 선택하는 것과 같지 않다.

많은 교육과정이 간과하거나 당연하게 여기는 것은 개념적 이해의 연속성이다. 이는 탐구와 산출물의 엄밀함과 깊이가 점진적으로 증가하는 과정을 보여 준다. 중고등학생의 나이에 맞는 삶의 경험에 맞춰 발전하고, 요점을 파악하거나 장소를 묻고 길을 안내하는 것과 같은 단순한 사실적 행위를 넘어서는 교육과정을 설계하려면 개념적 이해에 기반한 교육과정을 도입해야 한다. 이러한 유형의 교육과정에서 탐구 수업이 전개되는 과정은 교사와 학생 모두에게 개념적 관계를 적용할 때 무엇을 달성할 수 있는지 알려 줄 수 있어야 하며, 관찰 가능한 증거와 다음 단계에 기반한 '피드포워드(feedforward)'[1] 접근 방식이 적극 활용된다.

1) 역자 주: 피드포워드(feedforward)는 과거의 수행에 대한 평가보다는 앞으로의 개선 방향과 전략에 초점을 맞춘다.

개념 기반 외국어 교육과정은 교사가 탐구 단원을 지속적으로 설계할 수 있는 기준을 설정하는 데 도움을 준다. 개념 기반 교육과정의 구조는 교사와 학생에게 그동안 학습이 어떻게 진척되어 왔는지 그리고 앞으로의 학습은 어떻게 진행될 것인지에 대한 정보를 제공한다. 기본적으로 학생은 토픽, 문법, 텍스트 및 기능 간의 관계와 관련된 개념적 이해를 구성하고 입증하게 될 것이기 때문에 학생의 언어 능력뿐만 아니라 전이 능력까지도 측정이 가능하다. 따라서 적절한 개념 기반 교육과정은 효과적인 의사소통 능력 개발을 지원하는 것과 더불어 학생이 언어를 배우고 효과적으로 사용하려는 태도와 동기를 기르는 데에도 도움이 될 것이다.

다음은 외국어 교육을 위한 개념 기반 교육과정을 설계하는 데 사용할 수 있는 지침의 예시이다. 여러분은 상황에 따라 이를 유용하게 활용할 수 있을 것이다.

개념 기반 언어 환경을 위한 교육과정 설계

I. 단원 제목 선정

고려할 요소:

- 기관의 사명과 비전
- 학교의 교육 철학 관련 선언문 및 가치관
- 학교가 따르는 기준
- 국제 바칼로레아(IB)의 경우, 초학문적 주제(PYP, 초등교육 프로그램) 및 세계적 맥락(MYP, 중등교육 프로그램)에 대한 설명
- 다음과 같은 표(다음 예시에서는 5년 동안의 중등교육을 고려함)

〈표 2.1〉 개념 기반 언어 교수를 위한 교육과정을 구성할 토픽을 정리하는 표

단원 순서	6학년(11세)	7학년(12세)	8학년(13세)	9학년(14세)	10학년(15세)
1					
2					
3					
4					

1. 탐색

IB 학교에서 가르치고 있는 교사라면, 교육 철학과 관련된 학교의 비전 또는 사명 선언문과 초학문적 주제 및 세계적 맥락에 대한 설명을 살펴보자.

2. 선택

사명과 비전에 등장하는 명사 중에 탐구 단원과 학습 경험으로 발전시키기 적합한 탐구를 나타내는 단어를 고른다. 예를 들어, '관계' '공동체' '웰빙' '성공' '국제성' '가치' '혁신' 등이 있을 수 있다. 그런 다음 아이디어를 전달하거나 상호작용을 촉진하는 데 언어가 사용되는 방법과 그러한 상황에서 의미를 교환할 때 언어가 사용되는 방법에 대해 생각해 본다. 단원을 설계할 때는 '내용(content)'에만 너무 치중하여 '과정(process)'을 간과하지 않도록 주의해야 한다. 언어교육과정을 설계할 때는 '과정(process)'이 우선시되어야 한다(Lanning, 2022).

3. 조직화

문서에서 위와 같이 명사를 선택한 후 다음 성찰 질문을 활용하여 그 명사를 사용하기에 가장 적합한 학년을 결정한다.

→ 이 탐구 주제에 관심을 가질 만한 학생의 연령대는 어떻게 되는가?
→ 이 탐구를 사용하여 다양한 언어 수준에 알맞은 탐구 단원을 설계할 수 있는가?
→ 이 탐구에 대한 다양한 수준의 시청각 및 인쇄물 형식의 텍스트를 찾을 수 있

는가?

→ 지속적인 학습을 구축하는 데 도움이 될 만한 문법 주제를 식별할 수 있는가?

이 책의 자료 섹션에서 위 프로토콜에 따라 개발된 개념 기반 외국어 교육과정 계획의 예시를 확인할 수 있다.

II. 언어 내용

교육과정 계획에 제시된 단원 제목들은 교육기관이 중요하게 여기는 경험들의 모음일 뿐만 아니라 학습이 이루어질 학습 공동체의 정체성 또한 반영한다. 각 학년에 탐구할 내용이 정의되고 적절한 순서가 정해지면, 다음 단계는 문법 구조의 연속성을 결정하는 데 도움이 되는 언어의 측면과 각 과정(듣기, 보기, 읽기, 쓰기 및 말하기)의 기능을 각 학습의 경험에 채우는 것이다.

매컬리스터와 네이션(Macalister & Nation, 2020)은 문법 주제와 언어적 역량을 점진적이고 논리적으로 구성하기 위한 일련의 가이드 원칙을 제안한다. 이 원칙은 엄밀성을 고려하고, 언어의 반복적 활용을 최대화하며, 교실 밖의 맥락에서 이해와 언어 기능의 전이를 촉진한다. 이러한 원칙의 선택 및 적용은 [그림 2.1]에서 살펴볼 수 있다.

빈도(frequency) : 학생의 삶과 맥락에 적합한 다양한 연령대별 다양한 토픽을 제공하여 학습에서 최상의 결과를 얻을 수 있도록 한다.

전략과 자율성 : 학생이 효과적이고 독립적인 언어 학습자가 될 수 있도록 언어를 배우고 자신의 학습을 모니터링하고 인식할 수 있도록 능력을 끌어낸다.

간격을 둔 반복 회상 : 학습 내용을 떠올려 지식을 연결하는 반복적인 기회를 제공하여 점차 창의적으로 아이디어를 확장할 수 있게 한다.

언어 체계 : 언어의 일반적인 특징을 살펴본다.

연속성 : 언어의 유용한 요소, 기능 및 전략을 점진적으로 다룬다.

통합된 내용: 반복 학습을 늘리고 정보 처리 과정을 심화한다.
네 가지 영역(four strands): 단어의 의미, 구조의 생성 및 결합, 언어 방식(modes of language)의 학습, 그리고 유창성과 개념적 이해를 증명하는 결과물 생성에 대한 탐구의 균형을 보여 준다.
이해 가능한 입력: 흥미롭고 이해 가능한 수준의 듣기 및 읽기 활동을 충분히 구성한다.
유창성: 학생이 이미 알고 있는 언어를 이해(듣기, 이해, 읽기, 보기)와 산출(말하기, 쓰기, 제시하기) 영역에서 더 유창하게 사용할 수 있도록 돕는 활동을 제공한다.
결과물: 학생이 다양한 담화 유형에서 언어를 사용하여 연령에 적합한 다양한 텍스트를 말하기나 글쓰기로 생산하도록 지도한다.
처리의 깊이: 학습자가 배울 내용을 가능한 한 깊이 있고 신중하게 처리할 수 있도록 한다.
학습 선호도: 학습자가 개별 학습 선호도에 가장 적합한 방식으로 학습 자료를 사용할 수 있는 기회를 제공한다.

[그림 2.1] 매컬리스터와 네이션(Macalister & Nation, 2020)이 제안한 교육과정 설계 원칙의 선택 및 적용

개념 기반 교육과정을 채택하고 그 핵심 원칙에 따라 이를 가르치는 것은 학교의 미션 및 비전과 연결됨을 의미한다. 또한 의미 있는 교수 및 학습의 설계와 실행을 위한 환경을 만들기 위한 노력도 포함된다. 중등교육과정은 학생이 인간으로서의 정체성을 확립하기 위해 거치게 되는 일련의 과정들로 구성되므로, 학교는 학생이 언어를 통해 세계 시민이 되기 위해 지역사회에서 실천하는 것이 무엇을 의미하는지 발견할 수 있는 기회를 놓쳐서는 안 된다. 중등교육과정은 개념적 이해의 발달을 창의적이고, 적절한 도전과 복잡성을 가진 방식으로 탐구할 수 있는 이상적인 시기이다(Male & Waters, 2012).

개념 기반 외국어 교육을 위한 단원 계획 프로토콜을 살펴보기 전에, 개념 자체를 토픽으로 다루어서는 안 된다는 점을 강조할 필요가 있다. 따라서 교육과정 계획에서 단원을 '정체성에 관한 단원' 또는 '문화에 관한 단원', 혹은 더 나아가 '단순 과거 시제에 관한 단원'이라고 설명하는 것은 CBCI 모델의 의도를 오해하는 결과를 초래할 수 있다. 특정 기관에서 제한된 목록 내에서 개념을 균형 있게 다루라는 요구와 관련하여, 우리는 특정 제도적인 요구 사항이 교육과정 설계에 미치는 영향에 대해 생각해 볼 필요가 있다. 나는 탐구 목록이 교육기관과 교사의 한계치를 넘

을 수도 있고, 실제로 그러함을 기억하는 것이 중요하다고 굳게 믿는다. 외국어 교육과정의 설계는 양적 기준이 아니라 학생이 이해해야 할 개념적 관계에 기반하는 이유로, 특정 개념을 다루는 횟수를 지키는 것만이 균형 잡힌 교육과정을 구현하는 것이라 말하기 어렵다. 그러므로 교육과정의 배열 작업(mapping)을 평가할 때는 다음 사항을 고려하는 것을 권장한다.

→ 각 탐구 단원에서 목표로 세운 개념적 관계, 즉 개념적 이해
→ 교수 및 학습 과정이 진행됨에 따라 증가하는 개념적 관계의 복잡성
→ 단원 계획에 제시된 기능에 따라 산출 가능한 메시지 및 콘텐츠
→ 학생이 개발한 언어적 기능 및 간학문적 기능을 전이할 수 있는 기회

탐구 단원 계획하기

교사의 개인적 탐구

다음 상황에서 외국어 교육을 위한 탐구 단원의 계획서는 어떤 역할을 수행하는가?

〈상황〉

- 사전 지식을 고려하기
- 이해와 기능이 향후 전이될 상황(맥락) 식별하기
- 의도적 혹은 명시적으로 가르쳐야 할 개념을 안내하기
- 토픽, 언어, 텍스트, 기능에서 개념적 이해를 형성하기 위해 개념 간 관계를 찾기
- 가르친 언어에 대한 이해와 유의미하고 정확한 활용을 보여 줄 수 있는 학습 및 평가 기회를 시각화하기

제1장에서는 개념 기반 언어교육의 다섯 가지 목표를 언급했었다. 그에 따라, 탐구 단원 계획 과정에는 교사가 학생이 다양한 언어적 현상을 탐구하도록 의도적이고 명시적으로 학습 경험을 설계할 수 있도록 하는 지침이 포함되어야 한다. 예를 들어, 문장 구조가 어떻게 구성되는지, 서로 다른 구조나 동사 시제를 결합할 때 전달되는 메시지가 무엇인지 탐구해야 한다. 또한 관계와 패턴을 식별하고, 규칙을 일반화하여 이에 대한 이해를 특정 의미를 전달하는 예시에 적용할 수 있어야 한다.

효과적인 개념적 탐구를 설계하기 위한 절대적 공식은 없을 것이다. 대신 이 장에서는 탐구 단원 설계의 몇 가지 주요 단계를 설명하면서 설계에 대한 이해를 심화해 보려 한다.

1. 개념 간의 관계를 탐색하기 위한 탐구 수업 설계
2. 효과적이고 자신감 있는 의사소통자 양성
3. 일반화하기 위해 탐구 중인 토픽, 관련 문법 및 텍스트 내의 개념 간 관계에 대한 이해 증진
4. 텍스트의 소비 및 생산 과정에서 비판적 사고 촉진
5. 개념적 이해와 기능을 다양한 맥락에 전이

[그림 2.2] 개념 기반 언어교육의 다섯 가지 목표

단원 그물 살펴보기

개념 기반 교육과정 및 교수(CBCI) 모델에서 언어 교과 과정 단원의 내용은 토픽과 관련된 지식과 해당 과정의 목표에 맞는 어휘, 문법, 언어 기능 및 학습 전략을 가르치는 데 필요한 구체적인 과정들로 구성된다(Macalister & Nation, 2020). 그러나 학습을 개념적 수준으로 끌어올리기 위해서 학생은 1) 탐구해야 할 토픽, 2) 생산해야 할 텍스트, 3) 문법, 4) 숙달해야 할 기능에 내재된 개념을 분석하는 과정이 필요하다. 따라서 단원 그물(unit web)은 단원의 개념적 깊이와 범위에 초점을 맞춘 계획 과정을 시작하는 데 필수적인 도구가 된다.

단원 그물은 단원에 포함될 수 있는 잠재적인 하위 토픽 및 개념을 파악하는 도구이다(Lanning, 2013, p. 54). 이 도구는 우리의 개념적 사고를 구현하게 할 뿐만 아니라, 그 관계를 조사할 개념들을 식별함으로써 탐구 단원의 구성 요소를 시각적으로 제시한다.

단원 그물은 한 과정을 깊이 이해하는 데 필요한 경험의 방식들을 체계적으로 구성하기 위해 여러 영역(strand)으로 나뉜다. 외국어 학습에서 체계적인 CBCI 단원은 학습자가 단원 그물의 모든 영역(strand)에 걸쳐 학습한 내용을 조사하고 연습할

기회를 제공한다. 래닝(Lanning)은 언어 전체를 고려하여 각 영역에 '이해하기' '반응하기' '비평하기' '생산하기'라는 이름을 붙였다. 이는 언어를 총체적으로 바라보며 교육적 통합을 촉진하고 포괄적인 외국어 단원의 학습 성과를 강조하기 위함이다(Lanning, 2013, p. 57).

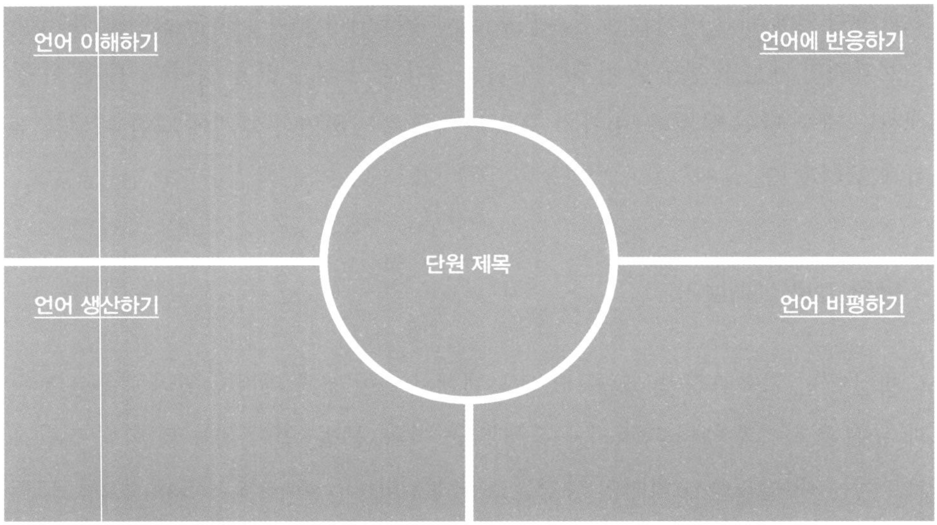

[그림 2.3] 과정 기반 교과의 단원 그물

단원 그물의 중앙에 있는 단원의 제목은 단원의 맥락을 설정하고, 개념적 렌즈로 선택된 개념은 교수 및 학습 과정의 방향을 잡아 준다.

〈이해하기 예시〉
의미(meaning), 형태(form), 사용(use), 구조(structure), 시제(time tense), 문자 형성(character formation), 도치(inversion), 텍스트 구조(text structure), 텍스트 특성(text features)

이해하기

이 영역은 학습자가 의미를 구성하기 위해 이해해야 하는 개념을 나타낸다(Lanning, 2013, p. 54).

이 영역은 어휘 및 문법에 관련된 하위 토픽과 개념을 포함하고, 이들의 탐구는 개념적 렌즈를 통해 초점을 맞춘 맥락에서 이루어진다. 이 영역은 해당 단원의 토픽, 문법의 의사소통 목적, 그리고 단원 말미에 산출하게 될 텍스트 관련된 개념들도 포함한다.

반응하기

'이해하기'에서는 의미를 형성하는 데 필수적인 개념을 발견하는 반면, '반응하기'에서는 학생이 독립적으로 또는 그룹으로 작업할 때 일어나는 메타인지 과정을 더욱 인식하고, 다른 사람의 통찰에 더 개방적인 태도를 갖는 것에 도움이 되는 개념을 다룬다. 우리는 학생이 비평하고 판단 내리기 전에 자신이 듣거나, 보거나, 읽은 내용을 잠시 돌아보고 성찰하는 것이 얼마나 중요한지 이해하도록 돕고자 한다. 이 영역에서 탐구하는 개념은 학생이 언어를 실제로 사용할 때 자신이 참여하는 의사소통을 개인적인 경험과 미래의 다양한 맥락에 연결하도록 돕는다. 요컨대, 이 영역의 개념과 이해는 학습자로서의 깊은 자기 인식을 반영한다.

> <반응하기 예시>
> 탐구(inquiry), 경청(active listening), 반복(repetition), 기억 전략(memory strategies), 순서 주고받기(turn taking), 연결(connection), 효과적인 질문(effective questions), 명료화 질문(clarification question), 아이디어 다시 말하기(restating ideas), 머릿속으로 해석하기(mental translation), 주의 집중(directed attention), 정보(information), 자료(materials), 언어 사용(language use), 결정(decisions), 단계 따르기(following steps), 협업(collaboration), 통찰력(insights)

비평하기

이 영역은 학생이 언어 사용자로서 올바른 판단을 내리기 위해 이해해야 할 개념들과 그 개념 간의 관계를 식별한다. 학생이 이 영역의 개념 간의 관계를 파악하면 이해가 심화되고, 그 결과 작가, 화자, 협업자로서 내리는 결정과 언어 사용 과정에서의 편향이나 낮은 품질을 스스로 인식하게 된다.

학생이 이 영역의 개념을 이해하고 설명하면, 학생은 정보의 소비자이자 생산자로서 양질의 정보에 내재된 핵심 요소를 자각하게 된다. 학생은 자신의 판단에 대한 근거를 설명하고, 사례를 들어 이를 정당화할 수 있다.

> <비평하기 예시>
> 맥락에서의 의미(meaning in context), 억양과 의미(intonation and meaning), 단어 선택(word choice), 사용역(register), 문장 구조(sentence structure), 의도(intention)

생산하기

이 영역은 텍스트 작성과 제작에 중요한 개념을 다룬다(Lanning, 2013, p. 56). 언어 사용의 예시를 보여 주기 위한 멘토 텍스트와 달리, 생산하기 영역에서의 텍스트는 학생이 특정 텍스트 유형, 목적, 청중에 맞춰 언어를 정확히 사용하는 수행을 보여 주는 결과물을 의미한다. 이 영역에 나열된 개념은 학생이 실제 맥락에서 언

〈생산하기 예시〉
정확한 언어(accurate language),
유창성(fluency),
청중에 대한 인식(sense of audience),
효과적인 메시지(effective message),
단어 선택(word choice),
언어 관습(language conventions),
텍스트 관습(text conventions),
어조(tone),
분위기(mood)

어 학습을 적용하고 연습하는 데 필요한 것들이다.

단원 그물의 각 영역에 있는 개념을 포착하려면, 외국어 학습에 대한 전통적인 사고 방식(간단한 정보 교환을 위한 상호작용, 어휘, 정형화된 문법 연습)을 뛰어넘는 실천이 필요하다. 우리가 언어를 총체적으로 다루고 탐구하기 위해 음성학, 의미론, 화용론, 기호학과 같은 언어 체계로 기존 접근 방식을 보완하고 확장해야 한다(Halliday, Mat-thiessen, & Christian, 2014).

이러한 접근 방식을 따르면, 학생은 언어의 요소들을 습득하여 텍스트에서 정보를 얻을 수 있다. 또한 텍스트를 통해 언어에 대해 배우고, 언어를 통해 더 많은 것을 탐구하는 학습 경험을 누릴 수 있게 한다. 이 과정은 학생이 청중을 고려하여 텍스트를 제작하고, 그 텍스트의 목적과 핵심 메시지가 교실이라는 한정된 공간을 넘어 실생활에서 지속적으로 활용되고 확장되는 결과를 가져올 것이다.

네 가지 영역에 걸쳐 단원의 텍스트와 과정에서 개념을 도출하는 것은 우리의 목표를 달성하기 위한 기반을 마련한다. 모든 언어 학습 방식에 걸쳐 단원의 텍스트와 과정에서 개념을 도출하는 것은, 교수와 학습을 안내할 개념적 이해를 구축한다는 목표 지점에 도달하게 해 준다. 이러한 개념적 이해의 진술문에 포함된 개념들은 단원 그물에서 식별이 가능하다.

주의: 개념에 대한 인식이 있다는 가정은 하지 말자

언어 학습자가 다양한 역량과 개념적 이해를 개발하고 습득함에 따라 기능, 전략 및 과정에서 도출한 개념은 점점 더 복잡해진다. 즉, 어떤 개념은 기초 수준에서는 중요하나, 더 높은 수준에는 의미를 형성하는 데 필수적인 다른 개념으로 대체된다.

예를 들어, 특정 시제의 동사 형태를 제시할 때 우리가 중점적으로 다루는 개념

(주로 형태, 의미 및 사용)은 해당 시제를 사용하여 다양한 문장을 만들거나, 나아가 다양한 맥락에서 다루게 되는 개념(주로 기능, 패턴 및 의도)의 기반이 된다. 마찬가지로, 듣기 이해 과정에서 학생에게 언어의 음성 체계를 소개할 때 중점적으로 다루는 개념은, 학생이 들은 내용을 기반으로 메시지를 이해하고 텍스트에 반응하거나 이해를 보여 주도록 입증하도록 요청받을 때 다루는 개념과는 다르다.

또한 한 교실의 학생들이 다양한 모국어를 사용한다면, 이들을 위한 수업 설계는 모든 학습자가 탐구해야 할 개념에 익숙해지도록 다양한 층위의 배경지식을 고려하여 개별화해야 한다. 예를 들어, 문자(letter), 글자(character), 획(stroke)이라는 개념이 존재하는 모국어를 사용하는 학생은 이러한 개념을 연결하고 이해를 전이할 수 있는 반면, 그렇지 않은 학생은 해당 개념을 새로 습득하고 배워야 할 수도 있다.

학생이 완전히 인식할 수 있도록 명시적으로 가르치거나 소개해야 할 개념이 있을 수 있다는 점을 기억하는 것이 중요하다. 예를 들어, 일부 유럽 언어 교사는 대문자 사용(capitalisation)은 모든 학생이 알고 있는 개념이라고 생각할 수 있다. 그러나 만약 우리의 학생이 대문자라는 개념이 없는 중국어, 아랍어, 또는 한국어 배경을 가진 경우라면, 우리는 이를 어떻게 다루어야 할까?

[그림 2.4]는 네덜란드 교사가 모국어가 아랍어, 페르시아어, 다리어, 그리고 파슈토어인 학생들에게 대문자(upper-case)와 소문자(lower-case)의 차이를 설명하는 순간을 포착한 것이다. 교사는 **단어의 대문자 사용(capitalisation)이 문장에서 중점이 되는 명사의 종류를 인식하는 데 도움이 된다**는 것을 이해시키기 위해 이 차이를 설명하고 있다. 초급 수준의 네덜란드어 학습자들은 문자 메시지와 이메일 작성에서 문장 구조에 대한 숙련도를 보여 주었으나, 대문자 사용과 관련된 오류를 범했다. 예를 들어, 문장의 첫 단어의 첫 글자는 대문자로 시작해야 하며, 고유명사는 대문자로 써야 하는 규칙 등을 지키지 못했다. 이는 대문자 사용과 문장 구조에 관한 개념적 이해에 도달하지 못했음을 시사한다.

외국어의 습득은 학습한 어휘와 구조를 창의적이고 재미있게 조합하고, 시간 감각(sense of time), 맥락(context), 사용역(register), 의도(intention) 등과 관련된 개념

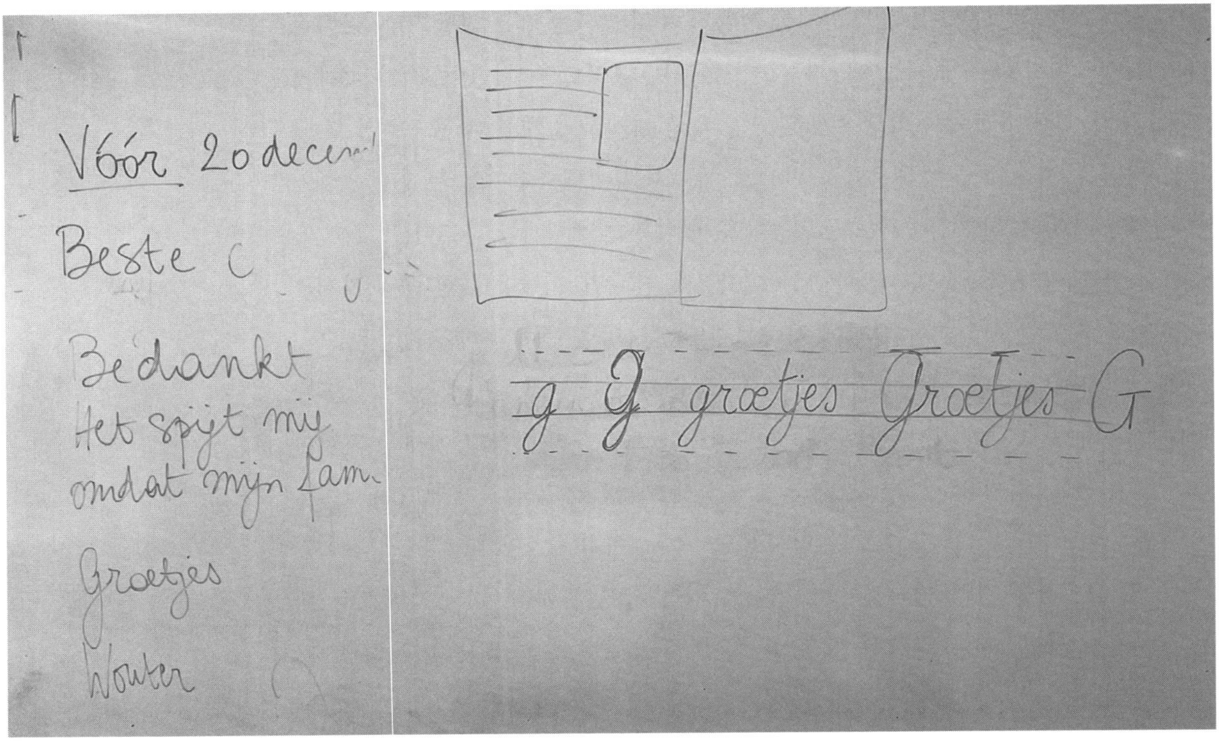

[그림 2.4] 초보자를 위한 네덜란드어 수업의 칠판 사진

적 이해를 다양한 상황에 적용하는 데 기반을 둔다. 다시 말해, 어휘와 문장 구조를 배우고 이를 다양한 맥락에서 사용하는 것은 개념적 이해를 강화하고 전이할 수 있는 방식이라고 할 수 있다.

따라서 각 단원에서 학습 목표로 탐구할 수 있는 개념적 이해에 대한 교사의 인식이 매우 중요하다. 개념적 이해는 학습 경험의 순서와 설계 방식을 결정하는 핵심 요소가 된다. 교육과정은 이전 단원에서 학습한 내용을 새로운 단원으로 전이할 수 있도록 돕고, 현재 학습하는 개념적 이해가 미래에 어떻게 적용될지 구상해야 한다. 이러한 방식은 학습 전이를 개념 기반 언어 단원의 핵심으로 만들어, 학생에게 의미 있고 영향력 있는 학습 경험을 제공할 수 있다. 교육과정을 구성하는 단원들이 서로 잘 연결되고 일관성을 유지하도록 설계하는 것이 중요하다. 그렇지 않으면 단원들 간에 공백이 생겨 학습의 흐름이 끊길 수 있다. 이는 마치 벽에 벽돌이 빠지거나 태피스트리[2]에 구멍이 난 것과 같다.

다음 아이디어는 토픽과 과정에서 개념을 추출할 때 고려해야 할 몇 가지 사항이다. 이들은 개념이 속한 단원 그물의 영역을 숙고하고, 교육과정을 전체적으로 조망할 때 중요한 요소들이다.

- 학생이 소리(sound)가 문자(letter)와 문자들의 조합(letter patterns)으로 표현될 수 있다는 것을 이해하기를 바랄 때, 소리와 문자라는 이 두 개념은 '이해하기' 영역에 속한다. 학생이 이러한 이해를 숙달하면 그것은 선행 지식이 되어, 이후에는 전이가 필요하다.
- 학생이 언어의 음성 체계를 배울 때, 그리고 단어나 아이디어를 처음으로 인식하기 위해 듣기로 전달되는 정보를 처리할 때, 단어(word), 핵심 단어(key word), 질문(question), 대답(answer), 억양(intonation)과 같은 개념들이 '이해하기' 영역에 포함된다. 또한 러시아어, 일본어, 아랍어 세 언어 간의 음절(syllables)의 구성 방식과 기능에 큰 차이가 있음을 인식할 수 있다.
- 철자법(spelling, 문자를 조합하여 단어를 구성하는 것)과 구두점(punctuation, 대소문자와 특수 기호를 사용하여 경계를 표시하는 것)은 모두 '이해하기' 영역에 포함되는 개념이다.
- 문장 구조(sentence structure)는 우리가 사용하는 부사와 불변화사(언어학적 조사, linguistic particles)의 기능에 따라 달라지며, 이는 '이해하기' 영역에 포함된다. 이 개념은 학습 목표를 달성하기 위해 수업에서 중심적으로 다루어진다.
- 학생이 조사하고 상호작용에 참여하며, 의사소통 과정에서 협력하거나, 읽기, 듣기, 패턴 관찰, 학습자로서의 행동 등 자신이 경험하는 활동에 사용되는 전략

2) 역자 주: 태피스트리(tapestry)는 색실로 그림을 표현한 직물 공예로, 그 속의 구멍은 전체적인 구조를 방해하고 의미 있는 연결을 저하시킨다.

과 기능을 성찰할 때, 이는 '반응하기' 영역과 관련된 개념을 탐구하는 것이다.

- 마지막으로, '생산하기' 영역의 개념은 학생이 단원 내내 완성할 구두, 서면, 시각적 산출물에 필수적이다. 이 영역에서 자주 다루어지는 개념으로는 청중(audience), 메시지(message), 목적(purpose), 올바르고 적절한 언어(correct and appropriate language), 사용역(register), 관습(conventions) 등이 있다.

결론적으로, 탐구 단원에서 일반화를 작성하기 위해 식별해야 할 개념은 이 네 가지 영역뿐만 아니라 학습 과정을 이끌고 단원의 맥락을 형성하는 개념적 렌즈에서도 선택 가능하다.

탐구 단원을 설계하기 전에 토픽, 언어, 문법, 기능, 최종 산출물 간 관계를 잘 파악하지 못하는 교사도 있다. 이런 교사에게는 어떤 도움이 필요할까?

탐구 단원 계획을 위한 단계

탐구 단원에서 토픽, 언어, 기능 및 산출물 간의 관계를 이해하는 것은 개념이 토픽에 관련한 것인지 과정에 관련한 것인지를 식별할 수 있게 한다. 『생각하는 교실을 위한 개념 기반 교육과정 및 수업』(Erickson, Lanning, French, 2017)의 3장에서는 개념 기반 수업의 단원 계획 과정을 상세히 설명하며 이를 다음과 같이 제시한다.

단원 제목 작성(맥락에 맞는)
개념적 렌즈 식별
단원의 영역 식별
영역별로 단원의 토픽과 개념 정리
학생이 단원 학습을 통해 도출할 일반화 작성
가이딩 질문 개발
주요 내용 식별
주요 기능 식별
총괄 평가와 채점 가이드 또는 루브릭 작성
학습 경험 설계
단원 개요 작성

[그림 2.5] 『생각하는 교실을 위한 개념 기반 교육과정 및 수업』(Erickson, Lanning, French, 2017)에서 수업 단원을 계획하는 단계

그러나 다양한 배경과 언어 능력을 지닌 다양한 연령대의 학습자에게 외국어를 가르칠 때는 여러 변수가 존재한다. 따라서 다음 사항을 고려해 주기 바란다.

a. 지금 설계하려는 단원 이전에 진행된 단원을 고려하고, 이 단원에서 성공하기 위해 필요한 학생의 사전 지식과 전이할 기능을 생각해 본다.
b. 토픽과 개념을 단원 그물에 배치하면서, 수행 과제에서 학생이 맡게 될 역할을 생각해 본다. 이렇게 하면 아직 완전히 숙달되지 않은 기능에 대해 명시적 훈련이 필요하다는 것을 확인할 수 있을 것이다.
c. 가이딩 질문[3)]을 개발할 때, 학생의 학습을 돕는 전략과 도구를 고려한다. 이 과정은 질문을 선별하는 데 도움이 되며, 학생의 학습에 실제로 영향을 미칠 질문을 식별하는 데도 유용할 것이다.
d. 의미 있는 학습 경험을 설계할 때, 최종 평가에서 성공을 거두기 위해 필수적인 기능과 이해를 고려한다. 이는 단원의 구성주의적 측면을 강화하는 데 도움이 될 것이다.

다음은 스페인어를 가르치기 위한 개념 기반 탐구 단원의 예이다. 이 예시는 지금까지 우리가 탐구해 온 아이디어를 반영한 것이다.

3) 역자 주: 가이딩 질문(guiding questions)은 학생의 사고를 일반화로 이끌도록 설계된 질문으로, 교사는 이를 활용하여 학생이 개념적 이해에 도달할 수 있도록 돕는다. IB에서는 이를 탐구 질문(inquiry questions)이라고 부르며, 안내 질문이라는 용어로도 사용되지만, 이미 교육 현장에서 가이딩 질문이라는 용어가 널리 사용되고 있어 이 책에서도 가이딩 질문으로 통일하여 사용하였다.

개념 기반 언어교육을 위한 탐구 단원 계획서

<table>
<tr><td>학년: 6~10학년
학생의 나이: 10~16세</td><td>단원 제목:
축하할 이유와 동기</td><td>이전 단원:
시간의 주인되기</td><td>다음 단원:
여행의 교훈</td></tr>
<tr><td colspan="4">이 단원의 탐구는 다음으로부터 전이된다.</td></tr>
<tr><td colspan="4">이해해야 할 내용:
• 명사의 성별 및 숫자
• 문장의 구조
• 질문의 구조
• 일치(관사-명사-형용사-동사)
• 텍스트의 일반적인 관습
• 스페인어권 국가에 대한 일반 정보

수행해야 할 기능:
• 발음(정확성)
• 발음(명확성)
• 텍스트 생산
• 텍스트 구조
• 텍스트의 대상</td></tr>
<tr><td colspan="4">단원의 목적:</td></tr>
<tr><td colspan="4">이 단원은 학생이 스페인어를 사용하는 다양한 국가들의 축제와 기념일을 통해 문화적 다양성을 배우도록 동기를 부여한다. 학생이 이해할 수 있는 자료를 기반으로 구술 및 서면 텍스트를 창작할 수 있다.</td></tr>
</table>

언어 이해하기

스페인어권 세계의 축제와 기념일:
의식, 전통 및 문화 유산
토픽과 관련된 동사와 명사
형용사
비교급
직설법 현재

언어에 반응하기

관련된 토론
다양한 관점에 대한 조사
관련 아이디어에 대한 탐구
협업

단원 제목:
기념해야 하는 이유와 동기
개념적 렌즈:
사회/표현

언어 생산하기

정확한 문장
텍스트의 구조 및 형식
텍스트, 메시지
청중에 대한 인식
의사소통의 목적

언어 비평하기

자료 출처의 진위성
문장의 논리
아이디어의 관련성
관습
패턴 분석

영역	세부 정보	가이딩 개념적 이해	가이딩 질문
맥락 (개념적 렌즈)	• 스페인어를 사용하는 다양한 국가의 축제와 기념일 • 의식 • 전통 • 문화 유산	1. 사회는 축제와 기념일을 통해 그들의 신념, 의식 및 역사적 유산을 표현한다.	1.1 기념일과 축제에 대해 이야기할 때 필수적인 어휘는 무엇인가? (F)[4] 1.2 의식(의례)의 의미는 무엇인가? (F) 1.3 한 나라의 축제와 기념일에서 역사적인 유산은 어떤 역할을 하는가? (C) 1.4 다른 나라의 일부 의식(의례)에 공통된 특징이 있는 이유는 무엇인가? (D) 1.5 사회는 축제와 기념일을 통해 어떻게 문화적 측면을 보여주는가? (D)[5]

4) 역자 주: (F)는 사실적 질문(Factual question), (C)는 개념적 질문(Conceptual question), 그리고 (D)는 논쟁적 질문(Debatable question)을 나타낸다.

5) 역자 주: 1.5 가이딩 질문은 개념적 질문(C)의 유형으로 보이지만, 개념적 이해 '사회는 축제와 기념일을 통해 그들의 신념, 의식 및 역사적 유산을 표현하다.'에 도달한 이후 '그것을 어떻게 보여 주는가?'를 묻는 질문으로 사고 확장을 위해 토론 질문(D)으로 분류한 듯 보인다. 표에 나온 나머지 토론 질문도 이런 맥락에서 확장용 질문으로 이해하면 된다.

영역	세부 정보	가이딩 개념적 이해	가이딩 질문
언어 이해하기	• 토픽과 관련된 동사와 명사 • 성상(한정) 형용사 • 비교급 • 직설법에서 현재 시제 • 연중 월	2. 맥락에서 다양한 용어의 의미와 언어 관습 간의 관계를 이해하는 것은 텍스트 메시지에 효과적으로 반응하게 해 준다.	2.1 어떤 경우에 직설법에서 현재 시제를 사용하는가? (F) 2.2 어떤 종류의 형용사가 주관적이지 않은 비교를 표현할 수 있게 해 주는가? (F) 2.3 보통 어떤 유형의 텍스트에서 축제와 기념일에 대한 정보를 찾을 수 있는가? (F) 2.4 텍스트의 메시지에 대한 정보를 제공하는 시각적 또는 음향적 요소는 무엇인가? (F) 2.5 접속사 앞에 나타나는 아이디어에 주목해야 하는 이유는 무엇인가? (C) 2.6 질문을 이해하기 위해 듣는 것과 정보를 파악하거나 토픽에 대해 의견을 말하기 위해 듣는 것의 차이점은 무엇인가? (C) 2.7 텍스트의 내용을 추론하는 것이 우리에게 어떤 도움을 주는가? (D)
언어에 반응하기	• 집중/주의 전략 • 토론 구조 • 바꿔 말하기 전략 • 텍스트 개요 전략 • 맥락 속 언어 분석	3. 대화자는 관점, 동의와 반대, 아이디어의 수준에 주의를 기울이며 토론의 흐름을 관리한다.	3.1 텍스트의 어떤 정보가 답변을 구성하는 데 도움이 되는가? (F) 3.2 어떤 단어가 관점을 표현하고 있음을 나타내는가? (F) 3.3 질문과 답변은 효과적인 대화에서 어떤 역할을 하는가? (C) 3.4 동의 또는 반대 의견이 대화의 흐름과 결과를 어떻게 바꿀 수 있는가? (C) 3.5 대화에서 질문을 미리 예상하는 것은 왜 좋은 생각인가? (D)
언어 비평하기	• 출처의 신뢰성 • 문장의 논리 • 아이디어의 관련성 • 관습 • 패턴 분석	4. 문장 패턴과 관습을 분석하면 텍스트의 메시지 논리를 파악하는 데 도움이 될 수 있다.	4.1 우리의 정체성에 관한 텍스트를 생산하는 데 사용되는 문장 패턴의 예시는 무엇인가? (F) 4.2 관습을 지키지 않아 효과적이지 않은 텍스트가 될 수 있는 상황의 예시는 무엇인가? (F) 4.3 다양한 문장 패턴이 풍부한 메시지를 만드는 데 어떻게 도움이 될 수 있는가? (C) 4.4 텍스트의 메시지가 논리적이라는 것을 어떻게 알 수 있는가? (C) 4.5 우리의 정체성을 설명하기 위해 질문을 몇 가지 범주로 분류할 수 있는가? (D) 텍스트의 논리를 분석할 때 어떤 단계를 따를 수 있는가? (D) 텍스트의 메시지가 논리적인지 확인해야 하는 이유는 무엇인가? (D)

영역	세부 정보	가이딩 개념적 이해	가이딩 질문
언어 생산하기	• 정확한 문장 • 텍스트의 구조 및 형식 • 텍스트, 메시지 • 청중에 대한 인식 • 의사소통의 목적	5. 콘텐츠 제작자는 메시지를 효과적으로 전달하기 위해 다양한 글꼴을 사용하고 다양한 언어적 관습을 준수한다.	5.1 우리가 제작한 텍스트(뉴스/잡지 기사)를 소비자가 인식하는 데 도움을 주는 시각적 요소는 무엇인가? (F) 5.2 원하는 메시지를 전달하기 위해 포함해야 할 핵심 단어나 구문은 무엇인가? (F) 5.3 아이디어를 일관되고 명확하게 전달하기 위해 따라야 할 단계는 무엇인가? (F) 5.4 텍스트의 청중은 단어 선택과 내용 조정에 어떤 영향을 미치는가? (C) 5.5 청중의 맥락과 사전 지식을 고려하는 것이 콘텐츠 제작자에게 어떤 도움이 되는가? (C) 5.6 우리가 민감한 문화적 측면에 대해 공유한 정보에 대해 성찰하는 것이 중요한 이유는 무엇인가? (D)
		6. 작가는 형식, 메시지, 청중을 고려하여 텍스트를 제작하기 위해 사전에 구상한 계획을 따른다.	6.1 텍스트를 작성할 때 다양한 유형의 문장을 사용하는 것이 좋은 이유는 무엇인가? (F) 6.2 작가가 독자에 따라 텍스트의 복잡성을 조정하는 이유는 무엇인가? (C) 6.3 의사소통의 요소는 텍스트의 메시지를 어떻게 보완하는가? (C) 6.4 사람들이 텍스트의 특정 시각적 요소에 다르게 반응하는 이유는 무엇인가? (D)

주요 내용(contents) 및 주요 기능(skills)

영역	주요 내용	주요 기능
이해하기	• 기념, 전통, 문화 유산 관련 어휘 • 직설법 현재시제의 형식, 의미 및 사용 • 행동 표현 • 비교급 문장	• 다양한 단어 사용하기 • 문장 올바르게 구조화하기 • 다양한 유형의 문장 만들고 결합하기 • 다양한 구문을 사용하여 아이디어 전달하기 • 다양한 구문 간의 차이점에 대한 이해를 보여 주기 • 질문과 답변 간의 관계 파악하기 • 텍스트의 관습 설명하기 • 텍스트를 적절히 구조화하기

영역	주요 내용	주요 기능
반응하기	• 상호작용의 특성 • 논리적 상호작용의 순서 • 텍스트에서 아이디어를 탐구하는 전략	• 다양한 맥락에서 단어의 의미 탐색하기 • 다양한 맥락에서 문법 구조의 사용과 의미에 대해 성찰하기 • 상호작용에서 조력자 역할 수행하기 • 의견을 제시하고 제안을 표현하기 • 텍스트에 포함된 관련 정보를 전달하기 • 요청이나 직접적인 요구를 수락하거나 거절하기 • 상호작용에서 어려움이 발생했을 때 이를 인식하기 • 의도적으로 모둠 활동에 참여하기
비평하기	• 의미 있는 묘사 • 관련성 있고 정확한 대화 구성 • 의견 및 관점 • 논리적인 문장 작성 • 문법적으로 올바른 문장 • 텍스트의 구조와 형식	• 다른 단어의 의미와 용법을 구별하기 • 다양한 구조의 올바른 사용법을 설명하기 • 아이디어를 논리적으로 구성하기 • 다양한 출처에서 관련 정보 사용하기 • 스스로 오류를 수정하는 능력 발휘하기 • 피드백 반영하기
생산하기	• 특정 청중을 위한 언어 사용 • 특정 목적을 위해 아이디어를 전달하기 위한 언어 사용 • 아이디어의 논리적 구성 • 명확하고 논리적인 메시지 작성	• 일관성 있는 글쓰기 • 명확하게 말하기 • 청중에 적합하게 말하기 • 의도한 메시지를 전달하기 • 청중에 맞게 어휘와 구조를 선택하여 목적을 달성하기 • 언어를 올바르게 사용하기

교수 및 학습 과정

주	기준	개념적 이해 안내	가이딩 질문	학습 경험	학습 장벽 제거 전략	자료
1	MYP(IB) Ci Di[6)] CEFR[8)]	G1[7)]. 사회는 축제와 기념일을 통해 신념, 의식, 역사적 유산을 계승하는 방식을 보여 준다.	1.1 기념일과 축제에 대해 이야기할 때 필수적인 어휘는 무엇인가? (F) 1.4 사회는 축제와 기념일을 통해 어떻게 문화적 측면을 보여 주는가? (D)	G1을 사용하여 단원을 맥락화한다. • 스페인어를 사용하는 국가의 다양한 축제 또는 기념일 사진을 보여 준다. • 학생에게 사진에서 알고 있는 어휘를 식별하도록 요청한다. • 연습할 어휘와 동사가 포함된 문장을 제시하여 모델로 삼는다. • 학생이 주의 깊게 살펴봐야 할 문법 사항을 알아차릴 수 있도록 돕는다. • 형성 평가의 도구로 가이딩 질문을 사용한다.	• 사진과 해당 이름이 적힌 카드를 준비한다. • 관련된 단어들을 함께 묶어 의미별로 그룹을 만든다. • 사진, 용어, 발음이 포함된 실제 영상 또는 직접 제작한 영상을 사용한다.	
2	MYP(IB) Ci, Di Cii, Dii	G2. 맥락에서 다양한 용어의 의미와 언어 관습과의 관계를 이해하면 텍스트 메시지에 효과적으로 대응할 수 있다.	2.1 어떤 경우에 직설법에서 현재 시제를 사용하는가? (F) 2.2 어떤 종류의 형용사가 주관적이지 않은 비교를 표현할 수 있게 해 주는가? (F) 2.3 보통 어떤 유형의 텍스트에서 축제와 기념일에 대한 정보를 찾을 수 있는가? (F)	G2를 사용하여 언어 목표 연습을 안내한다. • 핵심 어휘의 의미를 가르치고 자주 복습한다. • 학생이 생산할 다양한 유형의 문장 예시를 보여 준다. • 학생에게 문장 패턴을 조사하고 언어 사용 규칙을 일반화하거나 설명하도록 요청한다. • 다양한 접속사를 사용하여 학생이 아이디어를 확장하도록 돕는다. • 형성 평가의 도구로 가이딩 질문을 사용한다.	• 색상을 사용하여 문장의 구성 요소를 표시한다. • 학생이 완성할 연습 문제에 주석을 포함한 예시를 제공한다.	동사 형태와 문장 패턴을 탐구할 수 있는 동영상: 1) 2)

6) 역자 주: IB MYP의 네 가지 평가 기준(ABCD)과 그 세부 구성 요소(strands)는 소문자 로마 숫자(i, ii, iii, iv)로 표기된다. Ci와 Di는 이러한 구성 요소를 나타낸다.

7) 역자 주: G1은 첫 번째 일반화(Generalization 1)를 의미한다.

8) 역자 주: CEFR은 Common European Framework of Reference for languages의 약자로 언어 능력을 평가하고 설명하기 위한 국제적으로 공인된 표준이다.

주	기준	개념적 이해 안내	가이딩 질문	학습 경험	학습 장벽 제거 전략	자료
3–4	MYP(IB) Ai, Bi Aii, Bii Aiv, Biv	G2. 맥락에서 다양한 용어의 의미와 언어 관습과의 관계를 이해하는 것은 텍스트 메시지에 효과적으로 반응하게 해 준다. G1. 사회는 축제와 기념일을 통해 신념, 의식, 역사적 유산을 계승하는 방식을 보여 준다.	2.3 보통 어떤 유형의 텍스트에서 축제와 기념일에 대한 정보를 찾을 수 있는가? (F) 2.4 텍스트의 메시지에 대한 정보를 제공하는 시각적 또는 음향적 요소는 무엇인가? (F) 2.5 접속사 앞에 나타나는 아이디어에 주목해야 하는 이유는 무엇인가? (C) 1.3 다른 나라의 일부 의식(의례)에 공통된 특징이 있는 이유는 무엇인가? (D) 1.4 사회는 축제와 기념일을 통해 어떻게 문화적 측면을 보여 주는가? (D)	G2와 G1을 사용하여 다양한 맥락과 텍스트에서 언어 학습을 안내한다. • G2와 관련된 정보가 포함된 다양한 시청각 및 인쇄된 텍스트를 선택한다. • 과제를 수행하기 전에 토픽과 관련된 어휘를 복습하여 학생이 듣거나 읽을 수 있도록 격려한다. • 읽기 전/듣기 전 과제를 통해 학생의 사전 지식을 활성화한다. • 텍스트와 상호작용하기 전에 아이디어와 내용을 예측하는 연습을 한다. • 아이디어를 회상하는 능력을 평가하기 위해 내용과 관련된 질문을 준비한다. • 학생이 텍스트에 대한 개인적 또는 문화적 연관성을 공유하도록 이끌어 줄 질문을 준비한다. • 학생이 텍스트와 관련된 개인적 또는 문화적 연결을 표현할 수 있도록 문장을 만드는 방법을 지도한다. • 학생이 단원의 최종 과제에서 생산할 문장을 모방하는 관련 문장을 텍스트에서 추출한다. • 쓰기와 말하기 텍스트를 생산하기 위해 필요한 문장 유형을 모방한 문법 연습을 한다. • 가이딩 질문을 형성 평가 도구로 사용한다.	• 듣기/읽기를 시작하기 전에 문장의 핵심 어휘를 연습한다. • 듣기/읽기를 시작하기 전에 맥락 속에서 어휘 사용의 모델이 되는 문장을 읽는다. • 학생이 듣거나 읽는 아이디어를 정리하는 데 도움이 될 수 있는 그래픽 조직자를 식별한다. • 듣기/읽기 후, 학생에게 모델이 될 수 있는 문장을 텍스트 내에서 식별한다.	상호작용 전략:

주	기준	개념적 이해 안내	가이딩 질문	학습 경험	학습 장벽 제거 전략	자료
5	MYP(IB) Cii, Ciii, Civ	G3. 대화자는 관점, 동의와 반대, 아이디어의 수준에 주의를 기울이며 토론의 흐름을 관리한다.	3.1 텍스트의 어떤 정보가 답변을 구성하는 데 도움이 되는가? (F) 3.2 어떤 단어가 관점을 표현하고 있음을 나타내는가? (F) 3.3 질문과 답변은 효과적인 대화에서 어떤 역할을 하는가? (C) 3.4 동의 또는 반대 의견이 대화의 흐름과 결과를 어떻게 바꿀 수 있는가? (C) 3.5 대화에서 질문을 미리 예상하는 것은 왜 좋은 생각인가? (D)	G3을 사용하여 학생이 소비한 텍스트에서 형성된 아이디어와 언어 연습을 안내한다. • 프롬프트로써 소비된 텍스트를 사용하여 토픽에 대한 대화를 모델링한다. • 다양한 유형의 질문에 대한 답변을 모델링한다. • 토픽에 관한 구두 상호작용을 연습할 수 있는 관련 맥락을 파악한다. • 가이딩 질문을 형성 평가 도구로 사용하여 학생의 작업을 모니터링한다.	• 가능하면 구술 텍스트의 전사본을 사용한다. • 학생이 핵심 정보를 식별할 수 있도록 잠시 멈추어 지원한다.	
		G4. 문장 패턴과 관습을 분석하면 텍스트의 메시지 논리를 파악하는 데 도움이 될 수 있다.	4.1 우리의 정체성에 관한 텍스트를 생산하는 데 사용되는 문장 패턴의 예시는 무엇인가? (F) 4.2 관습을 지키지 않아 효과적이지 않은 텍스트가 될 수 있는 상황의 예시는 무엇인가? (F) 4.4 텍스트의 메시지가 논리적이라는 것을 어떻게 알 수 있는가? (C) 4.5 우리의 정체성을 설명하기 위해 질문을 몇 가지 범주로 분류할 수 있는가? (D) 텍스트의 논리를 분석할 때 어떤 단계를 따를 수 있는가? (D) 텍스트의 메시지가 논리적인지 확인해야 하는 이유는 무엇인가? (D)	G4를 사용하여 텍스트 생산과 작가 워크숍[9]으로 전환을 시작한다.		

9) 역자 주: 작가 워크숍(writer's workshop)은 학생이 자신의 글을 작성하고, 동료와 피드백을 주고받으며 글을 수정하고 발전시켜 나가는 수업의 한 형태이다.

주	기준	개념적 이해 안내	가이딩 질문	학습 경험	학습 장벽 제거 전략	자료
6	MYP(IB) Cii, Ciii, Civ	G6. 작가는 형식, 메시지, 청중을 고려하여 텍스트를 제작하기 위해 사전에 구상한 계획을 따른다.	6.1 텍스트를 작성할 때 다양한 유형의 문장을 사용하는 것이 좋은 이유는 무엇인가? (F) 6.2 작가가 독자에 따라 텍스트의 복잡성을 조정하는 이유는 무엇인가? (C) 6.3 의사소통의 요소는 텍스트의 메시지를 어떻게 보완하는가? (C) 6.4 사람들이 텍스트의 특정 시각적 요소에 다르게 반응하는 이유는 무엇인가? (D)	G6을 사용하여 서면 텍스트 생산 과정에 대한 수업을 안내한다. • 학생이 독립적으로 작업할 수 있도록 글쓰기 워크숍 전략을 채택한다. • 학생에게 그동안 자신이 참고한 자료를 활용하도록 한다. • 학생에게 각 자료에서 가장 가치 있는 아이디어를 도출하도록 요청한다. • 학생이 수정할 수 있도록 텍스트의 주요 아이디어와 유사하지만 문법적으로 틀린 문장들을 준비한다. • 학생에게 텍스트에서 얻은 아이디어를 사용하여 유사한 텍스트를 작성하도록 요청한다. • 학생이 사용한 출처를 인용할 수 있도록 돕는다. • 학생의 작업을 모니터링할 때 형성 평가 도구로 가이딩 질문을 사용한다.	• 도움이 필요한 학생을 위해 주석이 달린 텍스트를 제공한다. • 학생에게 핵심 아이디어를 분류하기 위해 다양한 색상으로 밑줄을 긋게 한다(예: 비교하는 문장은 초록색, 동의를 나타내는 문장은 노란색).	

주	기준	개념적 이해 안내	가이딩 질문	학습 경험	학습 장벽 제거 전략	자료
7	MYP(IB) 기준 C 및 D의 모든 구성요소	G1. 사회는 축제와 기념일을 통해 그들의 신념, 의식, 역사적 유산을 표현한다. G5. 콘텐츠 제작자는 메시지를 효과적으로 전달하기 위해 다양한 글꼴을 사용하고 다양한 언어적 관습을 준수한다.	5.1 우리가 제작한 텍스트(뉴스/잡지 기사)를 소비자가 인식하는 데 도움을 주는 시각적 요소는 무엇인가? (F) 5.2 원하는 메시지를 전달하기 위해 포함해야 할 핵심 단어나 구문은 무엇인가? (F) 5.3 아이디어를 일관되고 명확하게 전달하기 위해 따라야 할 단계는 무엇인가? (F) 5.4 텍스트의 청중은 단어 선택과 내용 조정에 어떤 영향을 미치는가? (C) 5.5 청중의 맥락과 사전 지식을 고려하는 것이 콘텐츠 제작자에게 어떤 도움이 되는가? (C) 5.6 우리가 민감한 문화적 측면에 대해 공유한 정보에 대해 성찰하는 것이 중요한 이유는 무엇인가? (D)	G1과 G5를 사용하여 이 단원의 총괄 과제를 안내한다. G1은 텍스트의 내용을 안내하고, G5는 텍스트의 생산을 안내해야 한다. • 학생의 과제를 모니터링할 때 형성 평가 도구로 가이딩 질문을 사용한다.	• 글쓰기 워크숍/아틀리에 전략[10]을 채택하여 학생이 어려움을 겪는 글쓰기 단계에서 지원한다. • 텍스트의 예시를 사용하여 모델링한다.	

10) 역자 주: 교육적 맥락에서 아틀리에 전략(atelier strategies)은 창의적이고 협력적인 학습 환경을 조성하는 접근 방식이다. 이 전략은 학생이 독립적이거나 협력적으로 작업을 진행하며 피드백을 주고받고, 자신의 작업을 발전시킬 수 있는 공간을 제공한다.

평가

다양한 사회가 축제와 문화적 기념일을 통해 그들의 신념, 의식, 역사적 유산을 보여주는 이유를 이해하기 위해 여러 사회가 축제를 기념하는 이유와 동기에 대해 조사해 보자.

당신은 전 세계를 여행하며 다양한 사회와 그 사회의 축제 및 기념일에 대해 글을 쓰는 블로거이다. 정보 제공형 블로그 게시물을 작성하고, 다양한 사회에서 기념하는 전통, 의식, 신념의 예를 설명해 보자. 당신의 블로그를 팔로우하는 10~16세 사이의 학생이 즐겨 읽는 이야기이므로, 그들이 공감할 수 있도록 흥미로운 언어를 사용해 보자. 유사점과 차이점을 포함하고, 독자의 참여를 이끌기 위해 질문을 최소 두 가지 이상 포함해 보자.

텍스트 마지막에 다음 질문에 영어[11]로 답해 보자.

1) 기념일과 축제에 대해 이야기할 때 필수적인 어휘는 무엇인가? 핵심 단어 3개를 언급하고 그 단어를 선택한 이유를 설명해 보자.
2) 아이디어를 일관되고 명확하게 전달하기 위해 어떤 단계를 거쳤는가?
3) 독자의 맥락과 사전 지식을 고려한 것이 이 글을 작성하는 데 어떤 도움이 되는가?

단원의 마무리

교사 노트 및 성찰	
이 단원은 다음으로 전이된다.	

[그림 2.6] 동료와 단원 설계

11) 역자 주: 이 경우 스페인어를 배우는 교실이지만, 수업의 주 매개 언어는 영어이다.

다음 링크를 통해 개념 기반 언어교육을 위한 탐구 단원의 계획 과정에 관한 대화에 참여할 수 있다.

제6장에서는 기초 수준과 중급 수준의 단원 계획서 샘플 두 개를 추가로 제공하니 참고하기 바란다.

개인적 성찰

다음 장을 시작하기 전에, 다음 질문을 고려하여 성찰해 보자.

- 현재 시행 중인 교육과정은 이번 장에서 제시된 프로토콜에 따라 만들어질 수 있는 교육과정과 얼마나 다른가?
- 현재 단원 계획 방식과 이 장에서 소개한 새로운 단원 계획 시스템 간에 어떤 차이점이 있는가?
- 교수 및 학습 과정의 여러 단계에서 내려야 하는 결정들에 있어서 일반화는 어떤 정보를 제공하는가?
- 가이딩 질문이 교수 및 학습 형성 평가와 성찰의 기회를 가시화하는 데 어떤 도움이 되는가?
- 현재 자신의 교수법에 어떤 변화를 도입할 준비가 되었는가?
- 외국어 교육에 관한 당신의 교육학적 지식에 어떤 요소를 추가할 수 있는가?

참고문헌

Ashbee, R. (2021). *Curriculum: Theory, culture and the subject specialisms*. Routledge.

Dahl, R., & Suleiman, A. (2017). Adolescent brain development: Windows of opportunity. In N. Balvin & P. Banati, (Eds.), *The adolescent brain: A second window of opportunity* (pp. 83-87). UNICEF Office of Research. https://www.unicefirc.org/publications/pdf/adolescent_brain_a_second_window_of_opportunity_a_compen-dium.pdf.

Erickson, H. L., Lanning, L. A., & French, R. (2017). *Concept-based curriculum and instruction for the thinking classroom* (2nd ed.). Corwin Press.

Halliday, M. A. K., Matthiessen., & Christian, M. I. M. (2014). *Halliday's introduction to functional grammar* (4th ed.). Routledge.

Hernández, A. (2021). *Considerations on responsibilities in the writing process*. Personal Communication.

Higa, M. (1963). Interference effects of interlist word relationships in verbal learning. *Journal of Verbal Learning and Verbal Behavior, 2*(2), 170–175.

Kress, G. (2010). *Multimodality: A social semiotic approach to contemporary communication*. Routledge.

Lanning, L. A. (2013). *Designing a concept-based curriculum for english language arts: Meeting the common core with intellectual integrity, K-12*. Corwin Press.

Lanning, L. A. (2022). *Thoughts on designing a concept-based language curriculum*. Personal Communication.

Male, B., & Waters, M. (2012). *The secondary curriculum design handbook: Preparing young people for their futures*. Continuum International Publishing Group.

Macalister, J., & Nation, I. S. P. (2020). *Language curriculum design* (ESL & Applied Linguistics Professional Series, p. 247). Taylor and Francis.

Macalister, J. (2016). Applying language learning principles to coursebooks. In W.A. Renandya & H.P. Widodo (Eds.), *English language teaching today: Linking theory and practice* (pp. 41-51). Springer.

McDowell, M. (2021). *Teaching for transfer*. Solution Tree.

Nation, I. S. P. & Waring, R. (2020). *Teaching extensive reading in another language*. Routledge.

Nunan, D. (1998). *Syllabus design*. Oxford University Press.

Paesani, K., Willis, H,. & Dupuy, B. (2016). *A multiliteracy framework for collegiate foreign language teaching*. Pearson.

Pigada, M. & Schmitt, N. (2006). Vocabulary acquisition from extensive reading: A case study. *Reading in a Foreign Language, 18*(1), 1–28.

Tinkham, T. (1993). The effect of semantic clustering on the learning of second language vocabulary. *System, 21*(3), 371–380.

3

개념 기반 외국어 교수 및 학습

개인적 탐구

- 청소년 교육과 성인 교육을 구별 짓는 특징은 무엇인가?
- 청소년이 언어를 사용하는 방식은 성인의 방식과 어떻게 다른가?
- 언어 수업에서 흔히 사용되는 텍스트가 청소년의 관심사나 선호도를 얼마나 잘 반영하고 있는가?
- 청소년이 수업에서 서로 소통하거나 상호작용하는 방식이 성인의 책임과 역할을 어느 정도 반영하고 있는가?

청소년을 가르칠 때는 무엇이 달라지는가?

개념 기반 언어교육은 청소년의 지적 발달을 지원할 뿐만 아니라 정신을 함양하고 마음을 어루만져 준다. 이해와 기능을 다양한 맥락에 전이하는 효과적인 의사소통자로 성장하도록 돕기 위해, 우리는 학생이 자신의 삶을 세상과 연결할 수 있는 학습 경험을 설계해야 한다. 이러한 경험은 학생이 점진적으로 깊이 있는 학습을 경험하고 창의성을 탐구할 수 있는 기회를 제공하는 것이어야 한다.

학생을 효과적이고 성찰적인 의사소통자로 양성하기 위해서는 학문적, 정서적 그리고 지능적으로 도전적인 학습 경험을 설계하고 구현해야 한다.

오늘날 학생은 정보와 상호작용이 자신들의 사고를 형성하는 방법과, 이를 활용하여 자신의 기능을 향상시키고 불확실한 상황에서도 결정을 내릴 수 있다는 것을 이해할 필요가 있다(McLaughlin & Talbert, 1993). 또한 학생은 세계 시민으로 성장하는 데에 있어 외국어를 구사하는 것이 필수적이다.

나는 중등교육과정에서 개념 기반 언어 교수와 학습이 학생이 새로운 언어를 습득할 뿐만 아니라, 그 언어를 통해 무엇을 창조하고 배울 수 있는지 이해하도록 돕는다고 확신한다. 외국어를 통합적으로 탐구하면서, 학생은 그 언어를 활용해 세계적 이슈뿐만 아니라 언어 자체에 대해 배울 수 있는 기회를 얻는다.

개념 기반 언어 학습은 규칙만 암기하기보다, 학생이 다양한 언어 현상을 탐구한 후 구축한 이해를 적용할 수 있도록 돕는다. 예를 들어, 일부 유럽 언어를 고려해 보면, 개념 기반 언어 학습은 단순히 이러한 기능에 관한 연습 문제를 푸는 것을 뛰어넘어, 단어의 형태가 바뀌거나 문장 구조가 달라지는 것을 이해하고 이를 활용할 기회를 제공한다. 이렇게 전이 가능한 개념적 이해를 개발하는 것은 학생이 정보를 더 깊이 탐구할 수 있도록 돕고, 목표 언어로 아이디어를 생산하는 과정에 기여한다.

요즘 중고등학생은 음악, TV 시리즈, 비디오 게임을 통해 접한 다양한 문화적 이해와 언어의 단편에 둘러싸인 채 학교에 도착하지만, 이는 단편적이며 완전히 숙달하지는 못했다. 또한, 학생은 교실 환경과 학습 방식에 대해 고정된 생각이나 감정을 어느 정도 내면화한 상태로 학습 공동체에 입장하게 된다. 게다가 청소년기 동안 학생은 가족, 또래, 지역 사회로부터의 경쟁과 압박을 이겨 내야 하며, 동시에 학생으로서의 역할도 수행해야 하는 시기이기도 하다. 이러한 이유만 보더라도 기존 방식을 유지하려는 교육 모델보다는, 학생의 강점과 난관을 고려하고 존중(honor)하는 교육 모델을 고안할 필요가 있다고 본다.

밀러(Miller, 2009)는 청소년기의 뇌가 아직 발달 중이라는 점을 상기시키며, 청소년의 뇌가 정보의 단편에 주의를 기울이는 방식에 크게 영향을 미치는 두 가지 요인을 제시한다.

1. 개인이 느끼는 정보의 중요도
2. 정보가 불러일으키는 정서적 반응의 정도

따라서 청소년은 자신이 속한 사회적 · 문화적 맥락 속에서 일관되고 의미 있는 학습 환경을 모색한다(Choudhury, 2017).

오늘날 청소년은 물건의 가격을 묻는 것처럼 어른들과 동일한 언어적 역할(상호작용)을 수행하고 있다는 사실은 부정할 수 없다. 또한 청소년의 환경은 얼굴을 맞대고 소통하는 전통적인 범주를 넘어선다. 컴퓨터, 인터넷, 소셜 미디어, 스마트폰과 같은 디지털 테크놀로지는 청소년이 학습하고, 놀고, 상호작용하고, 정보를 소비하며 생산하는 방식을 급격하게 변화시켰다. 이러한 과학 기술의 영향은 기기를 능숙하게 다루는 청소년에게서 더욱 두드러지게 나타난다. 청소년은 기기를 활용해 콘텐츠를 만들어 낼 수 있으며, 청소년이 소비하는 텍스트는 새로운 가상 공간에서만 찾아볼 수 있다(Uncapher, 2017).

청소년과 관련된 사회적 · 문화적 맥락에서 학습 경험을 설계하려면, 청소년이 자연스럽고 진정성 있게 참여하는 상호작용과 기존의 교육과정에서 여전히 나타나는 성인 모방 형식의 상호작용을 구별할 필요가 있다. 또한 청소년이 상호작용하고 정보를 공유하는 공간과 청소년이 추구하는 의사소통의 목적을 교육 설계에 반영하는 것이 중요하다. 예를 들어, 청소년이 온라인으로 물건을 구매하거나 식당에서 웨이터가 아닌 다른 방식으로 주문을 처리하는 것이 자연스러울 수 있다는 점을 인정한다면, 교사는 교육과정을 설계할 때 현실을 더 깊이 반영하고 정보에 기반한 선택을 할 수 있게 될 것이다.

청소년은 학교에 다니는 동안 자신만의 정체성을 형성하고, 자신이 속하고자 하는 다양한 사회적 맥락과 공동체에서 자신의 역할과 기여를 이해하려고 노력한다. 내가 실시한 설문조사에 따르면, 청소년은 수업에서 스스로 느끼고, 선택하고, 생각할 기회를 제공받기를 원한다.

개념 기반 교육과정과 수업(CBCI)을 통해 외국어를 가르치는 것은 교사에게 학생이 스스로 사고하고, 창의력을 발휘하며, 개념적 이해를 바탕으로 정보에 입각한 선택을 할 수 있도록 다양한 교수법을 활용할 것을 요구한다.

따라서 이 모델은 청소년의 두뇌를 활성화하고, 장기 학습에 필수적인 신경 경로를 개발하고 강화할 수 있는 기회를 제공할 수 있다(Dahl & Suleiman, 2017). 더욱이, 청소년기의 사회적 · 정서적 발달이 자신이 수행하는 활동에서 의미를 탐구하고 목적을 찾는 것을 고려할 때, 이러한 과정이 학교와 가정의 환경 및 기대에 달려 있다는 점을 간과해서는 안 된다.

청소년은 성인이 아니다. 청소년은 교과 학습과 일상적 의사결정에서 요구되는 복잡한 과제를 수행하기 위해 필요한 다양한 기능을 깨우치고 발전시키는 과정에 있다. 따라서 외국어 교실에서 학습 경험을 설계할 때, 청소년이 블로그 글을 작성하는 방법을 알거나, 격식을 갖춘 사용역(formal register)의 의미를 이미 알고 있다고 가정해서는 안 된다. 명시적이고 의도적인 교수 원칙은 개념 기반 언어교육의 핵심 요소이며, 이러한 이유로 밀러(Miller, 2009)는 중등교사에게 모델링을 통해 의도적이고 명확하게 학생을 가르칠 것을 제안한다. 이렇게 함으로써 한 맥락에서 다른 맥락으로의 전이를 측정하는 것이 용이해진다.

청소년은 독립적으로 행동하고, 창의적으로 무언가를 만들어 내며, 자신이 한 일이 인정받는 경험을 하고, 시간을 어떻게 사용할지 결정하며 자신의 삶과 또래의 삶에 영향을 미치는 과정에 참여할 기회를 모색한다(Blakemore, den Ouden, Choudhury, & Frith, 2007). 개념 기반 언어 학습은 청소년이 자신의 언어 수준에 맞게 배우는 언어를 사용해 정보의 세계에 기여할 수 있다는 점을 깨닫게 해 준다. 이러한 경험은 청소년에게 매우 중요한 의미를 가진다.

탐구 단원의 교수 및 학습 과정

개인적 탐구

- 청소년이 탐구에 참여하도록 돕는 전략에는 어떤 것이 있는가?
- 학습 중인 문법의 구조(structure)와 사용(use)을 모델링하는 문장을 활용하는 것이 왜 중요한가?
- 총괄 과제를 모델링하는 텍스트를 선택하는 것은 왜 중요한가?
- 일반화를 탐구할 때 가이딩 질문은 어떤 역할을 하는가?
- 학생은 한 맥락에서 다른 맥락으로 전이하는 것을 어떻게 보여 주는가?
- 학생이 몰입할 뿐만 아니라 학습이 이루어지고 있음을 보장하기 위해 사용할 수 있는 전략은 무엇인가?

개념 기반 언어교육의 원리

이전 장에서는 중등교육과정에서 외국어의 개념 기반 교수 설계를 위해 여러 변수를 고려해야 한다고 강조했다. 여기에는 단순히 가르칠 토픽의 순서를 정하는 것뿐만 아니라, 그 토픽들 간의 연결성을 고민하는 것이 포함된다. 또한 학교의 사명과 비전, 다양한 의사소통 및 사고 기능의 개발, 그리고 소비되고 생산될 텍스트의 다양성도 이러한 변수에 포함된다.

더불어, 이전의 언어 학습 경험과 다른 언어에서의 유창성 정도가 학습 경험에 영향을 미친다는 점을 간과해서는 안 된다. 마찬가지로 모국어와 목표 언어 간의 유사성, 그리고 이러한 변수들이 교실 내에서 결합되어 만들어지는 알고리즘은 교사가 학습 과정을 지원하기 위해 사용할 전략을 결정하는 데 영향을 미친다.

단원의 목적을 성찰하는 것이 토픽, 언어, 기능, 산출물 간의 관계를 파악하는 데 도움을 주듯이, 학습 경험에서 개념이 어떻게 상호작용을 하는지를 잠시 멈춰서 생각해 보는 것도 개념의 존재감을 더 분명히 느껴지게 하는 데 도움을 준다. 이해 영역(읽기, 듣기, 보기)이나 표현 영역(말하기, 쓰기, 제시하기), 그리고 문법 패턴을 조사하기 위한 텍스트 분석과 같은 다양한 과업이 학생이 탐구해야 할 개념을 시각화하는 데 어떻게 도움이 되는지 생각해 보자. 개념은 우리가 반드시 다루어야 할 토픽이 아니라, 이해의 구성을 돕는 관계를 보여 주는 사고의 구성물이라는 점을 반드시 기억해야 한다.

개념적 이해를 논할 때, 우리가 이해를 통해 보여 주고자 하는 개념 간의 관계를 인식하는 것이 중요하다. 예를 들어, 문법적 문제를 다룬다면 사용역(register)과 청중(audience), 사용역과 맥락(context), 단어의 형태(form), 기능(function), 그리고 문장의 구조(structure) 등의 개념 사이의 관계를 탐색하는 것이 가능하다. 이러한 관계를 인식하면 명시적이고 의도적인 학습 경험을 설계하는 데 도움이 될 뿐만 아니라 보다 집중적이고 의미 있는 피드백을 제공하는 데도 도움이 된다.

따라서 개념 기반 언어 교수 및 학습의 초석이 되는 원칙 목록은 다음과 같다.

1. 맥락화된 언어교육

우리가 처한 상황, 표현하고자 하는 어조, 그리고 타인의 반응 방식은 우리의 언어 선택에 영향을 미친다. 의사소통이 이루어지는 상황은 우리가 듣거나 읽을 때 이해하는 것에 영향을 미칠 뿐만 아니라 메시지를 전달하기 위해 언어를 선택할 때도 영향을 미친다. 맥락이 없는 언어는 의미에 대한 중요한 기준이 결여되어, 말하고자 하는 바를 효과적으로 전달하지 못하게 된다.

가르치는 관점에서 보면 새로운 언어를 학생에게 제시할 때 강력한 맥락을 제공하는 것은 매우 중요하다. 수업 초반에 상황, 토픽, 이미지, 대화 요점 등을 활용해 맥락을 제공하면, 학생이 새로운 내용을 접할 때 참고할 수 있는 틀이 형성된다(Garside, 2019). 맥락이란 언어를 구성하는 다양한 요소들을 하나로 엮는 것이다. 이는 소리, 단어, 표현, 발화, 상황, 사람과 학생의 개인적 경험, 환경, 그리고 우리가 좋아하는 다양한 주제(theme)가 조화를 이루는 것을 의미한다.

연구에 따르면, 단어와 구는 학습에서 나타나는 '체계적인 망각(systematic forgetting)' 같은 원치 않는 결과를 피하기 위해 맥락 속에서 학습되어야 한다. 의미 있는 학습이란 새로운 정보를 이미 알고 있는 정보와 연결하는 것을 말한다. 이는 새로운 정보가 기존 정보에 연결되는 방식이므로 연결고리가 많을수록 새로운 정보가 더 잘 기억된다. 그러나 어휘 항목을 학습할 때 자극의 빈도와 언어 형태를 연습하는 횟수는 크게 중요한 요소가 아니라는 점을 기억해야 한다. 중요한 것은 다름 아닌 유의미성이다(Brown, 2015).

맥락적 일반화는 탐구할 토픽에서 도출된 개념 간의 관계를 나타낸다. 또한 식별된 어휘와 구조를 고려해 아이디어를 생성하는 데 기반을 제공하며, 이런 일반화는 유의미한 개념 기반 언어 학습에 기여한다. 또한 이것은 수업의 맥락에 깊이와 폭을 더해 줄 이해 가능한 입력을 담고 있는 텍스트를 식별하는 데 도움을 주며, 학생이 총괄 수행 평가에서 다루게 될 내용과 관련된 이해를 기를 수 있도록 한다.

2. 귀납적 교수법

학생은 다양한 방식으로 새로운 언어를 습득하는 데 몰입할 수 있다. 학생에게 언어 현상(예: 시제가 어떻게 사용되는지 또는 특정 방식으로 시작했을 때 문장이 어떻게 변화하는지)을 설명하고 이를 적용하게 하는 대신, 그 현상을 보여 주는 일련의 사례를 탐구하게 하면, 학생은 그 사례에서 어떤 일이 일어나는지 관찰하고 그 패턴을 알아차릴 수 있는 학습 기회를 제공받는다.

귀납적 교수법에서는 교사가 학습자에게 예시를 제공하고, 학습자가 스스로 결론을 도출할 수 있게 한다. 이 접근법에서 학습자 간의 논의와 학습 방향의 수정은 성공의 열쇠가 되기도 한다. 이는 규칙을 먼저 설명하는 연역적 교수법과 반대되는 방식이다. 귀납적 접근법을 통해 언어를 탐구하면, 학생은 더 기억에 남는 방식으로 근본적인 논리를 이해할 수 있게 된다.

귀납적 교수법은 비판적 사고를 촉진하고 학생의 참여도를 높인다. 물론 학생이 주어진 정보에서 잘못된 일반화를 도출할 수도 있다. 그럼에도 불구하고 교사는 일련의 예시를 통해 패턴을 조사하고 가이딩 질문을 활용하는 과정이 사고를 촉진한다는 점을 간과해서는 안 된다.

단원이 끝날 때 학생이 작성하게 될 텍스트를 미리 파악하는 일은, 이를 작성하는 데 필요한 문장의 유형과 글쓴이와 화자로서 학생이 취해야 할 행동을 결정하는 데 도움을 준다. 따라서 모델 텍스트를 통합하면 학생이 텍스트의 구조와 언어가 메시지를 전달하는 방식에 대해 탐구하고, 비교하며, 대조하는 과정에서 패턴을 발견할 수 있게 된다. 주요 어휘와 구조가 맥락 속에서 사용되는 것을 관찰하면, 학생은 이를 모방할 수 있게 되고, 새로 학습한 어휘나 자신이 개발한 언어 개념에서 얻은 뉘앙스를 추가함으로써 언어 사용의 확장을 시연하게 된다.

이해 가능한 입력 정보를 담고 있는 텍스트나 풍부한 자료와 예시를 제공하는 연습 활동에는 개념적 이해(맥락적 일반화 포함)의 구축에 점진적으로 기여하는 아이디어들이 반드시 포함되어야 한다. 이 방식은 학생이 다양한 복잡성 속에서 해당 언어를 어떻게 숙달하는지 그 학습의 증거를 만들어 줄 것이다.

3. 호기심과 탐구

외국어를 학습하는 일은 재미있기도 하지만 모국어와의 차이를 마주하는 일은 때때로 당황스러운 경험이 되기도 한다. 하지만 이런 차이점을 알게 되면, 뇌는 자연스럽게 이를 고민하게 되고, 어느새 학습자는 다양한 질문을 던지기 시작한다.

호기심이 많은 학생은 단순히 질문을 던지는 데 그치지 않고, 적극적으로 답을 찾으려 한다(Stenger, 2014). 이러한 이유로 차이점, 유사점 또는 오해를 불러일으킬 수 있는 상황을 중심으로 학습 시나리오를 설계하는 것은 학생의 호기심을 자극하고, 다양한 언어 사용의 기회를 사전에 마련하는 데 도움이 될 수 있다. 호기심은 학습을 효과적으로 진행할 수 있도록 뇌를 활성화하기 때문이다.

스텐저(Stenger, 2014)는 다양한 연구를 통해 도달한 결론을 공유하며, 호기심이 우리의 뇌를 학습에 더 수용적으로 만들고 학습할 때 우리가 즐거움을 느끼게 한다고 전한다. 맥락적 일반화의 핵심은 학생의 호기심을 불러일으킬 수 있는 시각적인 자극 또는 동기를 유발하는 자료를 만드는 데 도움이 되는 키워드를 제공한다는 점이다. 이러한 시각 자료는 학생이 해당 토픽에 관해 스스로 질문하도록 유도한다. 이와 마찬가지로, 주요 일반화와 관련된 탐구 질문도 이러한 호기심을 충족시키는 데 도움이 될 것이다.

설계된 탐구 질문들은 수업의 목표를 포괄하는 사고의 자극제 역할을 할 뿐만 아니라, 나머지 일반화들을 위해 학생이 자신의 개념적 이해의 정도 또는 숙달의 정도를 탐색할 수 있도록 돕는 장치이기도 하다. 수업을 시작할 때 탐구할 질문을 제시하고, 수업을 마칠 때 학생에게 그 질문에 대한 답을 학습 활동에 기반하여 응답하게 하는 것은 효과적인 학습 습관이다.

4. 멘토 텍스트

멘토 텍스트는 일반적으로 학생에게 좋은 글쓰기의 예시로 제공되는 목적이 분명한 예시 자료이다. 그러나 새로운 언어를 습득할 때는 특정 청중에게 메시지를 전달하는 데 언어가 어떻게 사용될 수 있는지를 보여 주는 텍스트라면 어떤 것이든 유용할 수 있다. 멘토 텍스트의 예시는 작가가 특정 텍스트를 시작하거나 끝내기 위해 언어를 어떻게 사용하는지 보여 주는 인쇄된 텍스트부터, 두 명의 대화자가 인터뷰 중 다양한 질문과 답변 전략을 사용하는 방식을 관찰할 수 있는 비디오 또는 사건을 서술하는 데 사용된 다양한 시제를 인식할 수 있는 경찰 보고서 녹음 자료에 이르기까지 다양하다.

여기서 우리의 목표는 학생이 자신의 작업물을 만들 때 모방할 수 있는 모델을 제공하는 것이다. 이는 특히 외국어 능력 개발에서 중요한데, 예시를 보지 않고 작업물을 산출하기는 힘들기 때문이다. 멘토 텍스트는 학생이 언어가 맥락 속에서 구체적인 목적을 위해 어떻게 사용되는지 모방하고, 메시지를 작성하는 과정을 배우는 데 중요한 역할을 한다.

강력한 주장을 구성하는 데 사용할 수 있는 어휘와 문법 구조를 탐구하는 것은 자신의 주장을 다양한 상황에서 글로 쓰거나 실제 상황에서 말로 전달하는 데 필요한 전이할 수 있는 지식을 제공한다. 멘토 텍스트에서 배우는 것은 교실 밖 실생활에서도 적용될 수 있다. 교사는 학생이 교실에서 습득한 사고 과정을 통해 학습이 다양한 상황에 전이될 수 있음을 고려해야 한다(Douma, 2020).

멘토 텍스트를 다룰 때, 학생은 언어가 어떻게 묘사하고, 정당화하고, 근거를 제공하고, 찬반을 표현하는 데 쓰이는지 관찰한다. 또한 학생은 비교하고 연결할 수 있는 기회도 갖게 된다. 멘토 텍스트를 분석하는 것은 단순한 조사 활동이 아니라, 자기 질문을 통해 메시지가 어떻게 생성되고 텍스트의 각 요소가 어떻게 메시지 생성에 기여하는지를 이해하면서 학습자가 메타인지 전략을 활용하는 기회를 제공한다.

멘토 텍스트는 특정 맥락에서 문법이 사용되는 방식을 모델링하기 때문에 학생들의 이해를 돕는 입력 자료의 일부라고 할 수 있다. 또한 언어에 중점을 둔 일반화를 구성할 때 사용하는 자료로서도 역할을 하며, 이는 단원 그물의 이해하기 및 비평하기 영역(strand)과 관련될 수 있다. 더불어, 멘토 텍스트는 학생이 텍스트의 의사소통 요소와 언어적 관습이 어떻게 메시지의 생성 및 전달에 기여하는지를 탐구할 수 있도록 돕는 예시 역할을 한다.

게다가 텍스트의 다중모드(multimodal)적 측면을 탐구하는 것은 학습과정을 풍부하게 하고 해석, 관계와 패턴의 분석과 같은 기능을 연습할 기회를 확대할 뿐만 아니라, 학생으로 하여금 문해력이 읽기와 쓰기에만 국한되지 않고 구두, 청각, 시각, 공간, 촉각 및 몸짓 요소의 이해를 포함한다는 것을 깨닫게 한다(Kress, 2010). 또한 멘토 텍스트를 주의 깊게 선별하면 구두점, 소리와 문자의 관계 또는 대응, 단어 및 문장 형성의 패턴, 그리고 맞춤법 규칙을 가르치는 데 교육적 지침이 될 수 있는 예시를 찾을 수 있다(Paesani et al., 2016).

5. 전이를 위한 교육

우리가 언어를 배울 때 단어를 익히고 언어를 구성하고 소통하는 것이 그저 한 가지의 토픽을 소통하기 위한 말하기와 쓰기의 숙달 때문이라고 생각하는 이는 없을 것이다.

오히려, 새로운 어휘와 구조를 습득하는 것은 다양한 상황에서 그것을 사용하고 싶어 하고, 여러 매체를 통해 다양한 토픽에 대한 아이디어를 전달하고자 한다는 점에서 언어 교사와 학습자에게 동기부여가 될 수 있다.

학생이 학습한 내용을 새롭거나 예상치 못한 상황에 전이하고 적용할 수 있도록 다양한 맥락으로 언어 학습 경험을 전략적으로 설계하는 것이 바로 개념 기반 언어 교수 및 학습의 핵심이다. 탐구 단원이 학생이 배우는 언어를 사용할 수 있는 다양한 맥락을 제공하고, 기본적인 지식과 기초 기능을 계속해서 발전시킬 수 있도록 하는 것은 목표 언어와 관련된 기본 개념과 과정에 대한 깊이 있는 학습을 달성하는 데 중요한 역할을 한다.

학생이 개념적 이해와 언어 기능을 전이할 수 있는지 확인하기 위해, 교사는 학습의 진척을 측정해야 한다. 학생의 전이 능력을 측정하는 것은 학생이 보여 주는 다양한 언어 숙달의 수준을 구분하고, 각 수준에서 소비하고 생산할 준비가 된 텍스트의 유형이 무엇인지 판별하게 해 준다.

전이로 가는 데에 핵심은 비교하기이다(McDowell, 2021). 따라서 학생이 습득한 언어를 얼마나 잘 활용할 수 있는지를 보여 주는 학습 증거를 수집하려면, 학생이 자신이 배운 언어적 이해를 적용할 수 있는 다양한 맥락이나 상황을 탐구 단원에 배치해야 한다. 이런 이유로 탐구 단원을 설계할 때는 반드시 맥락의 깊이와 측면성(laterality), 두 가지 모두를 중요하게 고려해야 한다(McDowell, 2021).

전이가 가시화되는 방법 중 하나는 학생이 주어진 맥락에서 단어의 의미를 찾아내고, 텍스트에서 아이디어 간의 관계를 설정하고 설명할 수 있을 때이다. 또한 어휘와 구조를 창의적으로 결합하여 자신이 선택한 맥락에서 관련 아이디어를 전달하고, 배운 전략을 효과적으로 활용하여 특정 기능을 시연하여 과제를 수행할 때에도 학습의 전이가 나타난다.

교수 및 학습 과정을 위한 기반 준비하기

효과적인 의사소통자를 양성하고, 탐구 중인 토픽, 문법, 텍스트 간의 관계를 이해하며, 텍스트의 소비와 생산 과정에서 비판적 사고를 촉진하거나, 개념적 이해와 기능을 다양한 맥락으로 전이시키는 데에는 정해진 공식이 없다. 그러나 개념 기반 언어 탐구 단원을 구현할 때 간과해서는 안 되는 다양한 도구들이 있다는 것을 명심하자.

교수와 학습 과정에는 많은 변수가 존재한다. 학습자가 자극에 반응하고, 이해한 내용을 떠올려 그것을 새로운 내용과 결합하는 과정에서 이 변수들이 서로 상호작용을 하게 된다. 이러한 변수는 학습자가 개별적으로 학습을 경험하는 방식과 각 학습자가 자신의 개념적 이해를 구축하는 방식에 영향을 미친다. 따라서 학습의 기반을 다지는 데 있어 교사가 내리는 결정은 학습의 기본을 이룬다.

마찬가지로 개념 기반 교육에서는 탐구의 기반이 되는 일반화를 고려하지 않고서는 교수와 학습에 대해 논할 수 없다. 일반화는 교수 및 학습 과정에서 중요한 부분으로, 명확하고 설득력 있는 이해를 나타내는 문장으로 교수와 학습을 이끄는 역할을 한다(Lanning, 2013, p. 68).

탐구 단원에서 교수 및 학습 과정을 탐구하는 것은 맥락적 일반화[1]를 이해하는 것에서 시작된다. 이 일반화는 탐구가 이루어질 맥락을 나타낼 뿐만 아니라, 이해 가능한 입력 자료를 선택하고 탐구 단계를 설계하기 위한 틀을 만든다. 이 첫 번째 일반화(맥락적 일반화)는 학생이 개념적 이해와 기능을 습득하고 전이해야 하는 상황을 구체화하는 데 도움이 된다. 따라서 교사는 맥락적 일반화를 읽은 후, 스스로에게 다음과 같은 질문을 던질 수 있다.

1) 어떤 텍스트가 다양한 수업에서 동기 유발 자료나 자극제로 사용될 수 있는가?
2) 어떤 텍스트가 맥락적 일반화의 요소를 반영하는 아이디어를 포함하고 있는가?
3) 단원의 최종 평가는 일반화가 내포한 아이디어를 어떻게 자유롭게 탐구할 수 있는 기회를 제공할 것인가?
4) 학생이 참여할 수 있는 구술 또는 서면 작업(일반화에 대한 개념적 이해를 단계적으로 시연하는 데 도움이 되는)에는 어떤 것이 있는가?
5) 일반화의 개념을 탐구하는 동안 단원에서 문법 및 의사소통 측면은 어떻게 연습될 것인가?

그 외의 다른 일반화도 비슷한 목적을 가지고 있다. 이 일반화들에서 설명된 관계는 각자 과정의 본질을 나타낸다.

1) 역자 주: 맥락적 일반화는 단원 전체의 맥락을 포괄하는 아이디어로 주로 지식구조로 접근한다(예: 안전한 학교생활).

일반화 영역[2]	어떤 개념들이 이러한 일반화에 포함되어 있는가?[3]
언어 이해하기	단원에서 생산될 텍스트와 관련된 핵심 언어 즉, 고품질의 응답을 생산하기 위한 언어
언어에 반응하기	학생이 언어를 경험하면서 인식하고, 생각하고, 성찰하며, 연마할 기능
언어 비평하기	구체적인 의사소통 목적과 특정 청중을 위한 언어 사용에 대해 분별력을 갖추는 데 필요한 이해
언어 생산하기	'언어 이해하기'에서 개발된 이해를 학생의 수행을 통해 적용하는 것

개념 기반 언어교육에서의 교수와 학습은 개념을 탐구하고 개념 간의 관계를 이해하는 과정을 포함한다. 학습 경험의 목표, 의사소통의 맥락 또는 학생이 이해와 기능을 적용할 수 있도록 돕는 교사의 전략을 고려하지 않고 의미 있는 교수와 학습에 대해 이야기하기 어렵다. 따라서 나는 개념 기반 언어 교수 및 학습 과정을 전통적인 교육 모델과 차별화해 주는 요소를 예로 들어 설명하기 위해, 듣기 및 독해 활동, 구술 및 서면 산출 과정과 관련된 여러 사례를 제시하고 이어서 교수 전략에 중점을 둔 몇 가지 시나리오를 소개할 예정이다.

이런 사례 탐구는 문법 사항이나 언어의 일반적인 측면에 대한 이해를 넘어, 학생의 개념적 이해를 공고히 할 수 있도록 돕는 일련의 예시로 마무리될 예정이다.

'개념' 소개: 입문 시나리오

개념을 사용하여 교수 및 학습 과정을 구성하려면, 학생이 패턴을 관찰하고, 관계를 찾고, 일반화할 수 있도록 돕기 위해 의도적이고 명확한 단계를 구성해

2) 역자 주: 영역(strand)은 가닥, 줄기라는 뜻으로, 단원 그물에서는 각 목차를 위한 공간으로 이해하고 활용한다.

3) 역자 주: 각 언어과정과 관련한 개념어가 해당 스트랜드에 배치되고, 그들 일부는 일반화 형성에 기여한다.

야 한다. 따라서 탐구할 개념을 소개하는 자리가 필요하다. 다음 멕시코의 초급 ESL(English as a Second Language, 제2외국어로서의 영어) 수업 상황을 통해 이를 설명하고자 한다.

사라(Sara)는 ESL 학생들이 점점 더 복잡한 예제를 공부하면서 자신들이 만든 메시지가 어떻게 구성되고 완성되는지 인식할 수 있도록 돕는 개념으로 수업을 조직하기로 했다.

사라는 '관찰-주목-설명'[4] 루틴을 사용하여 학생들이 관찰 능력을 강화하고, 패턴을 찾고, 관찰 결과에서 규칙(또는 규칙의 일부분)을 설명할 수 있도록 도와주었다. 부정관사(a, an)와 다양한 명사 간의 규칙에 맞는 일치를 통해 '패턴(Pattern)'의 개념을 소개하기 위해 사라는 학생들에게 이미 알고 있는 명사 목록을 보여 주었고, 각 명사 앞에는 적절한 부정관사가 붙어 있었다. 사라는 학생들에게 명사 목록을 읽고 학생들이 공부한 관사가 어떻게 사용되는지를 스페인어(학생의 모국어)로 설명해 보라고 요청했다.

이어서 '형태(form)' 개념을 소개하기 위해, 사라는 명사의 문법적 수(단수와 복수)를 고려하고, 동사가 나타내는 대상의 수에 맞춰 'be 동사 원형'의 형태가 변화하는 문장 목록을 사용했다. 이 경우에 사라는 연습 과제를 풀게 하고, 일련의 문제를 제공하여 학생이 가이딩 질문에 답하는 방법에 익숙해지게 만들었다. 이를 통해 학생들은 일반화를 작성하기 시작했다.

세 번째로 같은 사고의 루틴을 사용했을 때, 사라는 학생들이 '구조(structure)'라는 개념에 익숙해지기를 원했다. 이를 위해 사라는 매우 구체적인 유형의 문장을 묘사한 두 가지 시나리오를 설계했다. 이 과제의 목적은 학생들이 새로운 정보가 추가될 때마다 문장의 구조가 어떻게 변하는지 관찰할 수 있도록 하는 데 있었다.

---

4) 역자 주: '관찰(observe)-주목(notice)-설명(explain)' 루틴은 하버드 대학교 프로젝트 제로(Project Zero)에서 개발한 비저블 씽킹(Visible Thinking) 접근법의 일부로, 언어교육에서 학생이 실제 언어 사용을 관찰하고 중요한 특징에 주목한 후, 자신의 이해를 설명하며 능동적으로 학습하도록 돕는 전략이다.

학생들의 과제를 통해 사라는 개념 또는 일련의 개념을 공부한다는 것이 무엇을 의미하는지를 명시적으로 가르치는 것이 학생들이 자신의 일반화나 관찰 내용을 표현하는 데 유용한 언어를 제공할 뿐만 아니라, 스스로 결론을 도출하는 데 도움이 된다는 것을 확인할 수 있었다. 사라는 학생들에게 단어 형태(word form), 문장 구조(sentence structure), 단어의 의미(word meaning) 또는 기능(function)과 같은 단어 및 개념을 언급하지 않고 결론을 도출하도록 요구하는 것보다 개념을 사용하여 자신이 배운 것을 설명하게 하는 것이 더 쉬웠다는 것을 깨달았다.

[그림 3.1]은 사라의 수업에 참여한 학생의 작업과 일반화를 보여 준다.

다음은 한 학생의 탐구 질문에 대한 응답을 번역한 것이다.

1. 위의 문장 구조에서 무엇을 알아차렸는가?
새로운 단어를 추가하면 문장이 길어지고 더 많은 내용을 표현하게 된다는 것을 발견했다. 또한 의문문과 평서문에서 단어 순서가 다르다는 것도 알게 되었다.

2. 언제 이 문장의 구조가 바뀌고 그 이유는 무엇인가?
문장 구조는 우리가 다른 아이디어를 표현하기 위해 다른 단어를 사용할 때나, 누군가의 주의를 끌고 싶을 때, 또는 무언가를 물어볼 때 바뀐다고 생각한다. 문장 구조는 우리가 전달하려는 아이디어에 따라 달라진다.

3. 왜 문장에서 같은 단어를 다른 위치에 사용할 수 있다고 생각하는가?
같은 의미나 유사한 기능을 가진 단어는 문장에서 다른 위치에 사용할 수 있다고 생각한다. 예를 들어, 사물의 특징은 영어에서 명사 앞이나 서술어에 올 수 있다.

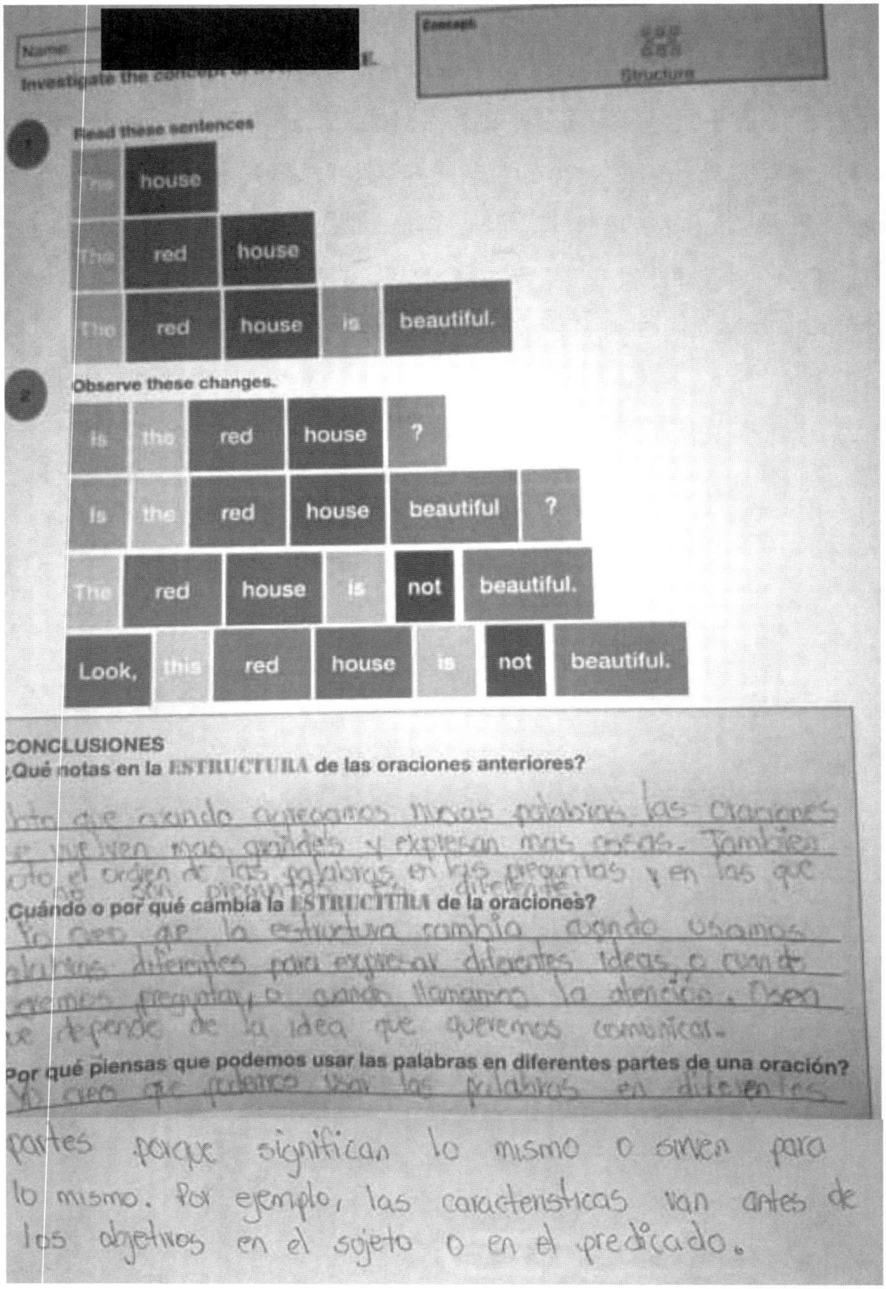

[그림 3.1] 학생이 '구조(structure)'의 개념에 대해 일반화하려는 시도를 보여 주는 예시

이 학습 경험은 중국어(Mandarin) 수업에서도 진행되었으며, 학생들이 앞의 작업 샘플에 제시된 것과 같은 결론과 일반화를 도출하고 생성할 수 있게 했다.

개념과 듣기 과정의 개발

학생에게 시청각 텍스트의 이해를 보여 주기 위해 다양한 기능을 개발하도록 가르칠 때 우리는 소리(sounds), 형태소(morpheme), 운율(rhymes), 억양(intonation), 리듬(rhythm), 어조(tone), 담화자(interlocutors), 언어 사용자(language users), 패턴(pattern), 모음(vowels), 텍스트 내용(text content), 텍스트에 대한 반응(responses to text), 그리고 억양(cadence) 등의 개념을 탐구할 수 있다. 따라서 다음과 같은 일반화를 탐구할 수 있다.

- 문장 속 단어의 억양(intonation)은 청자가 메시지의 의도를 구별하는 데 도움이 된다.
- 문장의 리듬과 발음, 발화 방식 및 방언의 유형은 아이디어의 청중 이해도(comprehensibility)를 좌우한다.
- 사람들은 텍스트의 기능이나 수행해야 할 과제에 따라 텍스트의 내용에 다르게 반응한다.

시나리오 1

학년 마지막 탐구 단원에서, 카를로스(Carlos)는 초급 영어 수준의 학생들이 맥락과 정보의 사용이 사람들이 텍스트의 다양한 요소들에 주목하는 방식을 결정할 수 있다는 것을 이해하도록 돕고자 했다. 카를로스는 다양한 상황을 잘 보여 주는 일련의 녹음 자료를 준비했다. 첫 번째 녹음에서는 한 사람이 다른 사람에게 제3자에 대한 정보를 묻는 상황이 담겨 있었다. 텍스트를 듣고 난 후, 학생들은 다음과 같은 사실적 질문에 답했다.

- 대화하는 사람은 몇 명인가?
- 비서가 요청한 정보는 무엇인가?
- 그들은 누구에 대해 이야기하고 있는가?

두 번째 텍스트에서는 두 사람이 공항에서 자신들의 비행에 관한 세부 사항을 이야기하는 내용이 포함되어 있었다. 학생들은 다음 질문에 답해야 했다.

- 두 여성이 있는 장소를 파악하는 데 도움이 되는 요소는 무엇인가?
- 두 여성이 급하게 서두르고 있다는 것을 어떻게 알 수 있는가?
- 이 여성들의 마음 상태를 나타내는 요소는 무엇인가?

세 번째 텍스트는 세 명의 젊은이가 번갈아 가며 자신의 개인 정보에 대해 묻고 답하는 내용이었다. 학생들은 다음 질문에 답해야 했다.

- 세 명 중 누가 당신과 가장 비슷한가? 그 이유는 무엇인가?
- 세 명 중 누가 당신의 가장 친한 친구와 비슷한가? 그 이유는 무엇인가?

각 활동에서 카를로스는 맥락화 연습으로 시작한 후, 첫 번째 듣기 연습이 끝난 후 각 텍스트의 핵심 요소를 강조했다. 활동을 마친 후, 카를로스는 다음과 같은 핵심 질문을 통해 경험을 성찰하게 했다.

- 다양한 텍스트를 듣고 질문에 답할 때, 우리는 동일한 기능을 적용하는가?
- 우리가 답해야 하는 질문들은 어떻게 우리가 특정 정보에 주의를 기울이도록

유도하는가?

- 사건이 일어난 장소와 상호작용에 참여하는 사람의 수를 식별하는 것이 왜 중요한가?
- '무엇' '누가' '언제' 등을 포함한 질문에 답하려면 어떤 세부 사항에 주의를 기울여야 하는가?
- 텍스트의 토픽을 파악하기 위해 어떤 세부 사항에 주의를 기울여야 하는가?
- 연결성을 찾기 위해 우리는 어떤 요소들에 주의를 기울여야 하는가?

카를로스는 학생들의 답변을 듣고 쓴 후, 학생들에게 두개의 출구 티켓[5]을 작성하도록 요청했다. 학생들은 텍스트에서 정보를 듣고, 식별하고, 사용하는 데 필요한 기능에 대한 조사를 마무리하기 위해 일반화를 작성하도록 요청받았다. 다음 이미지는 그중 한 학생이 작성한 두 가지 출구 티켓의 예시를 보여 준다.

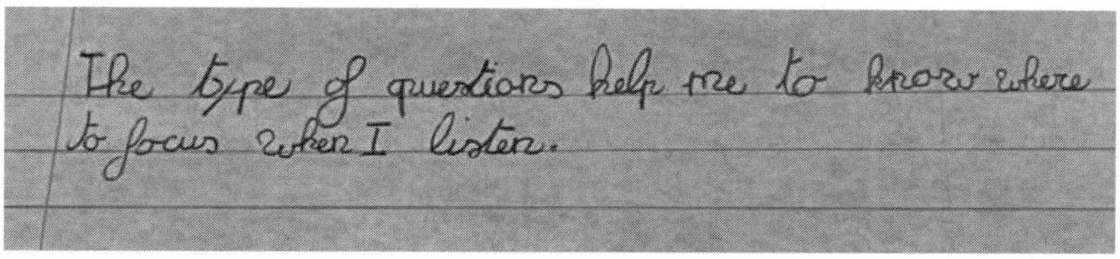

질문의 유형은 내가 듣는 동안 어디에 집중해야 할지 알 수 있도록 도와준다.

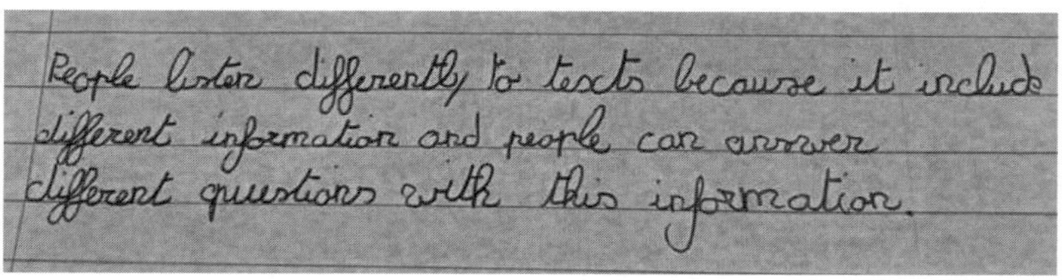

사람들은 텍스트를 다르게 듣는다. 이는 텍스트가 다양한 정보를 담고 있어서, 사람들이 이 정보를 통해 각기 다른 질문에 답할 수 있기 때문이다.

[그림 3.2] 카를로스의 지시에 따라 한 학생이 작성한 출구 티켓

5) 역자 주: 출구 티켓(exit ticket)은 학생이 수업 종료 시 제출하는 짧은 평가 도구로, 학습 내용의 이해도와 피드백을 확인하기 위한 것이다.

나중에 진행된 수업에서, 듣기 활동을 위한 준비 연습 과제로 카를로스는 학생들에게 다양한 텍스트를 다루는 데 필요한 기능과 그 이유에 대해 말해 보라고 요청했다.

개념과 읽기 과정의 개발

학생이 다중모드 텍스트(multimodal text)[6]의 이해를 입증할 때 필요한 기능을 가르칠 때, 우리는 형태(form), 의미(meaning), 용법(usage) 또는 문장 구조(sentence structure)와 같은 개념을 탐구할 수 있다. 또한 제목과 텍스트의 여러 부분 간의 관계, 제목에 사용된 단어와 텍스트의 구성 간의 관계, 단어 선택과 의사소통 목적 간의 관계, 그리고 다양한 언어 방식(modes of language) 간의 관계를 탐구할 수 있다. 따라서 다음과 같은 일반화를 탐색하는 것이 가능하다.

- 다양한 언어 방식은 텍스트의 메시지를 구축하는 데 기여한다.
- 단어 선택은 독자를 안내하고 참여시키도록 분위기를 조성하는 데 기여한다.
- 정보의 다양한 범주, 순서 및 논리는 데이터를 적절히 조직하여 관련성 있는 텍스트를 생성하는 데 도움을 준다.

시나리오 2

초급 중국어(Mandarin) 수업에서 자오(Zhao)는 수업에서 '국가는 사람들의 정체성을 인식하고 사회를 조직하기 위해 시스템을 설계한다.'라는 맥락적 일반화를 사

6) 역자 주: 다중모드 텍스트(multimodal text)는 여러 가지 모달리티, 즉 서로 다른 형태의 데이터를 결합하여 정보를 표현하는 것을 의미한다. 이러한 모달리티(modality)에는 텍스트, 이미지, 오디오, 비디오 등이 포함될 수 있다.

용하는 탐구 단원을 설계했다. 자오는 학생들이 일련의 한자를 의미와 발음에 연결하도록 돕고, 한자 쓰기 체계를 소개한 후, 의미(meaning)와 구조(structure)라는 개념에 초점을 맞춰 문장 구성 방식을 탐구하고자 했다.

이전 수업에서 학생들은 일반적으로 사용되는 한자를 활용하여 개인 정보를 표현하는 의문문과 긍정문을 연습했다. 학생들은 새로운 텍스트를 듣거나 읽을 때마다 '정체성(identity)'의 개념과 관련된 한자를 계속 추가해 나갔다.

이번 수업에서 자오는 지난 수업에서 연습한 새로운 한자가 통합된 짧은 읽기 자료를 학생들에게 소개했다. 자오는 한자를 조합하면 기본 한자와 연결된 새로운 의미를 만들어 낼 수 있다는 점을 학생들이 이해하기를 원했다. 학생들은 먼저 읽기 자료를 조용히 읽으며 각 한자의 발음을 확인한 뒤, 한 줄씩 번갈아 가며 소리 내어 읽었다. 자오는 이해를 방해하는 경우에만 발음을 교정해 주었다.

읽기 활동 후, 학생들은 지문에서 어근과 그와 관련된 모든 단어를 찾는 활동을 했다. 어근을 파악한 후, 학생들은 다음과 같은 표에 단어를 범주별로 정리했다.

〈표 3.1〉 **이 시나리오에서 설명한 중국어 수업에 사용된 작업 템플릿의 예시**

汉字 (기본 한자)	意思 (새로운 단어, 새로운 의미)

이와 같은 탐구 활동에서 자오는 "我看什么?(나는 무엇에 주목하는가?)"라고 부르는 학습 루틴을 사용했다. 따라서 이 루틴을 사용하여 학생들에게 자신의 작업을 성찰하고 다음과 같은 질문에 영어로 답하도록 요청했다.

a) 한자를 결합하면 어떤 일이 일어나는가?
b) 사람의 복수형을 나타내는 한자는 무엇인가?
c) 한자의 발음을 기억하는 것이 왜 중요한가?

d) 한자의 의미를 파악하는 것이 왜 중요한가?

e) 중국어와 모국어에서 단어가 형성되는 방식의 차이점과 공통점은 무엇인가?

다음 이미지는 이중 언어(터키어와 영어)를 사용하는 학생의 작업물을 보여 준다. 이 학생은 질문에 제시된 순서대로 답하지는 않았지만, 이 단원의 과제를 완료하고 배운 내용을 일반화하고 있다는 것을 학생의 답안을 통해 우리는 알 수 있다.

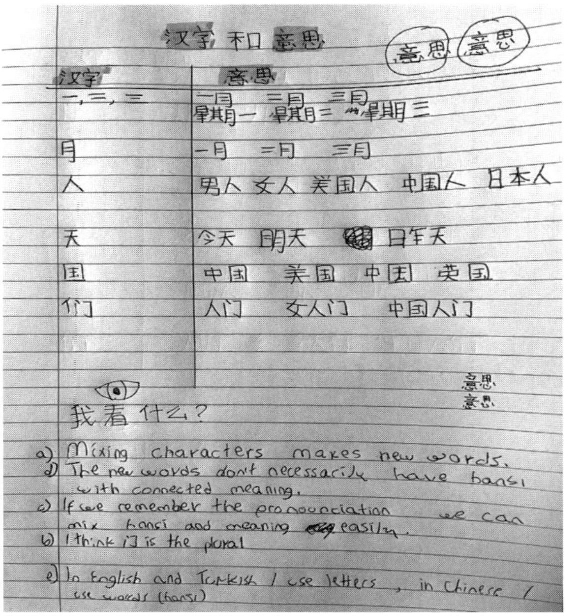

[그림 3.3] **我看什么? 나는 무엇에 주목하는가? 이 시나리오에서 설명된 중국어(Mandarin) 수업을 듣는 한 학생의 작업 및 결론**

我看什么?(나는 무엇에 주목하는가?)

a) 한자를 조합하면 새로운 단어가 만들어진다.

b) 새로운 단어를 만들 때 구성하는 기본 한자들이 의미적으로 직접 연결되지 않을 수도 있다.

c) 발음을 기억하면, 한자(문자)와 의미를 쉽게 결합할 수 있다.

d) 나는 们이 복수형이라고 생각한다.

e) 영어와 터키어에서는 문자(알파벳)를 사용하지만, 중국어에서는 단어(한자)를 사용한다.

학생들이 답변을 공유한 후, 자오는 일반화인 '한자를 조합하면 기본 한자와 연결된 새로운 의미가 생성된다.'는 것을 마지막에 공개했다. 그런 다음, 이 일반화가 참인지 증명할 수 있는 예시를 학생들에게 요청했다. 자오는 학생들이 선택한 예시가 자신이 이해시키고자 했던 개념 간의 관계를 충분히 잘 보여 주고 있음을 관찰할 수 있었다.

이와 같은 방식으로 학생들의 작업을 관찰하고 추적한 결과, 자오는 이러한 탐구 활동이 학생들의 암기 능력을 강화할 뿐만 아니라 창의성을 증진시킨다는 점을 확인했다. 또한 학생들이 새로운 의미가 어떻게 생성되는지 발견하면서 문장을 작성하는 것이 더 수월해질 수 있다는 것도 알게 되었다.

시나리오 3

9학년 중급 수준의 스페인어 수업에서 학생들은 세계의 다양한 사회를 탐구하는 단원에 참여했다. 이 단원의 목표는 '미디어는 정보를 다양한 방식으로 제시하여 소비자의 주의를 끌고 관심을 일으킨다.'라는 맥락적 일반화를 이해하는 것이었다. 로사나(Rosana)는 학생들이 '의사소통 요소와 텍스트의 언어적 관습이 메시지를 논리적이고 일관되게 전달하는 데 기여한다.'라는 점을 이해하기를 바랐다. 또한 '작가가 아이디어를 효과적으로 전달하기 위해 어떤 결정을 내리는지'도 알기를 원했다.

로사나는 학습 단원을 시작하며 텍스트 하나를 보여 주었다([그림 3.4] 참조). 로사나는 학생들에게 자신들이 어떤 유형의 텍스트를 보고 있는지 이야기해 보라고 요청하고, 몇 분 동안 짝을 이루어 논의할 시간을 주었다. 논의가 끝난 후, 학생들은 자신의 답을 공유했고, 로사나는 학생들이 제시한 답이 매우 다양하다는 것을 발견했다. 그래서 로사나는 학생들이 탐구를 이어 나갈 수 있도록 두 번째 텍스트를 보여 주었다([그림 3.5] 참조).

La Familia en la Comunidad Gitana

Para el pueblo gitano la familia es muy importante, porque en ella se encierra la mayoría de sus valores. El modelo de una familia gitana es extenso y por lo general incluye padres, hermanos, abuelos, primos, tíos, primos segundos, cuñados, consuegros, etc. Muchos gitanos creen que todos vienen de un antepasado común e incluso forman parte de la misma familia de una forma u otra.
La estructura familiar de la sociedad gitana es patriarcal; por esta razón los hijos pasan a formar parte de la familia del padre donde el hombre es el que tiene la autoridad dentro de cada linaje. Las personas ancianas se consideran el máximo poder de autoridad y se les debe mostrar respeto y obediencia. La persona mayor en la familia manda sobre los demás miembros y, aunque todos participan en la toma de decisiones, el líder es quien decide, y además da consejos a los adultos y jóvenes y actúa como pacificador y juez cuando en necesario. A este anciano mayor todos le llaman "Tío".
La familia tiene la responsabilidad de enseñar los valores, costumbres, y creencias más importantes a sus hijos. Otra de las funciones de la familia es participar en la organización económica. Por ello, cuando los hijos tienen la edad adecuada ayudan a sus padres a mantener la economía de la casa.
Actualmente, podemos observar una serie de cambios en la sociedad gitana tales como la escolarización de los hijos, el acceso a trabajos profesionales (médicos, profesores, maestros, etc.), pero esto no significa que las personas pierden su identidad de gitanos.

집시 공동체의 가족

집시들에게 가족은 매우 중요하다. 대부분의 가치가 그 안에 담겨 있기 때문이다. 집시 가족의 모델은 광범위하며 일반적으로 부모, 형제, 조부모, 사촌, 삼촌, 이모, 고모, 손자, 손녀, 사위, 며느리, 조카 등을 포함한다. 많은 집시들은 모두가 공통의 조상이 있거나 어떤 형태로든 같은 가족의 일부라고 믿는다.

집시 사회의 가족 구조는 가부장적이다. 이 때문에 자녀들은 아버지의 가족의 일원이 되며, 남자가 각 가문 내에서 권위를 가진 사람이다. 노인은 최고 권위자로 여겨지며, 가족 구성원이 존경하고 복종해야 한다. 가족 내 연장자는 다른 구성원을 통솔하며, 모든 사람이 결정 과정에 참여하더라도 최종 결정은 지도자가 내린다. 또한 연장자는 성인과 젊은이에게 조언을 제공하고, 평화 유지자와 중재자로서의 역할을 한다. 이 연장자를 모두 '삼촌(Tío)'이라고 부른다.

가족은 자녀에게 가장 중요한 가치, 관습 및 신념을 가르칠 책임이 있다. 가족의 또 다른 역할은 경제적 책임을 분담하는 것이다. 자녀가 적절한 나이에 이르면 부모를 도와 가정 경제를 유지하는 데 기여한다.

현재 집시 사회에서는 젊은 세대가 교육 기회를 확대하고 의사, 교사, 교수와 같은 전문직에 진출하는 등 다양한 변화를 경험하고 있다. 그러나 이러한 변화가 집시 고유의 정체성을 잃는 것을 뜻하지는 않는다.

[그림 3.4] **텍스트 1**

www.sociedad-lengua-y-cultura.com

Inicio | Blog | Artículos | Multimedia

La Evolución de la esencia.
Por María Tello

Para el pueblo gitano la familia es muy importante, porque en ella se encierra la mayoría de sus valores. El modelo de una familia gitana es extenso y por lo general incluye padres, hermanos, abuelos, primos, tíos, primos segundos, cuñados, consuegros, etc. Muchos gitanos creen que todos vienen de un antepasado común e incluso forman parte de la misma familia de una forma u otra.

La estructura familiar de la sociedad gitana es patriarcal; por esta razón los hijos pasan a formar parte de la familia del padre donde el hombre es el que tiene la autoridad dentro de cada linaje. Las personas ancianas se consideran el máximo poder de autoridad y se les debe mostrar respeto y obediencia. La persona mayor en la familia manda sobre los demás y, aunque todos participan en la toma de decisiones, el líder es quien decide, y además da consejos a los adultos y jóvenes y actúa como pacificador y juez cuando en necesario. A este anciano mayor todos le llaman "Tío".

La familia tiene la responsabilidad de enseñar los valores, costumbres, y creencias más importantes a sus hijos. Otra de las funciones de la familia es participar en la organización económica. Por ello, cuando los hijos tienen la edad adecuada ayudan a sus padres a mantener la economía de la casa.

Actualmente, podemos observar una serie de cambios en la sociedad gitana tales como la escolarización de los hijos, el acceso a trabajos profesionales (médicos, profesores, maestros, etc.), pero esto no significa que las personas pierden su identidad de gitanos.

TeMa2000

www.sociedad-lengua-y-cultura.com

Inicio | Blog | Artículos | Multimedia

본질의 진화
마리아 텔로 작성

집시들에게 가족은 매우 중요하다. 대부분의 가치가 그 안에 담겨 있기 때문이다. 집시 가족의 모델은 광범위하며 일반적으로 부모, 형제, 조부모, 사촌, 삼촌, 이모, 고모, 손자, 손녀, 사위, 며느리, 조카 등을 포함한다. 많은 집시들은 모두가 공통의 조상이 있거나 어떤 형태로든 같은 가족의 일부라고 믿는다.

집시 사회의 가족 구조는 가부장적이다. 이 때문에 자녀들은 아버지의 가족의 일원이 되며, 남자가 각 가문 내에서 권위를 가진 사람이다. 노인은 최고 권위자로 여겨지며, 가족 구성원이 존경하고 복종해야 한다. 가족 내 연장자는 다른 구성원을 통솔하며, 모든 사람이 결정 과정에 참여하더라도 최종 결정은 지도자가 내린다. 또한 연장자는 성인과 젊은이에게 조언을 제공하고, 필요할 때 평화 유지자와 중재자로서의 역할을 한다. 이 연장자를 모두 '삼촌(Tío)'이라고 부른다.

가족의 또 다른 역할은 경제적 책임을 분담하는 것이다. 자녀가 적절한 나이에 이르면 부모를 도와 가정 경제를 유지하는 데 기여한다.

현재 집시 사회에서는 젊은 세대가 교육 기회를 확대하고 의사, 교사, 교수와 같은 전문직에 진출하는 등 다양한 변화를 경험하고 있다. 그러나 이러한 변화가 집시 고유의 정체성을 잃는 것을 뜻하지는 않는다.

TeMa2000

[그림 3.5] **텍스트 2**

로사나는 두 번째 텍스트를 보여 주며, 학생들에게 그것이 어떤 유형의 텍스트인지 논의하도록 요청했다. 몇 분간 토론이 이어진 후 학생들은 각자의 답변을 공유했다. 답변을 모두 들은 후, 로사나는 다음과 같은 질문을 했다.

- 시각적 요소가 없을 때 텍스트의 유형의 판단이 어려운 이유는 무엇인가?
- 시각적 요소는 텍스트에서 어떤 역할을 하는가?
- 시각적 요소는 텍스트의 메시지를 전달하고 구성하는 데 어떤 도움을 주는가?

학생들은 소그룹으로 질문에 대해 논의했고, 각 팀의 구성원 중 한 명이 도달한 결론을 발표하는 책임을 맡았다. 발표를 모두 마친 후, 로사나는 학생들에게 일련의 블로그 게시글을 읽도록 했다. 또한 로사나는 저자가 텍스트를 시작하고 끝맺은 방식에 주목하도록 요청했다.

탐구를 계속하기 위해 로사나는 학생들에게 소그룹으로 팀을 이루어 다음 질문에 답하고 논의하도록 요청했다.[7)]

- 텍스트의 시작과 끝에 나타난 언어의 어조에 어떤 차이가 있는가?
- 작가들이 텍스트를 시작하고 끝내는 방식이 다른 이유는 무엇인가?
- 텍스트의 시작과 끝에 사용되는 단어 선택과 의사소통의 목적 사이에는 어떤 관계가 있는가?

학생들이 논의하는 동안, 로사나는 자신의 수업 활동을 관찰하며 학생들이 공유한 아이디어를 바탕으로 계속해서 질문을 했다.

탐구를 마무리하기 위해, 로사나는 학생들에게 성찰문을 작성하라고 요청했다. 이 성찰문에서 학생들은 텍스트의 시각적 요소와 언어적 관습에 대해 이해한 내용

7) 역자 주: 제목과 글의 프레임 외에 텍스트 내용에는 차이점이 거의 없다.

을 일반화하고, 이러한 요소들이 텍스트가 전달하는 메시지에 어떻게 기여하는지 설명해야 했다.

[그림 3.6]의 하단에서 한 학생이 이 학습 경험을 통해 일반화한 방식을 볼 수 있다. 이 결론 부분에서 그날의 학습 경험을 통해 학생들이 달성한 이해가 명확하게 드러난다.

다음 문서의 요약 발췌문을 읽으세요. Campos, Begona (2006). La Familia en la Comunidad Gitana. Dimitri Kitsikis (1989). El Imperio otomano. Fondo de Cultura Economica, Mexico. Pamplona: Universidad Publica de Navarra.

집시 공동체의 가족

집시에게 가족은 매우 중요하다. 대부분의 가치가 그 안에 담겨 있기 때문이다. 집시 가족의 모델은 광범위하며 일반적으로 부모, 형제, 조부모, 사촌, 삼촌, 이모, 고모, 손자, 손녀, 사위, 며느리, 조카 등을 포함한다. 많은 집시들은 모두가 공통의 조상이 있거나 어떤 형태로든 같은 가족의 일부라고 믿는다.

집시 사회의 가족 구조는 가부장적이다. 이 때문에 자녀들은 아버지의 가족의 일원이 되며, 남자가 각 가문 내에서 권위를 가진 사람이다. 노인은 최고 권위자로 여겨지며, 가족 구성원이 존경하고 복종해야 한다. 가족 내 연장자는 다른 구성원을 통솔하며, 모든 사람이 결정 과정에 참여하더라도 최종 결정은 지도자가 내린다. 또한 연장자는 성인과 젊은이에게 조언을 제공하고, 필요할 때 평화 유지자와 중재자로서의 역할을 한다. 이 연장자를 모두 '삼촌(Tío)'이라고 부른다.

가족은 자녀에게 가장 중요한 가치, 관심 및 신념을 가르칠 책임이 있다. 가족의 또 다른 역할은 경제적 책임을 분담하는 것이다. 자녀들이 적절한 나이에 이르면 부모를 도와 가정 경제를 유지하는 데 기여한다.

현재 집시 사회에서는 젊은 세대가 교육 기회를 확대하고 의사, 교사, 교수와 같은 전문직에 진출하는 등 다양한 변화를 경험하고 있다. 그러나 이러한 변화가 집시 고유의 정체성을 잃는 것을 뜻하지는 않는다.

상기 텍스트의 정보를 활용하여 관련 있는 항목끼리 연결하시오.

1. Los tíos(삼촌들)	a. el padre(아버지)
2. La estructura de la sociedad gitana es(집시 사회의 구조는 ~이다.)	b. extensa(광범위한)

학생이 도출한 일반화의 번역: 텍스트의 형식(format)을 인식하는 것은 중요하다. 형식이 없는(맥락이 없는) 텍스트는 특정 형식이나 목적을 나타내지 않으며, 그 의사소통의 목적을 파악할 수 없다. 그러나 형식을 명확하게 식별할 수 있는 텍스트의 경우, 목적과 의도된 청중 및 목표를 식별하는 데 도움을 준다.

[그림 3.6] **이 시나리오에서 설명된 스페인어 수업을 듣는 한 학생의 작업 및 결론**

3. Los jóvenes aprenden sobre los valcres, costumbres y creencias en(젊은이는 가치, 관습, 그리고 신념에 대해 ~에서 배운다.)	c. son los hermanos de mi papá(우리 아버지의 형제이다.)
4. Actualmente, a(현재, ~에)	d. la familia(가족)
5. La familia gitana generalmente es(집시 가족은 일반적으로 ~이다.)	e. mi tío(나의 삼촌)
6. La persona que ayuda a resolver conflictos es(갈등을 해결하는 데 도움을 주는 사람은 ~이다.)	f. son los líderes de la comunidad gitana(집시 공동체의 지도자들이다.)
7. La familia gitana(집시 가족)	g. crecer(성장하다.)
8. A cierta edad, los niños deben(특정 나이에 도달한 아이는 ~해야 한다.)	h. es la transmisora de valores(가치를 전달하는 존재이다.)
	i. patriarcal(가부장적인)
	j. ayudar en la economía familiar(가정 경제를 돕다.)
	k. la escuela(학교)
	l. el tío(삼촌)

개념과 산출물 중심 과정의 개발

구두 또는 서면으로 산출물을 제작하는 기능을 가르칠 때, 우리는 단어의 형태(form), 의미(meaning)와 사용(use), 텍스트 구조(text structure), 텍스트 특징(text features), 언어 사용(language use), 다양한 청중을 다루는 방법(adressing different audiences) 등과 같은 개념을 탐구할 수 있다. 이를 바탕으로 다음과 같은 일반화를 도출할 수 있다.

- 사람들은 메시지를 준비할 때 청중의 사전 지식을 고려한다.
- 맥락과 청중이 사람들이 사용하는 언어의 사용역을 결정한다.
- 작가는 풍부하고 관련성 있으며 의미 있는 메시지를 담은 텍스트를 생산하기

위해 다양한 언어 방식(modes of language)을 사용한다.

시나리오 4

앞서 시나리오 2에서 설명한 초급 중국어(Mandarin) 수업에서 자오(Zhao)는 '**국가는 사람들의 정체성을 인식하고 사회를 조직하기 위해 시스템을 설계한다.**'라는 맥락적 일반화를 사용하는 탐구 단원을 설계했다. 이 단원의 목표는 다양한 텍스트(여권, 신분증, 운전면허증, 출생증명서, 결혼증명서 등)를 탐구하여 자기 자신과 제3자에 대한 관련 정보를 제공하는 방법을 탐구하는 것이었다.

학생들은 지난 여러 번의 수업에 걸쳐 다양한 한자를 사용해 본 적이 있다. 그때의 초점은 한자(漢字)와 그 의미를 연관 짓고 올바르게 발음하는 것이었다. 이번 수업은 학생들이 텍스트 작성의 측면을 다루는 첫 번째 시간이었다.

자오는 이번 수업에서 학생들이 한자를 쓸 때 **정확한 획순이 모든 구성 요소를 정확하게 배열하는 데 중요한 역할을 한다**는 것을 이해하도록 돕기 위해 미니 레슨을 준비했다. 자오는 다음 질문들을 통해 문자(한자/표의 문자)와 관련된 개념을 검토했다.

a) 한자의 획 또는 구성 요소를 무엇이라고 부르는가?
b) 한자는 알파벳 문자와 어떻게 다른가?

복습이 끝난 후, 자오는 학생들에게 "왜 획을 정확하게 써야 하나요?"라고 물었다. (학생들은 학교의 공통어인 영어로 답변했다.)

여러 가지 의견을 들은 후, 자오는 학생들에게 개인 기기(태블릿)를 켜고, 학습 페이지에 접속한 다음, 자신이 선정한 몇 가지 동영상을 활용하여 중국어(Mandarin) 문자 쓰기 시스템을 조사하도록 요청했다. 동영상을 시청한 후 다음 질문에 답해야 한다는 지침을 전달했다.

- 一, 二, 三, 几, 九와 같은 표의 문자를 쓸 때의 획순(stroke order)은 어떻게 되는가?
- 国, 口와 같은 표의 문자를 쓸 때의 획순은 어떻게 되는가?
- 门, 们과 같은 표의 문자를 쓸 때의 획순은 어떻게 되는가?
- 与, 五, 话와 같은 표의 문자를 쓸 때의 획순은 어떻게 되는가?
- 西, 喜, 美와 같은 표의 문자를 쓸 때 어떤 점을 알게 되는가?
- 복잡한 문자를 쓸 때 우리가 흔히 저지를 수 있는 실수는 무엇인가?

학생들은 각자 동영상을 시청하며 노트에 메모를 했고, 제시된 질문을 활용하여 주목할 만한 내용을 정리했다. 활동 시간이 끝나자, 자오는 학생들에게 서로의 답을 비교하도록 요청했다. 마지막으로 학생들은 자신들이 도달한 결론을 공유했다.

학생들이 자신이 발견한 내용을 공유하는 동안 자오는 그 발표에서 언급된 개념을 메모했다. 이를 통해 함께 '**한자의 구성은 그 형태와 복잡성에 따른 획순을 엄밀하게 따른다.**'라는 일반화를 도출해 냈다.

자오는 학생에게 규칙을 알려 주고 이를 적용하도록 요구하는 대신, 잘 선정된 구체적인 예시를 통해 스스로 조사하도록 하는 것이 학생이 규칙을 발견할 뿐만 아니라 학습 내용을 더 쉽게 기억하도록 돕는다는 것을 알게 되었다.

시나리오 5

8학년 중급 영어 수업에서 미셸(Michelle)은 '**사람들은 다른 나라의 전통과 문화를 탐구하면서 자신의 문화를 성찰하고 세계에 대한 이해를 심화한다.**'라는 맥락적 일반화에 기반한 단원을 탐구했다.

단순 현재 시제를 연습하고, 여행 및 다양한 국가의 문화적 측면과 관련된 어휘를 학습한 후, 미셸은 사람들이 다양한 여행지에 대해 말할 수 있는 생각이나 반응을 나타내는 문장을 제시했다. 그 후 학생들에게 여행지를 묘사할 때 사용할 수 있는 형용사를 말해 보라고 요청했고, 학생들은 '신나는(exciting)' '재미있는(fun)' '고요한(calm)' '스트레스를 유발하는(stressful)' 등의 형용사를 언급했다.

다음 활동에서는 학급을 4개의 팀으로 나누고 각 팀에 형용사를 하나씩 할당했다. 각 팀은 할당받은 형용사에 맞는 명사나 동사를 생각해 내기 위해 브레인스토밍을 해야 했다. 각 팀이 생각해 낸 것을 공유한 후, 미셸은 학생들에게 각 사례의 단어를 살펴보고, 그 단어들이 서로 어떻게 연결되는지 주목하도록 요청했다.

단원의 총괄 과제를 잘 수행할 수 있도록 준비시키기 위해, 미셸은 학생들이 단어 선택, 동의어와 반의어의 사용, 그리고 동사 간의 관계가 청중을 끌어들이는 분위기를 조성하는 데 도움이 된다는 점을 이해하도록 도와야 했다.

따라서 단어 선택(word choice), 분위기(mood), 그리고 텍스트에 대한 청중의 반응(audience reactions)이라는 개념을 탐구하기 위해 미셸은 학생들에게 네 가지 텍스트를 읽고 다음 활동을 수행하도록 요청했다.

a) 각 텍스트를 읽을 때 어떤 느낌을 받았는가?
b) 자신이 느낀 감정에 주의를 기울이고, 텍스트에서 그 감정과 관련된 단어를 찾아보시오.

이전 활동과의 연관성을 만들기 위해 미셸은 학생들에게 이번 활동과 형용사에 따라 명사와 동사를 분류했던 활동 사이에서 관찰한 공통점을 물었다. 학생들은 자신의 생각을 공유한 후, 각 텍스트에서 '신나는(exciting)' '재미있는(fun)' '고요한(calm)' '스트레스를 유발하는(stressful)' 장소를 묘사하는 데 사용할 수 있는 예시를 식별했다.

수업을 마무리하면서 미셸은 다음 질문들을 통해 성찰을 이끌어 내며 탐구를 마무리했다.

- 비슷한 의미를 가진 단어를 사용하는 것이 왜 중요한가?

- 작가가 일부 문장에서 비슷한 의미를 가진 형용사를 여러 개 사용하는 이유는 무엇인가?
- 텍스트의 분위기를 파악하는 데 도움이 되는 요소는 무엇인가?
- 다양한 분위기를 가진 텍스트를 어떻게 만들 수 있는가?

마지막으로, 미셸은 학생들에게 다룬 개념과 아이디어에 대한 두 가지 일반화를 출구 티켓에 작성하도록 했다. 다음 이미지는 그중 한 학생의 출구 티켓 예시를 보여 준다.

[그림 3.7] 수업을 듣는 학생 중 한 명이 작성한 출구 티켓에 담긴 일반화

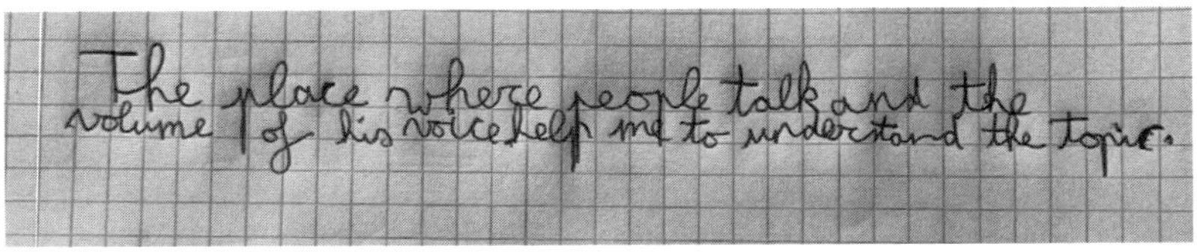

대화가 이루어지는 장소와 목소리의 크기는 토픽을 이해하는 데 도움이 된다.

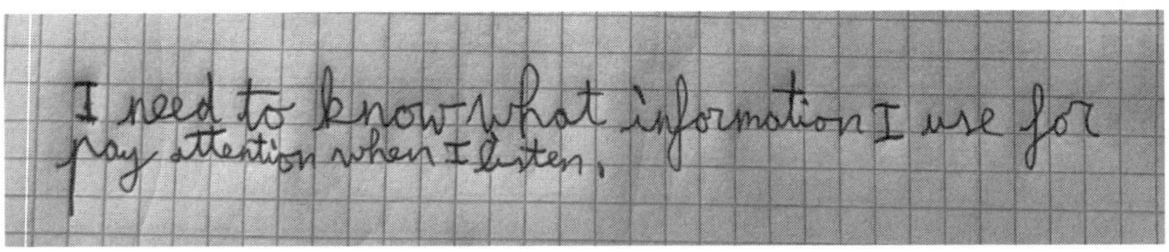

나는 듣는 동안 어떤 정보에 주의를 기울여야 하는지 알 필요가 있다.

이후 수업에서 미셸은 학생들이 구축한 이해를 배경지식으로 활용하여 탐구를 더 확장했다. 마찬가지로 총괄평가 전에 진행된 수업에서 미셸은 학생들이 자신이 만든 일반화를 기억하고, 각 일반화에 사용했던 예시를 제시할 수 있는지 확인했다. 총괄 평가 과제 설정은 다음과 같았다.

> 다른 나라의 전통과 문화가 사람을 어떻게 변화시키는지 조사하여, 사람이 다양한 나라의 전통과 문화를 탐구함으로써 자신의 문화를 성찰하고 세상에 대한 이해를 심화하는 방법을 설명하시오.
>
> 당신은 라틴 아메리카를 여행하기 좋아하는 블로거이다. 현재 '장소, 경험 및 느낌'이라는 제목의 연재글을 작성하고 있다. 서로 다른 분위기의 블로그 게시물 2개를 작성하시오. 단순 현재 시제와 다양한 나라의 전통과 문화와 관련된 어휘를 사용하여 자신의 아이디어를 표현하시오. 이 게시물의 목적은 독자를 즐겁게 하고 감정적으로 공감하게 만드는 것이다. 각 텍스트의 분위기를 표시하시오.
>
> 다음 질문에 답하는 단락을 포함하시오.
>
> 1) 당신이 선택한 분위기를 조성하기 위해 어떤 결정을 내렸는가?
> 2) 우리가 만들어 내는 분위기가 독자들이 텍스트와 상호작용하는 방식에 어떤 역할을 하는가?

시나리오 6

베낙(Benac)은 멕시코에 있는 국제학교에서 프랑스어 B 언어의 습득 기본 과정(Standard Level: SL)을 가르친다. 베낙은 학생들이 '**개인은 세계적 및 문화적 상호작용에서 습관과 의식을 이어받아 자신의 정체성을 형성한다.**'라는 맥락적 일반화를 조사하기를 원했다. 탐구를 체계적으로 안내하기 위해 베낙은 '정체성'이라는 개념적 렌즈를 고려하여 브라자빌(Brazzaville)과 킨샤사(Kinshasa)에서의 사푀리즘(Sapeurism)을 탐구했다.

이전 수업에서 베낙은 탐구 수업을 맥락화하기 위해 다음의 활동을 수행했다.

단원을 시작할 때 베낙은 아프리카 지도를 준비하고, 프랑스어권 공동체(La Francophonie)에 속하는 아프리카 국가들의 이름을 포스트잇에 적었다. 이 수업의 입장 티켓[8]으로, 베낙은 학생들에게 다음 질문에 답하도록 요청했다.

- 프랑스의 식민지였던 아프리카 국가는 어디인가요?
- 벨기에의 식민지였던 아프리카 국가는 어디인가요?

학생들이 답을 공유하고 정답에 대해 합의한 후, 베낙은 국가 이름이 적힌 포스트잇을 나눠 주고 학생들에게 그것을 올바른 국가 위치에 배치하도록 요청했다. 이 수업은 브라자빌과 킨샤사에 대한 주요 사실을 보여 주는 읽기 활동으로 마무리되었다.

의복과 관련된 어휘 복습 시간에는 사푀르(Sapeurs)들이 주로 입는 의복의 예시를 담은 사진을 사진을 학생들에게 보여 주며, 그 의복의 프랑스어 이름을 기억하도록 했다. 의복 관련 어휘 복습 동안, 학생들이 정답을 맞출 때마다 베낙은 해당 의복 이름이 적힌 태그를 해당 사진 위에 놓았다.

의복의 이름을 표시한 후, 베낙은 학생들에게 세 명씩 그룹을 지어 앉으라고 했다. 베낙은 각 그룹에 콩고(Congo)의 시골 지역에 사는 사푀르(Sapeurs)들의 다양한 스타일을 보여 주는 사진 몇 장을 나누어 주었다. 이 활동에서 학생들은 사람들이 입은 의상을 묘사하고, 그들의 성격과 사회에서 맡는 역할에 대해 추론해야 했다.

학생들이 자신의 작업을 공유한 후, 다음 질문들과 함께 수업이 마무리되었다.

a) 사람들은 어떻게 사회적 지위를 나타낼 수 있을까?
b) 특정한 외모를 유지하기 위해 가난 속에서 사는 것을 선택하는 이유는 무엇인가?
c) 사교적인 사람들과 우아한 사람들의 사회(La Societe des Ambianceurs et des Personnes Elegants)의 일원이 되기 위한 조건은 무엇인가?

8) 역자 주: 입장 티켓(entrance ticket)은 학생이 수업 시작 시 제출하는 짧은 평가 도구로, 이전 수업 내용의 이해도와 현재 수업 주제에 대한 사전 지식을 확인하기 위한 것이다.

학생들이 최종 글쓰기 과제를 수행하는 데 필요한 기능을 연습하고 강화할 수 있도록 돕기 위해 베낙은 글쓰기 워크숍 모델[9]을 도입하기로 결정했다. 이러한 접근 방식을 통해 학생들은 자신의 속도에 맞춰 작업할 수 있으며, 그때그때 제공받은 피드백을 반영하고 텍스트를 수정할 수 있었다.

또한 베낙은 학생들이 이전 수업에서 읽고 논의했던 모든 자료를 다시 활용하기로 하고, 새로운 글에서 사용할 수 있는 아이디어를 브레인스토밍하도록 요청했다. 다만, 완전히 이해할 수 있는 아이디어만 선택하도록 했다. 또한 학생들에게 사회운동에 관한 이야기를 서술할 때 다양한 시제를 사용하는 이유를 추론하여, 학생들이 주요 어휘와 구조를 복습할 수 있도록 도왔다.

다음은 베낙이 워크숍에서 제시한 글쓰기 과제이다.

> 당신은 세계를 여행하며 다양한 문화적 기사로 작성하는 쓰는 기자입니다. 당신은 젊은 여행자에게 인기 있는 신문에 글을 씁니다. 현재 콩고에서 '레 사푀르(Les Sapeurs)'에 관한 기사를 작성하려고 합니다. 동료들과 나눈 정보와 관점을 바탕으로 '사교적인 사람들과 우아한 사람들의 사회(La Societe des Ambianceurs et des Personnes Elegants)'에 관한 기사를 작성하십시오.
>
> 레 사푀르의 정체, 공동체에 대한 간략한 역사, 콩고에서의 상징적 의미 그리고 패션과 스타일을 평소 대하는 방식에 대해 언급하세요. 당신의 글을 통해 독자들이 개인이 글로벌 및 문화적 상호작용을 통해 습관과 의식 행위를 이어 나가며 정체성을 형성한다는 것을 이해하도록 도와야 합니다.

베낙은 학생들이 글 쓰는 사람으로서의 역할을 이해하고, 글쓰기 과정에서 작가가 내리는 결정에 대해 성찰할 수 있는 공간을 마련하기 위해 다음과 같은 일반화로 교수 및 학습 과정을 이끌었다.

---

9) 역자 주: 글쓰기 워크숍(writing workshop) 모델은 학생이 실제 작가처럼 글을 쓰며, 초고 작성, 피드백 반영, 수정 과정을 거쳐 최종적으로 글을 공유하거나 출판하는 등 체계적인 글쓰기의 전 과정을 체험하고, 독자와 소통하는 경험을 제공하는 교육 방법이다.

a) 작가는 다양한 출처에서 얻은 아이디어를 활용하여 관련성(relevant) 있는 텍스트를 생산한다.

b) 작가는 다양한 시제를 결합하여 텍스트에 시간적 흐름을 부여하고 읽기 편의성을 높인다.

[그림 3.8]은 한 학생이 노트에 작성한 일반화와 자신이 도달한 개념적 이해를 나타낸다.

일반화 번역: 우리는 사건의 발생 시기를 표현하기 위해 서로 다른 시제를 사용한다.

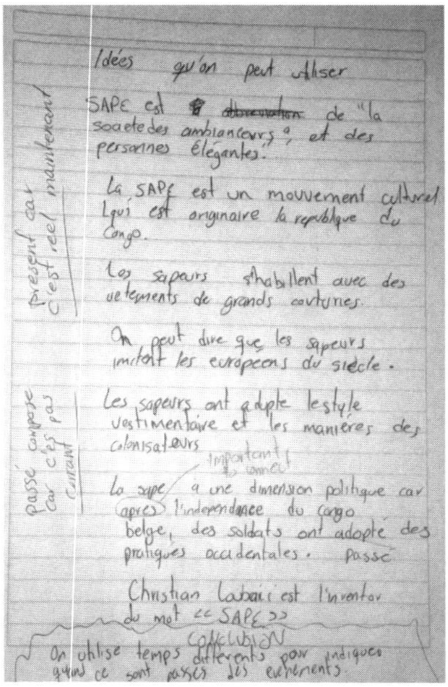

사용할 수 있는 아이디어

SAPE는 '사교적인 사람들과 우아한 사람들의 모임'의 약자이다.

SAPE는 콩고 공화국에서 유래된 문화 운동이다.

사퍼르는 유명 디자이너의 옷을 입는다.

사퍼르는 세기의 유럽인들을 모방한다고 할 수 있다.

사퍼르는 식민지 개척자들의 의상 스타일과 태도를 채택했다.

SAPE는 정치적 의미를 가지고 있다. 벨기에로부터 콩고가 독립한 후(연결 위해 중요함), 군인들이 서구의 관행을 채택했다.

크리스티안 루바키는 'SAPE'라는 단어의 창시자이다.

결론:

사건이 일어난 시점을 나타내기 위해 서로 다른 시제를 사용한다.

지금 일어나는 일이기 때문에 현재 시제

더 이상 일어나지 않는 일이기 때문에 과거 시제

[그림 3.8] 이 시나리오의 프랑스어 수업에서 한 학생이 작성한 출구 티켓과 일반화

교수 전략을 모델링하는 학습 시나리오

실제로 교사가 수업을 진행하는 모습을 관찰하는 것은 교수 원리를 이해하는 가장 좋은 방법이다. 이러한 이유로 다양한 언어 수준을 반영하는 일련의 교수 및 학습 시나리오를 살펴보려 한다. 각 사례는 하나 이상의 개념 기반 언어교육의 원칙을 제시한다.

시나리오 7: 문법 지식을 재확립하고 글쓰기 감수성을 향상시키기 위해 모델 텍스트 사용하기

6학년 초급 스페인어 수업을 맡은 교사 라파엘(Rafael)은 '**사람들은 문화적 측면, 상징, 가치, 관심사 사이의 연관성을 탐구하여 자신의 정체성을 고찰한다.**'라는 맥락적 일반화를 탐구하기 위한 탐구 단원을 설계했다. 라파엘은 탐구 과정에서 단어의 의미와 기능을 이해하는 것이 다양한 의미를 전달하는 문장을 구조화하는 데 어떻게 도움이 되는지를 다루며, 정체성과 관련된 진술을 모델링한 일련의 텍스트([그림 3.9] 참조)를 제시했다. 이 텍스트는 정체성을 표현하는 진술을 포함하며, 일종의 시 형식을 보여 주었다.

라파엘은 이러한 예시들이 학생들이 스페인어의 기본 문장 구조에 대한 이해를 강화하고, 동사의 활용형을 통해 다양한 동사 형태에 대한 이해를 공고히 하는 데 도움이 되기를 바랐다. 의미를 구성하기 위해, be 동사를 특정 형용사와 명사와 결합하여 학생들이 자신만의 단어로 유사한 텍스트를 작성하도록 유도했다.

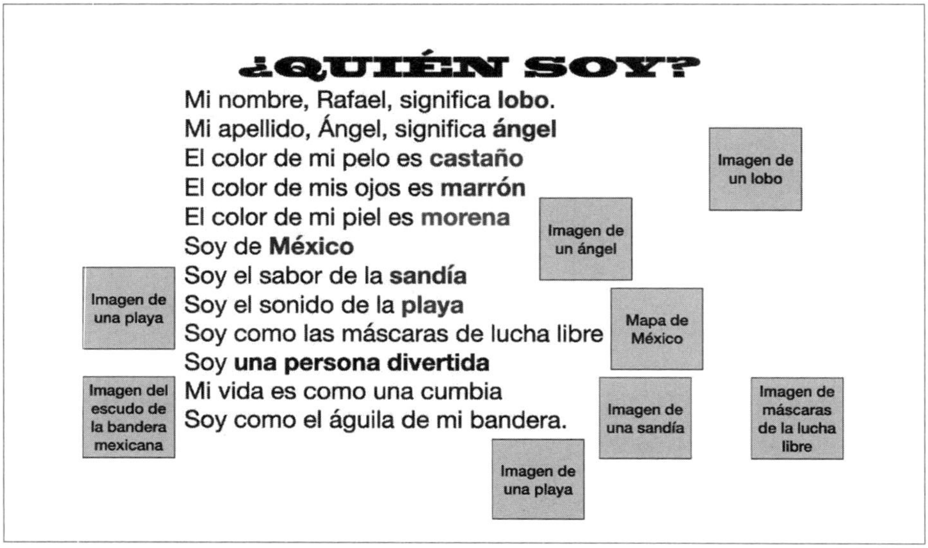

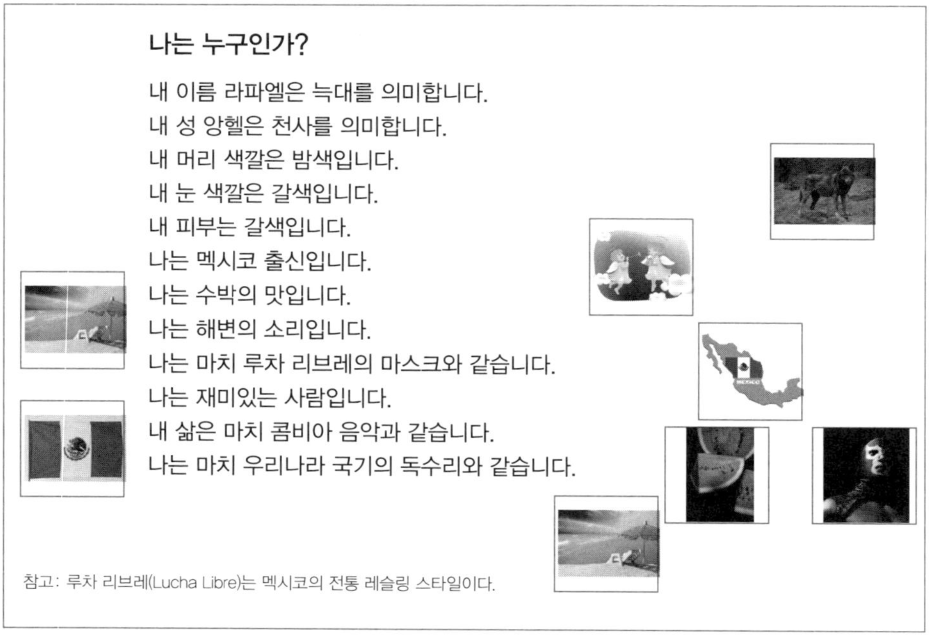

[그림 3.9] **학생에게 제시된 텍스트**

¿QUIÉN SOY?

Imagen de una rosa

Mi nombre, Rosa, es **una flor.**
Mi apellido, Flores, significa **flores**
Imagen de un ramo de flores
El color de mi pelo es **rubio**
Mapa de Chile
El color de mis ojos es **azul**
El color de mi piel es **blanca**
Soy de **Chile**
Imagen de máscaras de una piña
Soy el sabor de la piña
Imagen de una guitarra
Soy el sonido de la **guitarra**
Soy como la mirada de un colocolo
Imagen de un colocolo
Soy **una persona alegre**
Imagen de montañas de Chile
Mi vida es como una canción
Soy como las montañas de mi país.

나는 누구인가?

내 이름 로사는 꽃입니다.
내 성 플로레스는 꽃들을 의미합니다.

내 머리 색깔은 금발입니다.

내 눈 색깔은 파란색입니다.
내 피부는 흰색입니다.
나는 칠레 출신입니다.

나는 파인애플의 맛입니다.

나는 기타 소리입니다.
나는 마치 콜로콜로의 시선과 같습니다.

나는 즐거운 사람입니다.

내 삶은 마치 노래와 같습니다.
나는 마치 내 나라의 산과 같습니다.

참고: 콜로콜로(colocolo)는 남미(주로 칠레 등)에서 서식하는 작고 희귀한 야생 고양잇과 동물이다.

[그림 3.9] 학생에게 제시된 텍스트

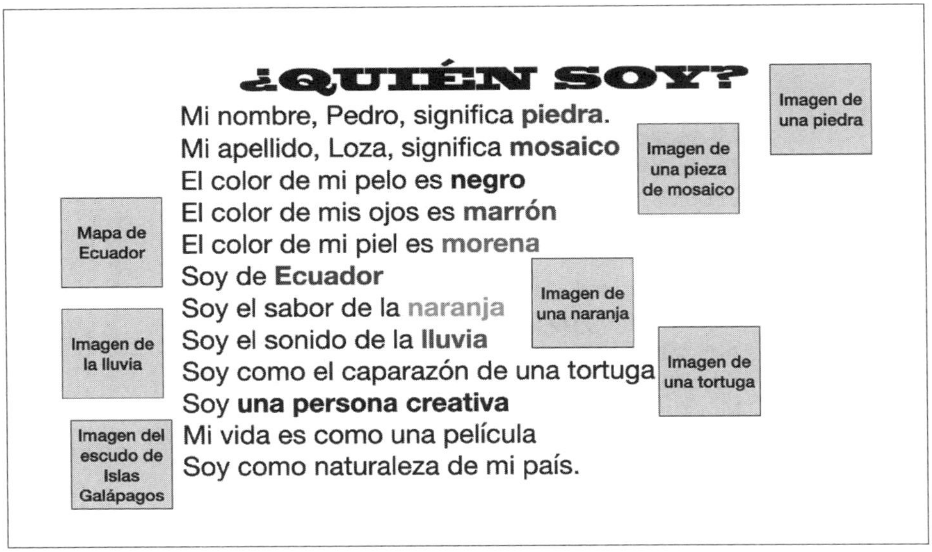

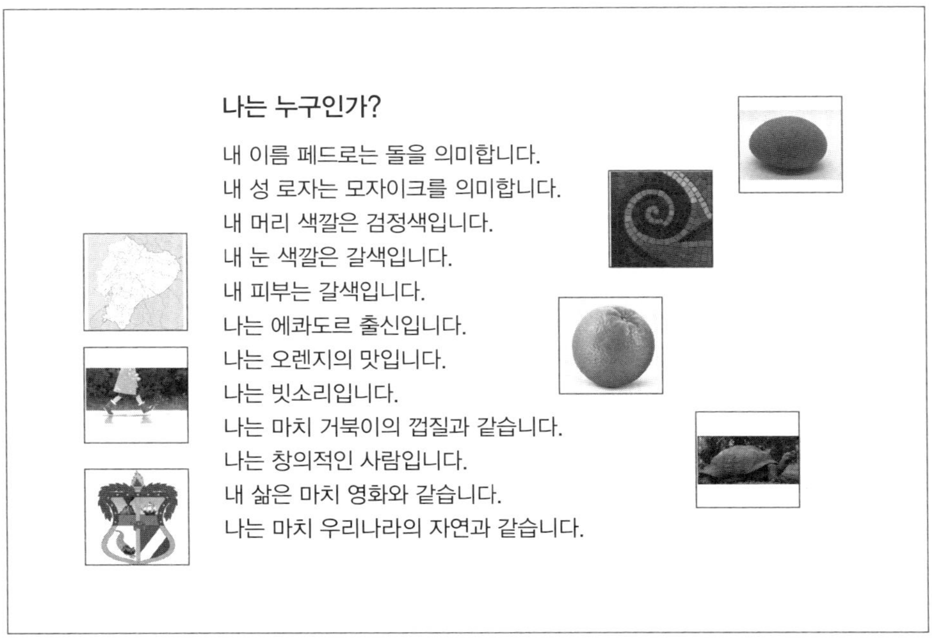

[그림 3.9] 학생에게 제시된 텍스트

몇 분간의 읽을 시간을 제공한 후, 라파엘은 학생들의 성찰을 유도하기 위해 다음과 같은 가이딩 질문을 사용했다.

- '머리카락' '눈' '피부'와 함께 사용할 수 있는 단어의 예시는 무엇인가?
- 'be 동사'를 사용할 때 우리가 전달하는 정보는 어떤 종류인가?
- 이 문장들이 정체성에 대한 생각을 드러내고 있는가? 그렇다면 왜 그런지, 아니면 왜 그렇지 않은지 설명해 보시오.

질문에 답한 후, 학생들은 자신의 시를 작성하기 시작했다. 시를 완성한 후, 라파엘은 학생들의 최종 텍스트를 참고하여 새로운 문장 구조를 소개했다. 라파엘은 다음과 같은 예시를 모델링했다.

El nombre de Rafael significa lobo, su apellido significa ángel, el color de su cabello es marrón, etc. (라파엘의 이름은 늑대를 의미하고, 그의 성은 천사를 의미하며, 그의 머리 색깔은 갈색입니다 등등.)

시 낭독을 마친 후, 라파엘은 다시 읽어 주겠다고 말하며, 학생들에게 문장 구조에서 차이를 발견할 수 있는지 주의 깊게 살펴보라고 요청했다. 학생들의 답변을 통해 라파엘은 학생들이 문장에 'de'와 'su'가 포함되었다는 것을 파악했음을 확인할 수 있었다. 라파엘은 문장이 어떻게 시작될 수 있는지를 보여 주는 예시를 판서하며, 학생들에게 자신의 시를 서로 교환하도록 요청했다. 라파엘은 학생들에게 자신이 제공한 모델을 따라, 반 친구들의 시에서 정체성과 관련된 정보를 찾아 언급하도록 요청했다.

활동을 마치고, 학생들의 이해도를 평가하기 위해 라파엘은 다음 질문을 사용했다.

- 문장에서 자신에 대해 이야기할 때와 다른 사람에 대해 이야기할 때 어떤 차이

가 발견되는가?

[그림 3.10] 나의 정체성

학생들의 답변을 통해 라파엘은 학생들이 소유 형용사(possessive adjectives)와 이 상황에서 언급된 두 주체 간의 관계를 이해했음을 확인할 수 있었다.

[그림 3.10]의 QR 코드를 스캔하거나 링크를 방문하면, 학생들이 해당 학습 경험에서 일반화에 이르기 전에 작성한 작업의 일부를 확인할 수 있다.

시나리오 8: 단원의 총괄 과제를 준비하기 위한 초기 단계 – 자료의 메시지와 내용에 대한 성찰

9학년 중급 스페인어 상급반 수업에서 라파엘(Rafael)은 환경과 의사 결정에 관한 탐구 단원을 설계했다. 다양한 정부나 사회가 환경 문제에 대응하는 방식을 탐구하기 위해 라파엘은 다음과 같은 맥락적 일반화를 설정했다. **'정부와 사회는 자연에서 얻은 자원을 현명하게 활용하기 위해 기회와 필요사항을 평가한다.'**

이전 학년과 단원에서 학생들은 정보 전달 및 설득을 목적으로 한 텍스트를 작성했으므로, 이번 단원에서는 재미있게 읽을 수 있는 텍스트를 작성하는 데 중점을 두었다. 이 단원의 최종 과제는 다음과 같이 구성되었다.

> 환경 관련 프로젝트의 성공 또는 실패 사례 연구를 조사하여, 정부와 사회가 자연에서 얻은 자원을 활용하기 위한 기회와 필요성을 어떻게 평가하는지에 대해 논의하시오.
>
> 당신이 지역 신문의 기자라고 가정해 보시오. 당신은 어떤 프로젝트가 지역사회에 미친 긍정적 또는 부정적 영향에 대해 알게 된 후, 사람들이 이러한 새로운 시작에 더 관심을 갖고 행동하도록 유도하기 위해 세심한 어조와 분위기의 기사를 쓰기로 결정했다.
>
> 수업에서 사용한 최소 3개 이상의 자료를 활용하여 최종 보고서를 작성하시오. 이때 사용되는 동사의 시제와 어휘 선택에 주의를 기울이시오.

미디어 문해력 기능을 계속 연습하고 아이디어를 연결하는 요소를 성찰하기 위해, 라파엘은 '다양한 출처에서 얻은 아이디어와 정보는 작가가 관련성과 소비성을 갖춘 텍스트를 작성할 수 있도록 돕는다.'라는 일반화를 글쓰기 워크숍 형식의 세션들에서 안내 가이드로 삼았다. 따라서 이 일반화에 담긴 개념적 이해를 구축할 수 있도록, 학생들이 서로 협력하여 다양한 출처의 정보를 종합하는 연습을 하도록 했다.

라파엘은 협업을 용이하게 하기 위해 다음과 같은 제목을 포함한 디지털 문서를 만들었다.

〈표 3.2〉 **이 시나리오에서 설명된 모둠 과제를 위해 교사가 설계한 작업 표**

Fuente (자료)	Problema que describe (자료에 설명된 문제점)	Recurso en riesgo (위기에 처한 자원)	¿Qué se está afectando? (무엇이 위기에 처한 자원에 영향을 미치고 있는가?)	¿Por qué no contribuye a un futuro sustentable? (이것이 지속 가능한 미래에 어떤 영향을 미치는가?)	¿Cuál puede ser una solución sustentable? (지속 가능한 해결 방안은 무엇일까?)
Fuente 1: publicación en redes (자료 1: 소셜 미디어 게시물)					
Fuente 3: noticia de periódico (자료 3: 신문기사)					

라파엘은 각 학생에게 자료를 할당하여 텍스트 이해에 대한 책임을 부여하고 시간을 효율적으로 활용할 수 있도록 했다. 학생들은 각각 자신에게 할당된 자료를 다시 읽거나 재탐색하며 문서의 해당 칸을 작성했다. 학생들은 각자 관련 아이디어로 칸을 채운 후, 1분 동안 자신의 자료를 최대한 간결하게 요약했다.

반 친구들의 요약 내용을 들은 후, 학생들은 자신들이 모은 정보를 읽고 모든 아이디어를 종합했다. 라파엘은 이 최종 과제에서 종합하기(synthesising)의 중요성을

[그림 3.11] 모둠 과제 작업 표

강조했다.

탐구를 마무리하기 위해, 반 전체가 다음 질문에 답하는 성찰문을 출구 티켓으로 작성해야 했다.

- 작가는 다양한 자료를 어떻게 활용하여 과업을 수행하는가?
- 다양한 자료를 통해 효과적인 언어 사용에 대해 무엇을 배울 수 있는가?

[그림 3.11]의 QR 코드를 스캔하거나 링크를 방문하면, 이 시나리오에서 설명된 학생 작업의 일부를 확인할 수 있다.

시나리오 9: 다양한 기능을 적용하여 한 맥락에서 다른 맥락으로 전이를 입증하기

10학년 중급 이하 스페인어 수업에서 앙헬라(Ángela)는 '**제품의 가용성, 다양성, 사람들의 생활 방식 및 재정 상황은 소비자 문화를 정의하는 데 도움을 준다.**'라는 맥락적 일반화를 탐구하는 단원을 설계했다. 앙헬라는 학생들이 언어의 다양한 측면에 대한 개념적 이해를 전이하여, 다양한 메시지를 만드는 것을 보고 싶었다.

이전에 앙헬라가 했던 과제에는 숫자 복습, 슈퍼마켓 전단지를 읽어 가격을 찾아 비교하기, 그리고 '사다' '지불하다' '저축하다' '소비하다'와 같은 동사를 현재 부정사(present infinitive) 형태로 연습하는 활동이 포함되었다. 이후 학생들은 '사람들은 다양한 자료에서 얻은 데이터를 사용하여 의견을 제시하고, 판단하며, 비교하고, 결정을 내린다.'라는 일반화를 탐구하는 일련의 학습 단계에 참여할 수 있었다.

학습 단계 1

교사는 학생들이 생일 파티를 계획하기 위해 사용할 예산을 제시했다. 학생들은 필요한 물품 목록을 작성하고, 여러 슈퍼마켓의 전단지를 비교해 가며 최적의 가격을 찾았다. 필수 물품을 모두 찾은 후, 학생들은 총액을 계산하고 구입한 물품, 각 물품의 가격이 상점마다 어떻게 달랐는지, 어떤 물품을 선택했으며 그 이유를 설명하는 발표를 진행했다. 또한 각 물품을 구매해야 하는 이유를 정당화해야 했다.

이 학습 순서의 끝에서, 앙헬라는 다음과 같은 질문을 사용하여 과정을 마무리했다.

- 목록을 작성하는 것이 계획을 세울 때 어떤 도움이 되는가?
- 발표를 준비하기 위해 어떤 단계를 따랐는가?

학습 단계 2

학생들은 짝을 이루어 학교의 '국제 학교의 날'을 계획했다. 학생들은 행사의 콘셉트를 구상하고 필요한 물품과 서비스 목록을 작성한 후, 예상되는 소요 비용을 조사해 정리해야 했다. 그런 다음 학생회를 대상으로 하는 구두 발표를 준비하며, 필요한 예산을 설명했다.

학습의 마지막 단계에서, 앙헬라는 다음과 같은 질문을 사용하여 탐구를 마무리했다.

- 이번 발표를 계획하는 것이 다른 발표와 어떻게 달랐는가?
- 대상 청중은 우리가 정보를 조직화하는 방식에 어떤 역할을 하는가?
- 사람들은 발표에 포함시킬 정보를 어떻게 결정하는가?

학습 단계 3

학생들은 자기 나라의 청소년이 교통, 휴대전화, 인터넷, 오락 등과 같은 서비스에 얼마나 많은 돈을 쓰는지 알아내기 위해 몇 가지 질문을 준비했다. 이 질문들을 설문조사 도구로 사용하여 다양한 출처로부터 데이터를 수집했다. 그런 다음 수집된 데이터를 퍼센트, 인원 수, 그리고 '소비하다' '저축하다' '지불하다' 등의 동사를 사용하여 종합했다. 학생들은 설문의 결과를 간단한 보고서 형식으로 공유했으며, 현재 시제를 사용하여 자신의 생각을 표현하고, 비율과 그래프로 결과를 시각적으로 나타냈다.

마지막으로, 학생들은 아침 뉴스에서 발췌한 내용을 기반으로 한 역할극에 참여했다. 이들은 인터뷰에 참여하여 자국에서 돈을 어떻게 사용하는지에 대해 논의했다.

이 단원의 마지막에 앙헬라는 다음 질문을 사용하여 활동을 마무리했다.

- 질문할 때와 대답할 때 어떤 동사 형태를 사용하는가?
- 질문의 어떤 부분이 우리가 대답해야 하는 방식을 안내해 주는가?
- 이런 상황에서 직설법 현재를 사용하는 것이 왜 중요한가?

시나리오 10: 문법과 관련된 언어적 현상 조사 –학생이 탐구를 통해 문법 규칙을 스스로 이해하도록 돕기

7학년 초급 스페인어 수업에서 패트리샤(Patricia)는 '**신념과 문화는 사회가 외모와 행동을 평가하는 방식에 중요한 역할을 한다.**'라는 맥락적 일반화를 고려하며 첫 번째 단원을 설계했다. 이 시나리오의 사전 탐구 활동에는 다음이 포함되었다.

- 스페인어 음운 체계의 음소 간 관계
- 알파벳 문자의 이름
- 명사의 예시
- 명사의 성과 수

카드 A	카드 B
빨간 집(La casa roja)	빨간 집들(Las casas rojas)
흰색 테이블(La mesa blance)	흰색 테이블들(Las mesas blancas)
보라색 문(La puerta morada)	보라색 문들(Las puertas moradas)
검은색 컴퓨터(La computadora negra)	검은색 컴퓨터들(Las computadoras negras)

카드 C	카드 D
노란 잔(El vaso amarillo)	노란 잔들(Los vasos amarillos)
흰색 개(El perro blanco)	흰색 개들(Los perros blancos)
보라색 눈(El ojo morado)	보라색 눈들(Los ojos morados)
검은색 고양이(El gato negro)	검은색 고양이들(Los gatos negros)

[그림 3.12] 시나리오 9에 사용된 카드

패트리샤는 학생들이 관사, 명사, 형용사 사이의 관계(일치)를 이해하도록 돕고자 다양한 예시를 만들어 학생들이 읽고 패턴을 탐구하게 했다. 패트리샤는 학생들에게 문장 속 단어의 소리에 주목하고 유사한 소리를 식별하도록 요청하는 것으로 탐구를 시작했다. 반 학생들이 여성형 단수 또는 복수 형태에서 문장을 연결하는 조화로운 흐름을 인식할 수 있다는 것을 확인한 후, 패트리샤는 같은 문장들을 카드로 보여 주며 각 범주에 따라 정리된 형태로 제시했다. 또한 더 개별적인 지원이 필요한 학생들을 돕기 위해 다음 링크의 영상([그림 3.13] 참고)을 활용했다.

[그림 3.13] 성별과 수의 일치

패트리샤는 학생들이 카드에 있는 문장을 읽고 발견한 패턴을 각자 조사할 수 있도록 몇 분간 시간을 준 후, 다음과 같은 질문을 했다.

- 단어의 어미는 우리가 단어를 분류하는 데 어떻게 도움을 주는가?
- 단어 어미는 우리에게 어떤 정보를 알려 주는가?
- 유사한 소리와 글자는 우리가 올바른 문장을 만드는 데 어떻게 도움을 주는가?
- 자신의 작업이 정확한지 확인하기 위해 사용할 수 있는 전략에는 어떤 것이 있는가?

학생들의 반응을 통해 패트리샤는 학생들이 일부 단어의 마지막 소리가 가지는 음의 유사성과, 단어의 수와 성별을 나타내는 공통 문자를 이해했음을 알아챌 수 있었다. 패트리샤는 학생들이 일치(agreement)를 이해했는지 확인한 후, 문법적 성별과 수와 관련하여 부정확한 문장이 포함된 텍스트를 제공했다. 학생들이 문장을 소리 내어 읽고 오류를 식별하며 수정하도록 요청받았다.

마지막으로, 패트리샤는 각 학생에게 학습지를 나누어 주고 오디오 파일을 듣고 표의 빈칸을 채우도록 했다. 이 활동에서 학생들은 소리, 단어의 어미, 성별과 수의 개념 간의 관계에 관련하여 이해한 내용을 요약했다.

시나리오 11: 탐구 단원의 시작

에두아르도(Eduardo)는 11학년 초중급 스페인어 학생들을 위해 '**사회는 그들의 의사소통 시스템을 설계하기 위해 중요한 문화적 측면을 구현하는 상징(symbols), 모양, 색상 및 타이포그래피를 사용한다.**'라는 맥락적 일반화를 탐구하는 단원을 설계했다. 단원을 시작하기 위해 에두아르도는 여러 나라의 교통, 안전 및 경고 표지판을 선택했다.

에두아르도는 다음 질문을 던지며 이 단원의 첫 수업을 시작했다. "안녕하세요, 오늘 우리는 새로운 단원을 시작하며, 각 사회가 그들의 도시를 위한 의사소통 시스템을 어떻게 설계하는지에 대해 탐구할 것입니다. 여러분은 이 단원에 어떤 주제가 포함될 것이라고 생각하나요?" 학생들이 제시한 답변을 들은 후 수업은 다음과 같이 진행되었다.

1. 에두아르도는 반 전체를 세 명씩 그룹으로 나누고, 준비한 다양한 표지판을 보여 주며 각 표지판이 전달하는 메시지에 대해 논의하게 했다. 2분의 논의 시간이 주어졌다.
2. 학생들은 스페인어 어휘를 사용하여 표지판이 전달하고자 하는 메시지를 표

현했다. 모르는 단어를 발견하면 전자사전을 사용해 찾아보았다.

3. 에두아르도는 각 그룹의 대표에게 수집한 아이디어를 공유해 달라고 요청했다.
4. 에두아르도는 그룹 간 일치하는 부분에 대해 의견을 말하고, 학생들이 식별한 차이점에 대해서는 질문을 던졌다.
5. 에두아르도는 학생들의 주의를 끌고, 다음 질문에 답하도록 했다.
   a) 표지판의 색상, 메시지, 표지판의 상황 사이에는 어떤 관계가 있을까?
   b) 왜 일부 표지판은 전 세계적으로 비슷한가?
6. 에두아르도는 학생들에게 노트에 질문을 적고, 자신들이 만든 문장을 적어 보라고 했다.
7. 에두아르도는 학생들을 지원하기 위해, 예시로 모델링했다.
   a) El rojo llama la atención. (빨간색은 주의를 끈다.)
   b) El rojo representa peligro. (빨간색은 위험을 나타낸다.)
   c) El verde es común en los letreros escolares. (초록색은 학교 표지판에 주로 사용된다.)
   d) El amarillo es común en las señales viales de construcción. (노란색은 도로 공사 표지판에서 흔히 볼 수 있다.)

   이 과제에는 5분이 할당되었다.
8. 에두아르도는 그룹을 재편성하고 학생들이 자신이 작성한 문장을 공유할 수 있도록 했다.
9. 에두아르도는 학생들에게 수집한 아이디어에서 패턴을 찾아내고, 다른 문화권의 상징(symbols), 도형, 색상 및 글꼴 사용에 대해 일반화하도록 요청했다.
10. 학생들은 이전에 공유한 예시를 참고하여 일반화를 도출함으로써 자신들의 초기 개념적 이해를 입증했다.
11. 학생들은 encontrar(찾다), ubicar(위치하다), ver(보다) 동사의 1인칭 복수 직설법 현재와 significar(의미하다), indicar (나타내다), comunicar(소통하다) 동사의 3인칭 단수 직설법 현재를 복습했다.

12. 에두아르도는 자신이 준비한 표지판을 다시 사용하여 다음과 같은 문장을 제시했다.
    a) Encontramos la señal de 'parar' en el cruce. (우리는 교차로에서 '정지' 표지판을 찾을 수 있다.)
    b) Vemos el letrero de trabajo en las zonas de construcción. (우리는 건설 구역에서 작업 표지판을 본다.)
    c) El letrero con un animal significa que hay cruce de animales. (동물이 있는 표지판은 동물이 도로를 건너는 곳임을 의미한다.)
13. 에두아르도는 학생들에게 링크(https://youtu.be/8eTZjAUkprQ)를 사용하여 텍스트에 접근하도록 지시했다. 그리고 학생들에게 자신이 보여 준 것과 같은 문장 8개를 작성하게 했다.
14. 에두아르도는 evitar(피하다)와 ayudar(돕다) 동사의 의미와 형태를 직설법 현재의 3인칭 단수형으로 복습하고, 학생들에게 그 동사들을 사용하여 표지판이 예방할 수 있는 사고 유형에 대한 문장을 만들도록 요청했다. 에두아르도는 몇 가지 예시를 보여 주고 학생들에게 같은 패턴을 따르도록 했다.
    a) La señal de topes ayudan a reducir la velocidad y prevenir accidentes de tráfico. (속도 방지 표지판은 속도를 줄이고 교통 사고를 예방하는 데 도움이 된다.)
    b) La señal de 'piso mojado' ayuda a tener cuidado al cambiar y evitar resbalones. ('미끄러운 바닥' 표지판은 이동할 때 주의하고 미끄러짐을 피하는 데 도움이 된다.)
15. 에두아르도는 단원 초반에 언급했던 질문(사회는 어떻게 의사소통 시스템을 설계하는가?)을 다시 물어 학생들의 답변을 듣고, 학생들이 공유한 내용을 바탕으로 다음 수업을 어떻게 시작하는 것이 더 효과적일지 고려했다.
16. 다음 수업에서 학생들은 여행자 역할을 맡아 블로그에 글을 써서 다른 문화권의 상징, 도형, 색상, 글꼴의 사용법을 대조해 보고 자신의 생각을 공유하

[그림 3.14] 안전 예방 표지 (교육 영상)

는 시간을 가졌다.

시나리오 12: 문법과 개념 간의 명확한 연결 만들기

초급 EAL(English as an Additional Language, 추가 언어로서의 영어)의 상급반 수업에서 학생들은 개인적인 이야기에 대한 탐구 단원을 통해 과거 시제의 의미와 용법을 탐구했다. 이 단원을 맥락화하기 위해 교사 라파엘(Rafael)은 '**개인적인 이야기에는 성찰을 이끌어 내는 학습, 경험, 그리고 가르침이 포함되어 있다.**'라는 일반화에 따라 학습 경험 설계를 안내했다.

학생들은 과거 시제의 긍정문, 부정문, 의문문을 복습한 후, 메시지(message), 의미(meaning), 맥락(context), 구조(structure)와 같은 개념의 의미를 다시 살펴보았다. 그 후, 학생들은 다양한 시청각 자료와 글을 사용하여 이야기의 분위기를 조성하기 위해 형용사와 동사의 선택에 주의를 기울였고, 긴장감을 조성할 때 동사, 의미적 그룹 및 명사가 수행하는 역할에 대해서도 살펴보았다. 궁극적으로 단어 선택(choice of words), 긴장감(tension), 분위기(mood)와 같은 개념 간의 관계를 이해하는 것이 목표였다.

학생들이 공부 중인 문법과 개념 간의 연결을 할 수 있도록 돕기 위해, 라파엘은 동사의 문법적 형태, 동사 시제의 사용, 그리고 다양한 언어 방식(modes of language)이 텍스트의 메시지 구성에 어떻게 기여하는지를 조사할 수 있도록 의사소통과 협력을 촉진하는 활동을 제공하기로 했다.

이러한 학습 경험의 기록은 링크를 통해서나 [그림 3.15]의 QR 코드를 스캔하여 확인할 수 있다.

[그림 3.15] 시제 · 법 · 어조 탐구

학생이 개념적 이해에 도달하도록 어떻게 지원할 수 있는가?

전통적인 언어교육 모델에서는 다양한 의사소통 상황에서 문법 규칙을 활용하고, 언어의 문화적 측면을 탐구하는 것이 교수요목 설계의 기본 틀로 작용한다. 그러나 개념 기반 언어교육에서는 어휘의 습득, 문법 규칙의 이해, 짧고 간단한 의사소통 그 이상의 것을 목표로 한다.

개념 기반 언어 교사는 언어가 사용되는 사회의 문화와 관련된 개념 간의 관계를 탐구하는 것 외에도, 학생이 토픽, 문법 및 자신이 소비하고 생산하는 텍스트 간의 관계를 이해하도록 돕고자 한다. 마찬가지로, 다양한 과정을 통해 언어를 경험하는 데 필요한 기능을 시연할 수 있는 전략적 도구를 구축하도록 지원하는 것은 학생의 지적 능력을 높이 사고 존중하는 방식으로서의 역할을 한다. 더 나아가, 학생에게 자신의 이해와 기능을 전이할 기회를 제공하고, 학습의 이유들을 충분히 인식하도록 하는 것도 잊지 말아야 한다.

시나리오 13

로베르토(Roberto)에게는 스페인어를 고급 수준으로 공부하고 있는 미국인 학생이 있는데, 그 학생은 상적 우언적 구문(aspectual periphrases)[10]을 이해하는 데 어려움을 겪고 있다. 로베르토와 그의 학생은 유럽 언어 공통 기준(CEFR)의 C1 단계의 자료로 공부하고 있다. 학생의 언어 수준에서 짐작할 수 있듯이, 학생은 언어의 작동 원리에 대한 규칙을 알고 있으며, 일반적인 문법 연습을 문제 없이 성공적으로 완수할 수 있다.

10) 역자 주: 상적 우언적 구문(상적 우언법)은 2개 이상의 동사를 결합해 동작의 진행, 완료 등 상(aspect)을 표현하는 문법적 구성으로 동작이 어떻게 일어나는가를 나타낸다(예: 동사의 시제는 동작이 '언제' 일어나는지 말한다).

로베르토는 이 학생이 구술 텍스트에서 상적 우언법(perifrasis aspectuales)을 식별하고, 이를 독립적으로 사용하는 데 어려움을 겪고 있다는 것을 발견했다. 로베르토는 이미 시각적 설명, 인포그래픽, 단편 영화, 오디오, 그리고 이 학생이 상적 우언법을 사용하도록 유도하는 통제된 연습 등과 같은 다양한 전략과 자료를 시도해 왔다. 예를 들어, 이 학생이 구술 발표에 우언적 구문을 통합할 수 있도록 돕기 위해, 피드백 과정의 일환으로 이러한 구문을 사용할 수 있었을 법한 지점을 기록하고, 만약 학생이 이 표현을 사용했다면 왜 그 표현이 더 정확했을지 설명하도록 요청했다. 그럼에도 불구하고 교사는 자신의 교육 자원을 모두 소진했다고 느끼며, 이 학생이 상적 우언법을 표현하는 것을 내면화하도록 도울 수 있는 새로운 방법을 찾고자 했다.

이 시나리오가 제공하는 정보를 통해 이 학생이 이러한 유형의 구문에 대해 이미 이해는 했지만 언제, 그리고 왜 이를 사용해야 하는지에 대해서는 이해하지 못하고 있다는 것을 알 수 있다. 학생이 이와 같은 문제에 대한 해결책을 찾으려는 노력은 기능(function)과 사용(use) 그리고 둘 사이의 관계와 같은 개념을 탐구하기 시작했다는 것을 시사한다. 이는 분명히 이러한 유형의 구문(construction), 사용(use) 및 의미(meaning)에 대한 개념적 이해가 아직 달성되지 않은 수준을 보여 주는 사례이다.

로베르토는 이러한 경험을 개념적 수준으로 끌어올릴 수 있는 방법을 찾기 위해 다음의 질문을 활용하여 성찰 활동에 들어갔다.

- 우리는 이러한 유형의 구문을 언제 그리고 왜 사용하는가?
- 예를 들어, 작가나 화자가 이러한 구조를 사용하기로 결정하는 이유는 무엇인가?

이 성찰을 통해 로베르토는 이러한 문법적 이해(과정)를 향상시키기 위해 특정 맥락에서 구문(constructions)과 구조(structures)가 어떻게 작동하는지 분석하고, 이를 통해 수행할 수 있는 의사소통 목적에 대해 성찰할 필요가 있다는 것을 깨달았다. 따라서 로베르토는 이러한 구문의 예시를 분석하는 전략을 다양한 텍스트에서 가져와 사용하기로 결정했다.

이 아이디어는 텍스트 소비자로서 작가가 유사한 메시지를 표현하기 위해 어떤 대안을 사용했는지 생각해 보고, 저자가 이러한 구문이나 전략을 사용하게 된 동기를 인식하는 것이다. 이 성찰 활동은 로베르토가 학생이 향후 작성하고자 하는 텍스트에서 이러한 유형의 구조를 사용하는 것이 가장 적절한 방법인지 이해할 수 있도록 모델을 제공해야 한다는 결론을 내리는 데 도움을 주었다.

다양한 텍스트의 예시를 분석하는 동안, 로베르토는 해당 학생의 모국어 이해도를 활용하여 이해를 전이하는 것이 얼마나 효과적인지 알게 되었다. 이는 또한 이 학생이 이러한 유형의 구문에 해당하는 많은 영어 대응 표현이 특정 동사 뒤에 to 부정사나 동명사를 사용한다는 것을 깨닫는 데 도움이 되었다.

유사하게, 이 개념적 탐구는 동사 시제의 동치성에 대한 연구로 이어졌으며, 영어의 현재 완료 진행형 형태가 스페인어로 잘못 번역되는 경우가 종종 있다는 것을 인식하게 되었다. 예를 들어, 일부 사람들은 'Pedro has been sleeping for 12 hours.'를 'Pedro ha estado durmiendo por 12 horas(페드로는 12시간 동안 잠을 자고 있었다).'라고 번역하겠지만, 스페인어에서는 'Pedro lleva durmiendo 12 horas(페드로는 12시간 동안 잠을 잤다).'가 더 적절하다. 이는 영어의 현재 완료 진행형을 정확하게 사용하는 번역에 해당한다. 따라서 학생은 **'특정 문법 구문의 조합이 활동의 지속 시간이나 상태와 관련된 다양한 의도를 표현할 수 있게 해 주며, 사람이 상적 우언법을 사용하여 동작에 뉘앙스를 더하고 화자나 작가로서의 태도를 표현한다.'**는 것을 이해하게 되었다.

시나리오 14

헬레나(Helena)는 9학년 스페인어 수업을 가르친다. 이 수업은 진단 평가에서 중급 수준부터 시작하는 데 필요한 문법 구조에 대한 이해를 보여 준 학생들로 구성되어 있다. 이들의 스페인어는 필수 문법 연습을 완료할 수 있고, 긍정문, 부정문, 의문문을 사용하여 짧고 간단한 대화를 할 수 있으며, 간혹 사소한 문법 오류를 범하지만 학생들의 생각을 이해하는 데 문제가 없는 정도이다. 하지만 헬레나는 이 학급이 텍스트의 의도를 가장 잘 반영하는 단어를 선택하는 데 필요한 언어적 관습을 거의 이해하지 못하고 있다는 것을 발견했다.

학생들은 문체나 사용역을 혼용하는 문제 외에도, 특정 목적을 가진 텍스트를 체계적이고 일관된 방식으로 작성하는 데 어려움을 겪었다. 예를 들어, 설득적 텍스트를 작성해야 하는 과제에서 사실로 가득 찬 정보 전달용 텍스트를 작성하게 되는 경우가 간혹 있었다.

헬레나는 학생들과 함께 글을 작성하면서 글쓰기와 단어 선택 과정의 시범을 보여 주기로 결정했다. 이렇게 함으로써, 헬레나는 텍스트의 구조와 각 단락을 어떤 구절로 시작할 수 있는지와 관련된 측면을 강조할 기회를 갖게 되었다. 시범을 보고 난 후, 학생들은 각자 텍스트를 작성했다.

헬레나는 학생들의 두 번째 시도에서 자신들이 원하는 메시지를 전달하는 방식은 향상되었지만, 여전히 구어체에서 흔히 볼 수 있는 문체를 쓰고 있다는 것을 발견했다. 헬레나는 학생들의 목표 대상을 염두에 두고 명확한 의사소통 목적을 가지고 메시지를 전달할 수 있도록 글쓰기 능력을 향상시키는 방법을 찾고자 했다.

헬레나는 교사 성찰을 통해 텍스트를 작성하기 위해 언어를 선택하는 데 있어 저자, 메시지, 목표 청중 간의 개념적 관계를 성찰할 필요가 있다는 것을 깨달았다. 적절한 수업 순서를 개념적으로 설계하기 위해서 헬레나는 다음과 같은 성찰 질문을 고려했다.

- 설득적인 텍스트의 특징은 무엇인가?
- 설득적인 텍스트를 작성할 때 우리는 어떤 어휘와 구조를 사용하는가?
- 저자는 독자를 텍스트로 끌어들이고 설득하기 위해 어떤 전략을 사용하는가?

이러한 성찰로 헬레나는 실제적인 멘토 텍스트를 구성하여 학생들이 맥락 속에서 언어 사용을 이해하도록 도울 수 있었다.

헬레나는 적절한 텍스트를 찾은 후, 수업에서 그것을 읽기 자료로 활용했다. 헬레나는 토론을 이끌기 위해 미리 준비한 다음과 같은 질문을 사용했다.

1. __ 번째 줄에서 저자가 전달하려는 메시지는 무엇인가?
   학생들은 의사소통의 의도나 목적을 파악할 수 있었고, "저자는 반대 의견을 전달했다, 그리고 저자는 이러한 아이디어들을 알지 못한다고 전했다."라고 표현했다.
2. 저자는 이러한 의도를 표현하기 위해 어떤 어휘와 구조를 사용했는가?

학생들의 답변은 '반대 의견(disagreement)' '알지 못함(ignorance)' 등을 표현하는 데 사용할 수 있는 어휘와 구조를 인식할 수 있는 능력을 나타낸다.

수업을 마무리하기 위해, 헬레나는 학생들에게 두 번째 텍스트를 제공하고, 저자가 특정 기능이나 의도를 표현하기 위해 내린 결정이 무엇인지 주석을 달도록 요청했다.

세 번째 활동으로 학생들은 온전한 텍스트 하나를 작성해야 했다. 헬레나는 학생들이 작문하는 과정을 감독하면서, 학생들이 멘토 텍스트에서 관찰했던 것을 모방하거나 단계를 따르고 있다는 것을 발견했다. 헬레나는 각 학생과의 개별 대화에서 이러한 단계가 여전히 필요하다는 것을 어떻게 알고 있었는지 물었고, 헬레나는 다음과 같은 답변을 들었다.

a) 다양한 감정을 전달할 수 있는 표현을 포함한 아이디어를 브레인스토밍했다.
b) 텍스트에 있는 것과 같은 예시를 준비했다.
c) 다음의 공식을 활용했다. "제안을 표현하고 싶을 때는 '나는 ~을/를 추천한다(I recommend)' '나는 ~을/를 제안한다(I suggest)' '당신은 ~을/를 해야 한다

(You should)' '~하는 게 어때(Why not……)'와 같은 표현을 사용할 수 있다."

이러한 방식으로 헬레나의 학생들이 동사의 형태가 문장에서 맡은 역할에 따라 달라진다는 것을 이해하고 있음을 보여 주었다. 또한 작가가 전달하고자 하는 메시지에 따라 적절한 어휘와 구조를 선택하게 되며, 텍스트는 독자가 의사소통의 목적을 인식하도록 돕는 언어적 관습을 포함한다는 것도 이해하게 되었다. 추가로 학생들은 멘토 텍스트에서 탐구한 이해를 전이할 수 있었다.

이해의 통합

시나리오 13과 14는 이해를 통합하기 위해 다양한 개념 간의 관계를 인식할 필요가 있었던 사례를 보여 준다. 이 시나리오들은 또한 학생이 패턴을 조사하고 관계를 식별하여 일반화할 수 있도록 돕는 구체적인 전략을 제시한다. 또한 교사가 이러한 전략을 식별하기 위해 취할 수 있는 행동의 예시도 담고 있다. 내용(content)과 과정(process)에 관련한 개념 간의 관계를 인식하지 못하면, 개념을 단순히 토픽(topic)으로 가르치게 된다. 이로 인해 개념들이 서로 어떻게 상호작용하는지, 그리고 그 관계가 개념적 이해를 발전시키는 데 어떻게 기여하는지 연구할 기회를 잃게 된다. 결국 이는 깊이 있는 학습을 촉진할 기회를 놓치게 만든다.

단순히 시제의 활용형을 공부하고, 빈칸 채우기 연습에서 동사의 형태를 연습한 후, 통제된 상황 또는 실제 상황과 닮은 상호작용에 부분적으로 참여하는 것은 학생이 그 시제의 적용이나 뉘앙스, 그리고 해당 시제가 사용될 수 있는 메시지와 텍스트와의 관계를 탐구하는 데 크게 도움이 되지 않는다. 개념적 관계의 탐구 학습이 지연될수록, 학생이 예시를 통해 개념을 연결 짓고 일반화할 기회가 줄어들 뿐만 아니라, 학습 과정이 분절되는 결과를 초래한다.

외국어 습득은 끊임없이 변화하는 규칙과 패턴으로 구성된 과정의 체계로 작동

한다. 이러한 규칙과 패턴들로 이루어진 과정은 언뜻 보기에는 언어의 잘못된 형태처럼 보일 수 있지만, 실제로는 그렇지 않다. 우리가 정말로 언어를 배웠는지를 판단할 수 있는 단 하나의 설명이나 규칙은 존재하지 않는다. 그러나 아직까지 언어교육을 바라보는 시선에 "우리가 y 작업을 독립적으로 수행할 수 있을 때 x를 배웠다고 말한다."와 같은 태도가 남아 있는 것 같다. 그러나 새로운 언어에서 용어(term)를 '안다'는 것이 무엇을 의미하는지 생각해 보면, 라이트바운과 스파다(Lightbown & Spada, 2013, p. 64)가 다음 목록에서 제안하는 결론에 쉽게 도달할 수 있다.

단어를 안다는 것은 다음을 의미한다.

- 익숙한 맥락에서 그 의미를 이해하는 것
- 정의나 번역을 제시할 수 있는 것
- 다른 단어들과 연관 지을 수 있는 능력을 갖추는 것
- 그 구성 요소나 어원을 식별하는 것
- 문장에서 단어를 적절히 사용하는 능력을 갖추는 것
- 그 용어를 은유적으로 사용하는 것
- 동음이의어(homonym)[11]나 이형 동음이의어(homophone)[12]와 함께 사용될 때 농담의 일부가 될 수 있음을 이해하는 것

이러한 목표나 결론을 염두에 두고, 우리는 동사 시제를 안다는 것, 언어의 형식적 사용을 익히는 것, 다양한 형식과 상황에서 메시지를 전달하는 기법을 이해하는 것, 그리고 단어의 문자적 또는 비유적 의미를 기억하는 것이 무엇을 의미하는지 성찰해 볼 수 있다. 학습은 이해, 기능, 전략, 신념, 태도, 행동을 습득하고 수정하는 것을 포함하며, 이는 시간이 지나면서 변화하고 경험을 통해 일어난다(Schunk, 2012).

11) 역자 주: 동음이의어(homonym): 발음과 표기가 같지만 뜻이 다른 단어. 예: bat(박쥐, 야구방망이)

12) 역자 주: 이형 동음이의어(homophone): 발음은 같지만 철자와 뜻이 다른 단어. 예: flower(꽃)와 flour(밀가루)

다음 장에서는 형성 평가(Formative assessment)와 총괄 평가(Summative assessment)의 몇 가지 모델을 다루고, 학생이 개념적 이해나 전이 가능한 기능을 얼마나 잘 발휘할 수 있는지 판단하는 데 도움을 주는 학습 증거의 예시를 제시할 예정이다.

개인적 성찰

다음 장을 시작하기 전에, 다음 질문을 고려하여 성찰해 보자.

- 맥락적 일반화는 교수와 학습 과정에서 어떤 역할을 하는가?
- 선택된 맥락에서 문법적 개념이 어떻게 작동하는지를 텍스트로 모델링하는 것은 왜 중요한가?
- 학생에게 가이딩 질문에 답할 기회를 제공하는 것이 왜 중요한가?
- 학생이 산출하기를 바라는 문장들의 유형을 안내하는 것은 왜 중요한가?
- 어떤 교육적 접근이 여러분에게 새롭게 느껴지는가?

참고문헌

Blakemore, S. J., den Ouden, H., Choudhury, S., & Frith, C. (2007). Adolescent development of the neural circuitry for thinking about intentions. *Social Cognitive and Affective Neuroscience, 2*(2), 130-139.

Brown, D. H., & Lee, H. (2015). *Teaching by principles: An interactive approach to language pedagogy* (4th ed.). Pearson Education ESL.

Choudhury, S. (2017). Situating the adolescent brain: The developing brain in its cultural contexts. In N. Balvin & P. Banati (Eds.), *The adolescent brain: A second window of opportunity* (p.83-87). UNICEF Office of Research.

Dahl, R. & Suleiman, A. (2017). Adolescent brain development: Windows of opportunity. In N. Balvin & P. Banati, (Eds.), *The adolescent brain: A second window of opportunity* (pp. 83-87). UNICEF Office of Research.

Douma, K. (2020). How mentor texts provide valuable lessons beyond writing instruction. Accessed at https://www.edutopia.org/article/how-mentor-texts-provide-valuable-lessons-beyond-writing-instruction on January 12, 2022.

Garaside, T. (2019). *Tesol: A gateway guide for teachers of english*. [ePub version].

Lightbown, P., & Spada, N. (2013). *How languages are learned*. Oxford University Press.

McDowell, M. (2021). *Teaching for transfer*. *Solution Tree*.

McLaughlin, M., & Talbert, J. (1993). *Context that matter for teaching and learning*. Stanford University.

Miller, C. (2009). *Making learning REAL*. Educators for Social responsibility.

Stenger, M. (2014). Why curiosity enhances learning. Accessed at https://www.edutopia.org/blog/why-curiosity-enhances-learning-marianne stenger on January 22, 2022.

Uncapher, M. (2017). The perils and promise of technology for the adolescent brain. In N. Balvin, & P. Banati (Eds.), *The adolescent brain: A second window of opportunity*. UNICEF Office of Research. https://www.unicefirc.org/publications/pdf/adolescent_brain_a_second_window_of_opportunity_a_compendium.pdf.

4

개념적 이해의 평가를 위한 시스템

개인적 탐구

- 지속적으로 심화되는 이해의 적용을 평가하기 위한 최선의 방법은 무엇인가?
- 교실 수업을 넘어서 삶의 경험과 관련된 이해의 발달을 평가하려면 어떤 방법이 좋을까?
- 지속적인 학습의 증거를 수집하기 위한 진척도 평가(progressive assessment) 시스템은 어떤 요소를 갖추어야 하는가?
- 학습 증거를 수집할 때 교사는 어떤 측면에 주의를 기울여야 하는가?
- 학습을 문서화하고 모니터링하는 데에 사용할 수 있는 시스템 또는 도구에는 무엇이 있는가?

지난 수십 년 동안 응용 언어학 연구를 통해 하나 이상의 외국어에 숙달하는 것에 대한 조금 더 미묘하고 정교한 이해가 형성되었다. 이러한 미묘한 차이들은 전통적인 문법과 어휘 중심, 주어진 맥락 속의 암시적 또는 명시적 의미, 그리고 즉흥적인 상호작용을 수행하는 기능을 넘어서 언어에 대한 보다 깊은 이해를 담고 있다. 이 새로운 관점은 주어진 언어 안에 존재하는 다양한 변이들의 가치, 정보의 소비 및 생산 과정(Halliday et al., 2014)에서 여러 언어 방식들이 수행하는 역할(Paesani et al., 2016), 미디어 및 정보 문해력과 관련된 개념의 역할(Kern, 2000)을 강조한다.

우리는 오늘날의 청소년이 비디오 게임, 엔터테인먼트 플랫폼 또는 소셜 네트워크와 같은 가상 환경에서 다양한 의사소통 과정을 통해 상호작용하고 있다는 사실을 인식해야 한다. 또한 이러한 환경에서 청소년은 여러 언어적 기능을 그래픽, 도형, 색상 및 다양한 공간과 같은 비언어적 양식과 함께 결합하여 소통한다는 사실도 이제 인정할 때가 되었다.

이러한 학생의 현실은 우리가 시행하는 평가의 맥락을 재고하게 해 준다. 이것은 중고등학생의 언어 발달 적합성을 지속적으로 향상시킬 수 있을 뿐만 아니라, 평가의 초점이 사고와 의사소통에 있다는 것을 학생이 인식할 수 있도록 도와줄 수 있을 것이다. 학생의 생활을 반영하는 시나리오와 맥락을 탐색하는 것은 어떻게 상호작용해야 할지 상상조차 하지 못할 맥락에서의 상호작용보다 주의력을 덜 요구하기 때문이다.

교실 환경만이 학생의 언어 연습의 유일한 원천이라고 생각하는 것 또한 합리적이지 않다. 이렇게 생각한다면 엔리케 이글레시아스의 〈Bailando〉, 루이스 폰시의 〈Despacito〉 같은 노래와 텔레비전 시리즈 〈Elite〉가 스페인어를 제2외국어로 배우는 젊은이들의 구어체 담화에 스페인어 표현을 스며들게 한 영향을 무시하는 것과 같다. 마찬가지로 1990년대 후반이나 2000년대 초반에 영어를 제2외국어로 배운 사람들 중 〈프렌즈〉, 〈엑스 파일〉과 같은 텔레비전 시리즈나 MTV와 같은 방송에서 사용된 언어의 어휘와 사용역으로 영어를 공부하지 않는 사람이 몇 명이나 될까?

따라서 우리는 단원의 목적을 결정하고 평가 과제를 선택한 이유를 생각할 때 다음과 같은 질문에 직면하게 된다.

- 무엇을 평가하고자 하는가?
- 이를 평가하기로 결정한 이유는 무엇인가?
- 이러한 방법으로 평가하기로 결정한 이유는 무엇인가?
- 평가 결과물에서 얻은 데이터를 어떻게 활용할 것인가?

우리는 언어의 맥락적 사용에 대한 학습 증거를 도출하고, 명확한 의사소통을 목적으로 하는 언어 사용에 대한 이해를 입증하도록 수행 과제를 선택하는 것이 현명하다고 생각할 수 있다.

또한 학생이 최종 과제를 수행하거나 다른 맥락으로 전이시키는 데 필요한 기능을 개발했다고 확인할 수 있는 문항을 선택하는 것이 평가 디자인에서는 필수적이라고 생각할 수도 있다. 마찬가지로, 해당 단원 내내 학생이 지속해 온 수행 패턴과 행동을 관찰한 내용도 평가에서의 교사 결정에 영향을 미칠 수 있다. 또한 학생이 우리가 제공한 피드백에 반응하는 방식이 학생의 자기 교정 및 자기 조절 능력에 도움이 되는지를 평가하고 싶은 마음도 들 것이다.

학생의 성장을 지원하는 데 초점을 맞추고 실제적이고 엄밀한 평가를 디자인하기 위해서는 교사의 깊은 성찰이 필요하다. 개인적으로 볼 때, 이러한 성찰을 지지하는 교육자는 수치로 평가하는 것에 반대한다기보다는 그 수치가 어떻게 만들어졌는지에 대해 더 깊고 진정성 있는 관심을 가지고 있다고 여긴다.

형성 평가와 총괄 평가에 대한 관련 문헌은 이미 많이 나와 있다. 따라서 나는 좀 더 엄격한 관점에서 평가에 접근할 예정이다. 나는 최고의 학습 성과를 내기 위해 필요한 개념적 이해와 기능에 대한 지속적 평가에 초점을 맞출 것이다.

또한 나는 교수와 학습의 관계를 강조하기 위해 사용된 전략에 초점을 맞출 예정이다. 무엇보다도, 학생이 다양한 학습 경험에서 개념을 탐구하면서 얻은 이해를 적용하고 평가에 준비된 모습을 보여 주도록 더 큰 개방형 수행 과제를 완수하는 데 필요한 역량을 기르는 방법을 특별히 강조하고 싶다.

따라서 나는 점수, 수치 또는 성취 수준에 대해 논의하는 대신, 학생이 자신의 언어 발달과 관련하여 수행에 대해 가지는 인식과 자기 평가를 더 중요하게 다룰 것이다. 나는 학생이 어떻게 점진적으로 이해를 구성하고, 기능을 습득하고, 개념적 이해를 달성했는지를 보여 주는 형성 평가 경험의 예시로서 과제를 제시할 예정이다.

귀납적 교수 접근이 구성주의 프레임워크에 따르는 이유로, 나는 여기서 스키언(Skehan, 2002)이 외국어 학습 중 기능 습득에 관한 연구에서 제시하고 있는 단계를 따르려고 한다. 예를 들어, 스키언은 동사의 활용 형태가 어떻게 변화하는지 관찰하는 것과 같이 포괄적인 입력 정보의 세부 사항이나 현상에서 학생의 주의를 유도하는 것이 얼마나 긍정적인 효과를 가져오는지 언급한다.

또한 스키언은 자신의 연구에서 주어진 현상에 대한 관찰과 성찰이 그 현상에 대한 가설(명시적 또는 암묵적)을 형성하는 데 어떤 역할을 하는지 설명하고, 학생이 다른 텍스트에 표현된 세부 사항이나 현상을 접했을 때 가설이 어떻게 증명되는지 보여 준다. 또한 스키언은 이러한 깨달음을 통해 학생이 새로운 표현을 재구성하고 그것을 언어에 통합할 수 있는 방법을 설명하며, 이를 통해 궁극적으로 학생이 자신의 이해를 더 쉽고 정확하게 통합할 수 있는 힘을 얻게 될 것이라고 말한다. 스키언은 학생이 단순히 규칙을 기억하는 것이 아니라 실제로 활용 가능한 종합적 이해를 형성하고 있기 때문에 언어적 이해를 적용할 수 있다고 결론지었다.

진전 및 통제(progress and control)

학생이 학습에서 나아갈 방향을 이해하려면, 학습이 진행됨에 따라 자신들이 습득하는 기능이나 전략에 대한 정확한 아이디어가 있어야 한다. 안타깝게도 외국어 습득의 성취도와 진도를 결정할 때 수행 과제와 그 결과에 대한 통제는 종종 교사와 학생 사이에 매우 중요한 신뢰를 무너뜨리곤 한다.

학생을 이러한 통제권에서 해방시키거나 형성 평가 활동과 최종 수행 과제에 대한 통제권을 교사와 공유하는 방식으로 자료를 제공하면 학습 과정의 투명성이 높아지고, 학생 스스로가 조절할 수 있는 수행으로 전환하는 것이 가능해진다. 학생이 학습 및 평가의 파트너라는 관계에서 자신이 중요한 역할을 한다는 사실을 깨닫게 된다면, 학생의 자율성과 참여도는 더욱 높아질 것이다.

또한 학생이 탐구 단원이 끝날 때까지 거쳐야 할 수행 내용을 충분히 인지하고 있다면, 과제를 수행하는 데 필요한 기초 지식과 기능을 적절하게 구성하는 데 주의를 기울일 가능성이 높다.

분명히 이는 탐구 여정 내내 학생이 독립적으로 학습하고 의도적으로 성찰해 볼 수 있는 더 큰 기회들을 제공받는 것을 의미하기도 한다.

'이 피드백을 좀 더 일찍 받았더라면…….'이라고 생각한 적이 있지 않은가? 또는 학생이 피드백 놓친 것을 아쉬워하는 것을 들은 적이 종종 있지 않은가? 가정법 과거완료를 사용하여 상처와 실망감을 전달하는 기분일 것이다.

학생이 자율성을 경험하지 못하는 상황은 단지 평가 방식이나 동기 유발 방법, 혹은 교사의 기대 수준을 알려 주지 않는 데에서만 비롯되는 것이 아니다. 학생에게 학습 진척 상황이나 과제에서 드러나는 어려움에 대해 어떤 방식으로, 얼마나 자주, 그리고 어떤 의도를 가지고 피드백을 주는지는 의미 있는 조치를 취하는 데 있어 매우 중요하다.

학생이 무엇을 입증해야 하는지, 어떻게 입증해야 하는지를 먼저 이해하는 것을 무시하면 학생은 기능 측면에서 무능력해질 뿐만 아니라 자신의 성과를 반추할 때 무엇을 성찰해야 할지 확신도 없어진다. 어떤 부분에서 개선이 필요한지에 대한 정보가 부족하거나 전혀 없는 상태에서, 진전을 이루기 위해 어떤 전략을 사용할 수 있는지에 대한 성찰까지 없다면 학생과 교사는 학습 및 평가에 대해 합의해야 하는 협력 관계라고 보기 어렵다.

다시 말해, 이와 같은 교수-학습-평가 경험은 공유되는 과정이 아닌 교사가 통제권을 쥐고 운영하는 분절된 교육과정을 보여 준다. 이러한 이유로 학생은 평가를 시작할 때부터 자신이 무언가 부족하다고 느끼게 된다.

따라서 교수자이자 학습 설계자인 우리는 학생이 지금 단계별로 어떤 것을 배우고 싶어하는지, 어떤 접근 방식이 학생의 사고를 유도할 가능성이 가장 높은지를 신중하게 고려해야 한다(Frey et al., 2018, p. 19). 교사는 모든 관련 정보를 학생과 공유해야 한다. 학생의 이해도가 어떤지, 기대치를 얼마나 꾸준히 충족하고 있는지 고려하고 소통하는 방식은 학생의 메타인지 과정에 영향을 끼치고 참여도와 최종 성취도에도 영향을 미치게 된다.

메타인지적으로 사고하는 능력은 자신의 학습에 대한 결정을 내리는 데 도움을 준다. 메타인지 능력이 있는 학습자는 자신의 강점을 명확하게 파악하고, 전략을 정교하게 계획하여 사용할 수 있다. 하지만 이러한 전략이 어느 정도 활용되는지는 교사가 학생에 대해 얼마나 잘 알고 있는지에 따라 달라진다(Zohar & David, 2009). 학생이 전이해 온 이해와 기능을 바탕으로 결정을 내리고 이에 대해 학생에게 알려주면, 학생은 자신이 어떤 기능과 이해를 습득했으며 어떤 부분을 더 연습해야 하는지 알 수 있다. 이러한 정보를 보유하면 학생은 자신의 실력을 모니터링하는 데 깊이 관여할 수 있을 뿐만 아니라 스스로 처리하기 힘든 특정 상황에 직면했을 때 도움을 요청할 수도 있다. 한마디로, 이러한 습관은 성찰과 메타인지의 기회를 강화해 준다.

학습 과정의 다양한 단계에서 학습은 어떤 모습을 띠는가?

이 책 전반에 걸쳐 이와 같은 질문을 제기해 왔다. 이 질문은 단원의 토픽, 문법, 단원 최종 산출물, 그리고 그러한 성과를 달성하는 데 필요한 기능 간 관계에 대한 이해를 기반으로 설계하는 외국어 학습과 관련된 것이다. 마찬가지로, 명시적인 교수법과 교수 전략의 의도성을 강조해 왔기 때문에 이러한 결정의 결과인 과정과 산출물을 평가할 필요가 있다.

학생의 산출물을 지속적으로 추적하고 감상하면 학생이 이해와 기능을 어떻게 개발하고 있는지 확인할 수 있다.

교실에서 교사가 취합할 수 있는 증거는 매우 다양하지만 크게 네 가지 범주로 분류할 수 있다. 바로 학생이 무엇을 하고, 말하고, 쓰고, 상호작용에 어떻게 기여하는가에 대한 것이다. 따라서 이러한 취합 과정은 직접 관찰, 기록 및 측정할 수 있으므로 가장 좋은 증거 자료로 본다(Griffin, 2018). 학생의 산출물을 감상하고 모니터링하는 것은 구축된 개념적 이해가 적용되는 방식을 관찰할 수 있는 기회를 제공하며, 학습의 증거를 인식할 수 있게 해 준다. 이 과정은 형성적이라는 속성뿐 아니라, 단순히 최종 시험에만 초점을 맞춘 평가를 시도하는 것보다 더 큰 가치를 지닌다. 최종 시험 중심의 평가는 형성적이기는커녕 오히려 잘못된 정보를 제공할 수 있다.

학습의 평가는 추론의 과정이다(McTighe & Ferrara, 2021). 학습 평가는 더 높은 단계로의 발전이나 승격을 결정하는 데 도움이 되는 행위일 뿐만 아니라, 우리가 사용하는 교수 및 평가 전략의 타당성과 신뢰성을 성찰할 수 있는 데이터 수집 과정이기도 하다. 개념 기반 외국어 교육에서 우리에게 도움이 되는 습관과 평가란 교사가 학생이 언어를 사용하는 방식을 인식하고 이해한 내용을 효과적으로 적용하고 있는지 확인하는 경험들을 말한다. 다시 말해, 우리가 지향하는 평가 접근 방식은 교사가 학생의 평가 과제를 함께하고, 관찰하고, 질문하거나 의견을 제시하고, 학생이 내리는 결정에 대해 질문하고, 학생이 자신의 수준에서 습득한 언어로 얼마나 많은 것을 창조할 수 있는지 이해하도록 돕는 접근 방식이라 할 수 있다.

새로운 언어에 능숙해지는 과정을 비디오 촬영 기술을 익히는 과정과 비교해 보자. 카메라맨이나 감독의 잠재력을 단 하나의 비디오로 설명하는 것은 그들이 습득한 모든 기능을 드러내지 못한다는 데 동의할 것이다. 마찬가지로 총괄 평가로 설명되는 과제만을 고려하는 것은 학생이 주어진 순간에 특정한 환경에 한해서 무엇을 할 수 있는지를 평가한다는 의미다.

교사가 학생 발달을 관찰할 때, 기회와 성취에 관해 댓글을 달고, 세부 사항에 대해 질문하고, 학생 스스로가 학습 과정의 일부라고 느낄 때 효과적인 평가 실천이 구현된다.

카메라맨이나 감독이 무엇을 성취하거나 창조할 수 있는지 이해하고 설명하는 더 좋은 방법은 그들의 포트폴리오를 살펴보는 것이다. 포트폴리오를 살펴보면 한 사람이 성취할 수 있는 것에 대해 더 공정하고, 풍부하고, 견고하고, 다양한 이미지를 얻을 수 있다.

학생의 전인적 정신(spirit) 형성에 진정으로 기여하고 싶다면 학생이 각각 어떤 사람인지, 학생이 하는 작업, 그리고 학생이 직면한 도전과 열망에 관심을 가져야 한다.

마찬가지로 학생이 각 학습 경험에서 생성하는 산출물을 고려하고 자신의 이해를 입증하는 방식을 관찰하는 것은 학생의 최종 성취 수준 구축에 기여한다. 복잡성과 정교함의 측면에서 이해와 기능이 어떻게 개발되었는지 목격하는 것은 학생의 언어 능력, 개념적 이해 및 학습자로서의 성향이 어떻게 발전했는지 깨닫는 데 도움이 된다.

우리가 진정으로 학생의 전인적 학습자 형성에 기여하고 싶다면 평가 유형에 투명성을 보장하는 전략을 포함해야 한다. 우리가 학습과 평가에 있어서 진정한 협력 관계를 구현하려면, 학생이 자신의 수행을 조절할 수 있도록 기능이나 이해를 숙달하기 위해 무엇을 성취해야 하는지 반드시 알려 주어야 한다.

자신의 일에 흥미를 갖고 자기 조절적 태도를 지닌 학생을 양성하려면 피드백에 전적으로 의존하고, 대신에 성적이나 수치로 학생의 태도를 통제하는 것을 최대한 피해야 한다. 마지막으로, 진정으로 교수 및 학습 과정에서 헌신과 연대감을 같이 나누고 싶다면 단원을 걸쳐 학생 수행을 추적하는 평가 모두를 가치 있게 여기는 태도를 보여야 한다.

이해가 점진적으로 쌓이는 과정을 인식하는 것은 교사와 학생이 함께 공유하는 경험이다. 학생이 자신이 얼마큼 준비되었는지 완전히 인식한 상태에서 학습의 최종 수행 과제에 도착하는 것이 가능하다면, 이는 학습자에게 기념할 만한 강력한 순간이 될 수 있을 것이다.

외국어 학습에서의 진전은 학생이 목표 언어를 독립적으로 사용할 때 나타난다. 외국어 학습의 궁극적인 목표는 학생이 효과적으로 의사소통하고, 전달되는 내용을 이해하고, 구어와 문자에서 의미를 추론하고, 과제에 참여할 때 특정 전략을 사용하는 이유를 완전히 인식하는 것이다.

그렌펠과 해리스(Grenfell & Harris, 1999)는 효과적인 외국어 학습은 그 언어의 사용과 발달의 자율성을 높이는 경험으로 구성되며, 아이디어를 이해하고 표현하는 동안 의미의 소통이 있어야 할 뿐만 아니라 언어의 사회적 · 문화적 차원을 적절히 다루는 것이어야 한다고 주장한다(p. 41). 그렇다면 이러한 외국어 학습을 방해하는 평가의 권한과 통제권을 내려놓고 이제는 교사가 학습자와 같이 그 과정을 공유하는 것이 맞는 방향이 아니겠는가?

그렌펠과 해리스의 주장에 따르면, 학생이 얼마나 정확하게 어휘를 사용하고 문장을 구성하는지를 평가하는 것만으로는 언어 발달의 깊이를 판단할 수 없다. 언어 사용은 일차원적인 노력이 아니기 때문에 다양한 상호작용에서 주어진 역할을 얼마나 효과적으로 수행하는지 또는 구체적인 목적을 가지고 특정 청중을 위해 텍스트를 작성할 때 그것을 얼마나 효과적으로 수행하는지도 평가해야 한다는 것이다. 학생이 입증한 이해와 기능 영역을 파악하면 실행 가능한 피드백을 생각해 내는 것이 가능해진다.

요컨대, 실제적 접근 방식은 교사가 탐구 단원에서 학습의 목적을 고려하게 해준다. RAFTS(Santa et al., 2004) 또는 GRASPS(McTigh & Wiggins, 2005)는 수행의 측면에서 학생에게 제공해야 할 내용, 우리가 학생에게 기대하는 수준, 그리고 학생이 피드백을 받을 내용을 효과적으로 종합하는 데 사용하는 도구이다. 〈표 4.1〉과 〈표 4.2〉를 통해 최종 결과물과 명시적으로 가르쳐야 하는 언어의 다양한 측면 간의 관계를 파악할 수 있을 것이다.

GRASPS

〈표 4.1〉 GRASPS와 언어 기능의 교수 및 평가와의 연관성 제안

측면	외국어 습득과 관련된 연결 질문
G– 목표	결과물을 효과적으로 산출했는가?[1]
R– 역할	자신에게 주어진 역할을 수행하기 위해 목표 언어를 사용했는가?
A– 청중	목표 청중을 대상으로 하는 언어를 사용했는가?
S– 상황	텍스트에서 상황에 맞는 어휘와 구조를 사용했는가?
P– 목적	의도한 목적에 맞게 메시지를 전달하기 위해 언어를 적절하게 사용했는가?
S– 기준	문법, 텍스트 및 토픽과 관련된 개념적 지식을 바탕으로 기능을 입증하고 적용했는가?

RAFTS

〈표 4.2〉 RAFTS[2]와 언어 기능의 교수 및 평가와의 연관성 제안

측면	외국어 습득과 관련된 연결 질문
R– 역할	자신에게 주어진 역할을 수행하기 위해 목표 언어를 사용했는가?
A– 청중	목표 청중을 대상으로 하는 언어를 사용했는가?
F– 형식	원하는 최종 결과물을 효과적인 형식으로 산출했는가?
T– 토픽	텍스트에서 상황에 맞는 어휘와 구조를 사용했는가?
S– 강한 동사 및 형용사	평가 지시어를 잘 따르며 수행했는가?

〈표 4.1〉과 〈표 4.2〉는 기능의 개념적 이해와 숙달의 입증을 위한 입체적인 수행 과제를 설계하는 데 일반적으로 사용되는 두 가지 프로토콜이다. 단순해 보이지만 이런 디자인으로 교사는 의도적이고 명시적인 교수 및 학습 과정을 통해 그 '열매'가

1) 역자 주: 2025년 현재 많은 CBCI 교실에서는 평가에 일반화 문장을 포함하여, 평가 자체가 이해의 입증임을 강조하는 것을 실천으로 하고 있다.

2) 역자 주: 에릭슨(Ericson)과 래닝(Lanning) 박사는 RAFTS를 What(토픽), Why(타겟 일반화), How와 결합해 평가를 디자인하도록 한다. How 자리에 RAFTS 요소가 들어간다(2016).

어떻게 성장하고, 육성되고, 발전하는지를 관찰할 수 있다. 이에 우리는 여기서 학생이 각 탐구 단원이 끝날 때까지 어떻게 이해를 쌓고 기능을 습득했는지 입증하는 일련의 사례를 살펴보려고 한다.

다음 샘플들을 살펴보면서, 학생이 각 학습 경험을 통해 실천한 학습 전략에 대해 생각해 보기 바란다. 학생이 수행한 이 작업들은 단순히 언어의 특정 측면을 이해하거나 연습하는 데 그치지 않는다. 이러한 작업에 참여함으로써 학생은 이전에 이해한 내용을 검색하여 새로운 이해를 구현하는 것이 무엇을 의미하는지 경험하고, 텍스트를 생성할 때 수행해야 하는 행동에 대해 성찰하게 된다.

코헨(Cohen, 1998, p. 4)은 "언어 학습과 전략 사용을 '학생이 언어를 의식적으로 선택하고 해당 언어에 대한 정보의 저장, 보유 및 적용을 통해 외국어의 학습 또는 사용을 개선하기 위해 취하는 행동으로 이어질 수 있는 과정'들로 정의할 수 있다." 라고 말한다.

따라서 학습 경험의 설계는 언어의 발달에 영향을 미칠 뿐만 아니라 다양한 학습 과정의 개선에도 영향을 미치게 된다. 평가에 초점을 맞추기보다, 학습을 지원하고, 돕고, 발전시키는 설계와 상호작용하는 것은 학습을 더 쉽고, 빠르고, 즐겁게 만들며, 자기 주도성을 높이고 새로운 상황으로의 전이를 가능하게 한다.

이제, 단원의 총괄 과제를 수행하기 전에 최적의 준비 상태를 보장하는 데 필요한 개념적 이해와 기능에 대한 점진적 평가를 문서화한 사례 두 세트를 살펴볼 것이다. 이 사례들은 개념적 이해와 기능의 발전 과정을 관찰하는 것이 얼마나 중요한지 보여 주며, 학습과 이해의 구성을 단원의 시작부터 끝까지 중점적으로 평가하고 가치를 두는 평가 시스템의 중요성에 대한 인식을 강화해 준다.

쉽게 읽을 수 있도록 각 단원 계획의 틀(프레임워크)이 공유될 것이다. 마찬가지로 각 과제가 수행된 학습 단계도 제시될 예정이다. 가장 중요한 것은, 각 과제에서 추구하는 개념적 이해를 명확히 하기 위해 해당 탐구 단계를 구성하는 일반화도 함께 제시된다는 점이다. 일반화가 어떻게 사용되는지, 개념 기반 언어 설계안이 실제로 어떻게 구현될 수 있는지 이해하는 데 도움이 되기를 바란다.

사례 1: 외국어로서의 스페인어 학습의 첫 번째 단원

단원의 개념적 틀(프레임워크)

〈표 4.3〉 첫 번째 연구 사례 탐구 단원의 프레임워크

탐구 단원의 구성 요소	정보
단원 제목	나를 나답게 만드는 것은 무엇인가?
학년 및 연령	6학년, 11세, 초급 수준
최종 결과물	• 글쓰기: 이메일 작성 • 구두 발표: 포스터 발표
영역	**일반화**
맥락	• 문화는 언어를 사용하여 민족 정체성의 중요한 측면을 표현한다.[3]
이해하기	• 언어는 메시지와 아이디어를 교환할 수 있도록 하는 언어적 체계에 따라 작동한다. • 단어 형태가 바뀌면 문장 구조가 바뀐다. • 단어의 형태는 성(gender)과 수(number) 간의 관계를 구별하는 데 도움이 된다.
반응하기	• 창의적으로 아이디어를 구성하는 것은 사람들이 텍스트를 제작할 때 창의성을 어떻게 사용하는지 보여 준다. • 사람들은 맥락에서 어휘의 의미를 고려하여 명확하고 논리적인 문장을 구성한다. • 사람들은 효과적인 대화를 구성하기 위해 답변하는 질문의 키워드에 주의를 기울인다.
비평하기	• 사람들은 의사소통의 목적을 달성하기 위해 언어를 선택하고 텍스트 관습을 따른다.
산출하기	• 사람들은 메시지를 명확하게 전달하고 효과적인 의사소통을 지원하는 텍스트를 만들기 위해 언어와 디자인을 결정한다.

3) 역자 주: 다른 영역의 일반화는 과정의 구조에서 도출되었고, 이 일반화만 지식의 구조에서 도출되었다.

〈표 4.4〉 **샘플 4.1의 데이터**

샘플 번호	4.1
단계	이해하기 언어적 측면에 대한 탐구 **가이딩 일반화[4]: 언어는 메시지와 아이디어가 교환할 수 있도록 하는 언어적 체계에 따라 작동한다.**
설명	가이딩 질문은 학생이 노트를 정리하는 데 도움을 준다. 이 샘플은 스페인어를 처음 배우는 초급 수준의 학생이 첫 수업에서 스페인어의 음운 체계를 탐구하며 작성한 노트를 보여 준다. 가이딩 질문은 탐구의 초점을 맞추는 데 도움이 될 뿐만 아니라, 학생이 듣고 차이점을 파악하도록 도와준다. 학생이 적은 노트와 결론을 통해 성별의 문법적(남성형: el/여성형: la) 개념에 대한 이해가 시작되었음을 알 수 있다. 탐색한 예제에서 학습자가 일반화하기 시작한 방법에 주목해 보자.

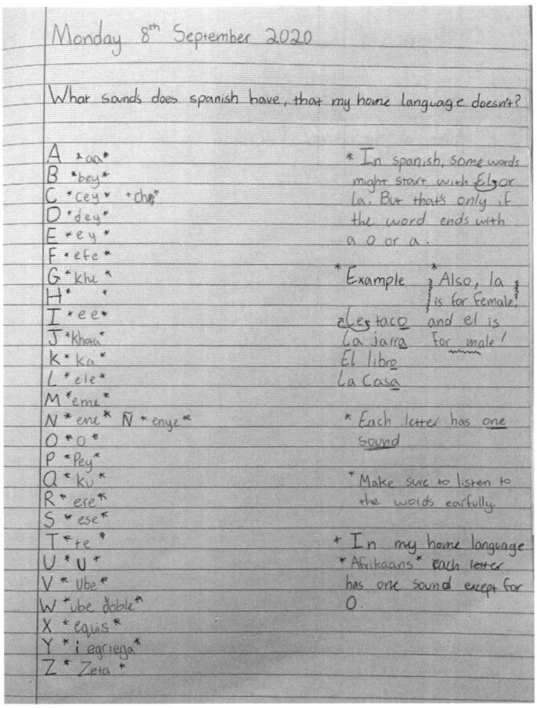

2020년 9월 8일 월요일

스페인어에서 내 모국어에는 없는 소리가 있다면 그것은 무엇인가?

- 스페인어에서는 el과 la로 단어를 시작할 때가 있는데 그것은 단어가 o,a로 끝날 때와 관련한다.
- 예: el taco
  la jarra
  el libro
  la casa
- la는 여성 명사에 el은 남성 명사에 쓰인다.
- 스페인어의 각 문자(letter)는 하나의 소리를 낸다.
- 소리를 주의 깊게 듣는다.
- 내 모국어 아프리카어에서는 o를 제외한 모든 글자가 각각 하나의 소리를 낸다.

[그림 4.1] 샘플 4.1

4) 역자 주: 가이딩 일반화는 수업을 이끌어 주는 일반화라는 의미에서 라파엘은 가이딩 일반화하고 부른다. 일반적인 일반화, 개념적 이해 문장으로 여기면 된다.

〈표 4.5〉 샘플 4.2의 데이터

샘플 번호	4.2
단계	이해하기 언어적 측면에 대한 탐구 **가이딩 일반화: 단어 형태가 바뀌면 문장의 구조가 바뀐다.**
설명	이 샘플에는 수업을 소개하는 데 사용된 가이딩 질문이 포함되어 있다. 이 질문은 조사 대상 단어의 성별, 수 및 형태 간의 관계에 대해 묻는다. 가이딩 질문은 학생이 자신의 작업을 모니터링할 수 있는 성찰 및 자기 조절 시스템을 설계하는 것을 돕는다. 학생이 조사 중인 개념을 탐구할 때 나타나는 패턴을 인식하게 되면 개념 간의 관계를 이해할 뿐만 아니라 일반화할 수 있게 된다.

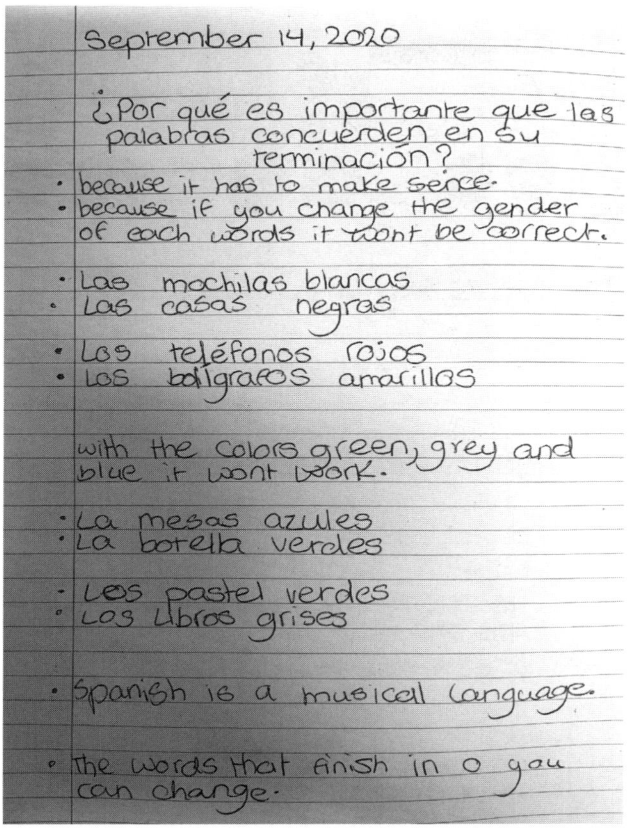

September 14, 2020

¿Por qué es importante que las palabras concuerden en su terminación?

- because it has to make sence.
- because if you change the gender of each words it wont be correct.

- Las mochilas blancas
- Las casas negras
- Los teléfonos rojos
- Los boligrafos amarillos

with the colors green, grey and blue it wont work.

- La mesas azules
- La botella verdes

- Los pastel verdes
- Los Libros grises

- Spanish is a musical language.

- The words that finish in o you can change.

2020년 9월 14일

왜 단어들의 끝나는 부분에서 일치해야 하는가?

- 의미가 맞아야 하기 때문이다.
- 왜냐하면 각 단어의 성별을 바꾸면 문법적으로 맞지 않기 때문이다.

- 하얀 가방들
- 검은 물건들
- 빨간 전화기들
- 노란 펜들

초록색, 회색, 파란색의 경우에는 맞지 않다.

- 파란 테이블들
- 초록색 병들
- 초록색 케이크들
- 회색 책들

- 스페인어는 음악적인 언어이다.

- o로 끝나는 단어들은 바뀔 수 있다.

[그림 4.2] **샘플 4.2**

〈표 4.6〉 샘플 4.3의 데이터

샘플 번호	4.3
단계	이해하기 언어적 측면에 대한 탐구 **가이딩 일반화: 단어 형태가 바뀌면 문장의 구조가 바뀐다.**
설명	이 샘플은 학생이 연습 문제에서 조사한 개념 이해를 요약하는 데 사용되는 가이딩 질문 시스템의 예를 보여 준다. 학생의 답변은 학생이 수와 관련된 명사와 관사의 형태가 명사 및 형용사의 형태를 변화시키는 방식을 인식하게 되었음을 보여 준다. 이 연습 과제는 학생이 들은 단어를 쓰고, 어미와 어미의 관계를 탐구하고 또 들은 단어를 쓰도록 하는 구두적인 자극을 기반으로 진행한다.

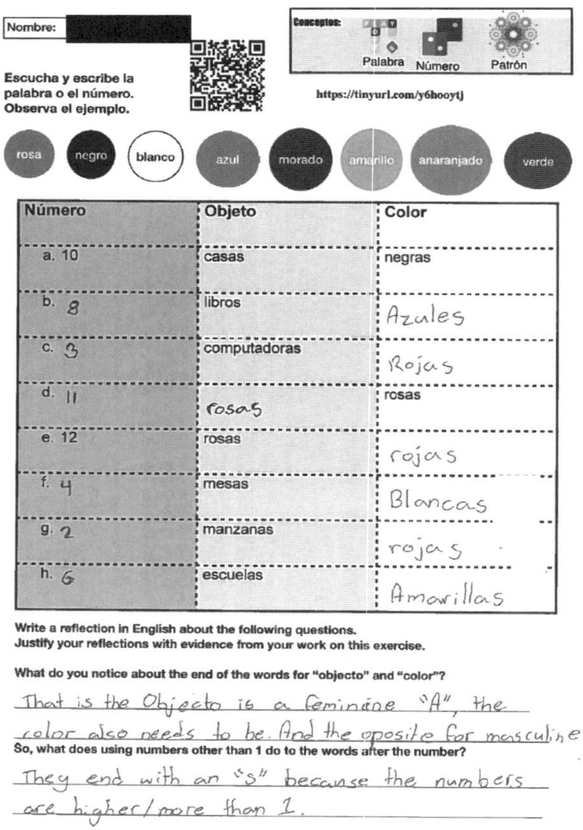
Nombre:
Conceptos: Palabra Número Patrón
https://tinyurl.com/y6hooytj
Escucha y escribe la palabra o el número. Observa el ejemplo.
rosa negro blanco azul morado amarillo anaranjado verde

Número	Objeto	Color
a. 10	casas	negras
b. 8	libros	Azules
c. 3	computadoras	Rojas
d. 11	rosas	rosas
e. 12	rosas	rojas
f. 4	mesas	Blancas
g. 2	manzanas	rojas
h. 6	escuelas	Amarillas

Write a reflection in English about the following questions. Justify your reflections with evidence from your work on this exercise.

What do you notice about the end of the words for "objecto" and "color"?

That is the Objecto is a feminine "A", the color also needs to be. And the oposite for masculine

So, what does using numbers other than 1 do to the words after the number?

They end with an "s" because the numbers are higher/more than 1.

Nombre:

소리를 듣고 숫자나 단어를 쓰세요. 예시를 참고하세요.

Conceptos: 단어 숫자 패턴

https://tinyurl.com/y6hooytj

분홍 검정 하양 파랑 보라 주황 노랑 초록

번호	물건	색깔
a. 10	집들	검정색
b. 8	책들	파란색
c. 9	컴퓨터들	빨간색
d. 11	장미들	분홍색
e. 12	장미들	빨간색
f. 4	테이블들	하얀색
g. 2	사과들	빨간색
h. 6	학교들	노란색

다음 질문에 대해 영어로 성찰문을 작성하시오. 이 연습에서 작업한 증거로 성찰문을 정당화하시오.

Q: '물건'과 '색깔' 단어의 끝에 대해 무엇을 알아챘나요?

A: 물건이 여성형 'a'로 끝나면 색깔도 그래야 합니다. 남성형의 경우는 그 반대입니다.

Q: 그러면 1이 아닌 숫자를 사용하는 것은 숫자 뒤의 단어에 어떤 영향을 미치나요?

A: 숫자가 1보다 크기 때문에 단어는 's'로 끝납니다.

[그림 4.3] 샘플 4.3

〈표 4.7〉 샘플 4.4의 데이터

샘플 번호	4.4
단계	이해하기 언어적 측면에 대한 탐구 **가이딩 일반화: 단어 형태가 바뀌면 문장의 구조가 바뀐다.**
설명	이 샘플로 학생이 개념적 이해를 종합하는 데 도움이 되는 가이딩 질문 시스템을 다시 살펴보도록 한다. 연습 과제가 끝날 때 몇 가지 가이딩 질문을 포함하면, 학생이 통합한 개념(이 경우 문법적 성별)을 되짚어 보고, 그것이 또 다른 개념(이 경우 문법적 수)과 어떻게 관련되어 있는지 알아볼 수 있다. 이러한 관계를 확인함으로써 학생은 성별과 수의 관계에 대한 새로운 개념적 이해를 구축하기 시작한다. 다음 학생이 공유한 답변을 통해 학생이 조사하고 있는 언어적 개념 간에 나타나는 패턴을 파악하는 방식을 관찰할 수 있다.

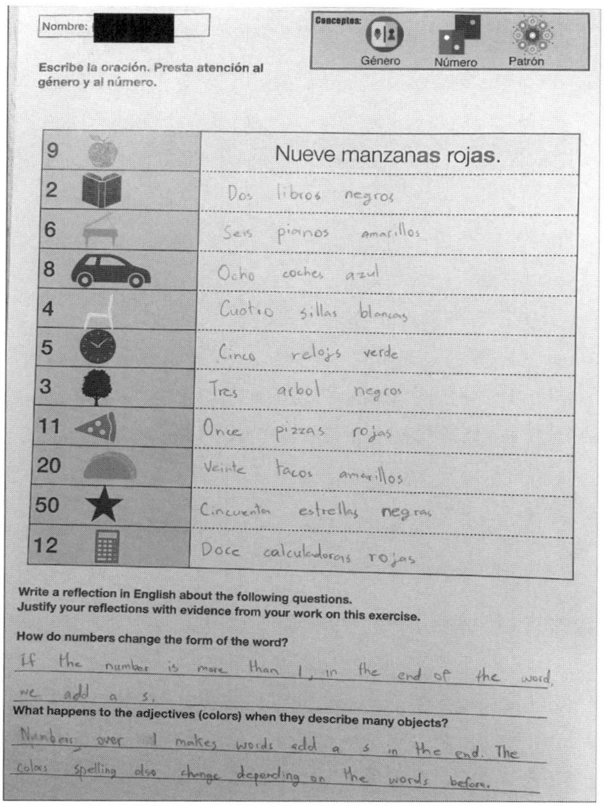
Nombre:

Conceptos: Género Número Patrón

Escribe la oración. Presta atención al género y al número.

9	Nueve manzanas rojas.
2	Dos libros negros
6	Seis pianos amarillos
8	Ocho coches azul
4	Cuatro sillas blancas
5	Cinco relojs verde
3	Tres arbol negros
11	Once pizzas rojas
20	Veinte tacos amarillos
50	Cincuenta estrellas negras
12	Doce calculadoras rojas

Write a reflection in English about the following questions.
Justify your reflections with evidence from your work on this exercise.

How do numbers change the form of the word?

If the number is more than 1, in the end of the word we add a s.

What happens to the adjectives (colors) when they describe many objects?

Numbers over 1 makes words add a s in the end. The colors spelling also change depending on the words before.

Nombre:

Conceptos: 성별 숫자 패턴

문장을 쓰세요. 성별과 수를 고려하세요.

9	아홉 개의 빨간 사과들
2	두 권의 검은 책들
6	여섯 대의 노란 피아노들
8	여덟 대의 파란 자동차들
4	네 개의 하얀 의자들
5	다섯 개의 초록 시계들
3	세 그루의 검은 나무들
11	열한 개의 빨간 피자들
20	스무 개의 노란 타코들
50	쉰 개의 검은 별들
12	열두 개의 빨간 계산기들

다음 질문에 대해 영어로 성찰문을 작성하시오.

이 연습에서 작업한 증거로 성찰문을 정당화하시오.

Q: 숫자가 단어의 형태를 어떻게 변화시키나요?

A: 숫자가 1보다 많으면 단어 끝에 's'를 추가합니다.

Q: 많은 물체를 묘사할 때 형용사(색깔)는 어떻게 되나요?

A: 숫자도 단어 끝에 's'를 추가하게 합니다. 색깔의 철자도 앞에 오는 단어에 따라 같이 바뀝니다.

[그림 4.4] 샘플 4.4

〈표 4.8〉 **샘플 4.5의 데이터**

샘플 번호	4.5
단계	이해하기 언어적 측면에 대한 탐구 **가이딩 일반화: 어순의 변화는 문장의 구조에 영향을 준다.**
설명	이 샘플로 학생이 개념적 이해를 종합하는 데 도움이 되는 가이딩 질문 시스템을 다시 살펴보도록 한다. 이 작업은 가이딩 질문이 학생에게 스페인어 속 성별과 수의 관계에 대해 이해할 수 있는 기회를 제공할 뿐만 아니라, 텍스트의 시각적 요소와의 연관성을 확립할 수 있는 기회도 제공한다는 것을 보여 준다. 정확한 아이디어를 표현하는 데 필수적인 이해의 획득과 적용 과정은 학생에게 새로운 의미를 표현하면서도 그 아이디어를 복습할 수 있는 기회를 제공한다. 이 샘플을 통해 학생이 작성한 노트가 이해와 그 구축 과정을 추적하는 도구로서 얼마나 강력한 역할을 할 수 있는지 보여 준다.

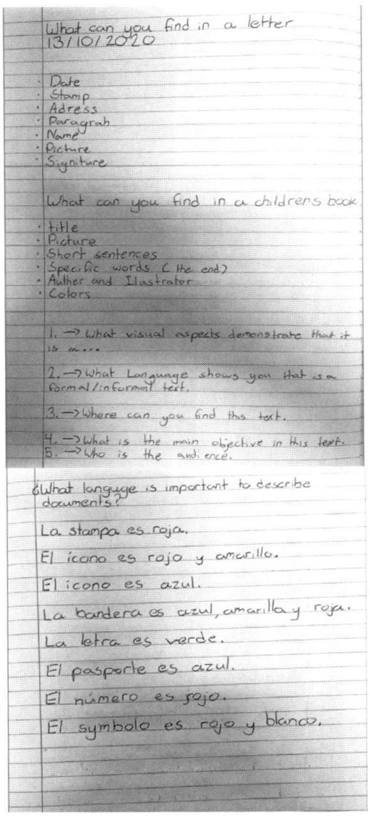

편지에서 무엇을 찾을 수 있는가?

2020년 1월 13일

- 날짜
- 우표
- 주소
- 단락
- 이름
- 그림
- 서명

어린이 책에서 무엇을 찾을 수 있는가?

- 제목
- 그림
- 짧은 문장들
- 특정 단어들(the end)
- 작가와 일러스트레이터
- 색깔들

1. 그것이 편지임을 나타내는 시각적 요소는 무엇인가?
2. 그것이 공식/비공식 문서임을 보여 주는 언어는 무엇인가?
3. 그 텍스트를 어디에서 찾을 수 있는가?
4. 그 텍스트의 주요 목적은 무엇인가?
5. 독자는 누구인가?

문서를 설명하는 데 중요한 언어는 무엇인가?

그 우표는 빨간색이다. 그 아이콘은 빨강과 노랑이다. 그 아이콘은 파란색이다. 그 깃발은 파랑, 노랑, 빨강이다. 그 글자는 초록색이다. 그 여권은 파란색이다. 그 숫자는 빨간색이다. 그 상징은 빨간색과 흰색이다.

[그림 4.5] 샘플 4.5

〈표 4.9〉 샘플 4.6의 데이터

샘플 번호	4.6
단계	반응하기 기능에 대한 생각 **가이딩 일반화: 아이디어를 정리하는 방식은 사람들이 텍스트를 작성할 때 창의성을 어떻게 사용하는지 보여 준다.**
설명	이 샘플은 학생이 정체성 관련 어휘(이 단원의 개념적 렌즈)의 통합과 관련하여 자신이 내린 선택과 시인(poets)으로서 내릴 수 있는 결정에 대해 성찰하기 시작한 탐구 단계의 한 예시이다. 학생은 세계 지도가 배경에 있는 패들릿을 통해 자신의 작품을 공유했다. 학생은 자신의 국적에 따라 작품을 배치했다. 이러한 방식으로 학생은 단원의 개념적 렌즈(정체성), 개인의 정보, 작품을 연결해 주었다. 샘플 4.6 옆에 있는 접근 코드를 사용하여 학생의 과제를 찾아보자.

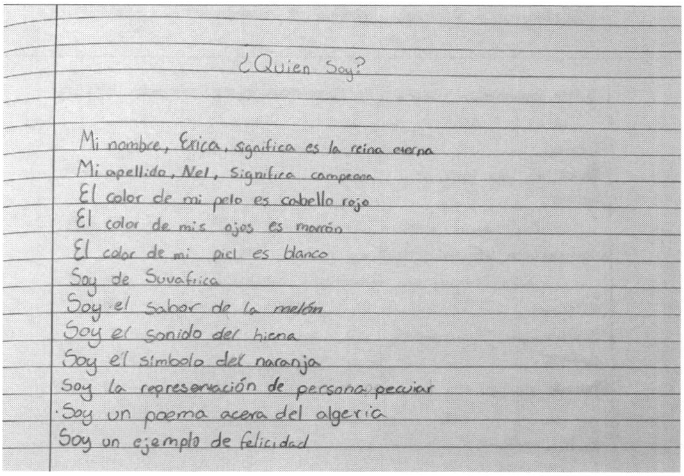

¿Quien Soy?

Mi nombre, Erica, significa es la reina eterna
Mi apellido, Nel, Significa campeona
El color de mi pelo es cabello rojo
El color de mis ojos es marrón
El color de mi piel es blanco
Soy de Suvafrica
Soy el sabor de la melón
Soy el sonido del hiena
Soy el simbolo del naranja
Soy la representación de persona peculiar
Soy un poema acera del algeria
Soy un ejemplo de felicidad

정체성에 관한 시

나는 누구인가?

내 이름, Erica는 영원한 여왕을 의미한다.
내 성, Nel은 챔피언을 의미한다.
내 머리 색깔은 빨간색이다.
내 눈은 갈색이다.
내 피부는 하얀색이다.
나는 남아프리카 출신이다.
나는 멜론의 맛이다.
나는 하이에나의 소리이다.
나는 오렌지의 상징이다.
나는 독특한 사람들의 대표이다.
나는 기쁨에 관한 시이다.
나는 행복의 본보기이다.

[그림 4.6] 샘플 4.6

〈표 4.10〉 샘플 4.7의 데이터

샘플 번호	4.7
단계	비평하기 안목 있는 학습자 되기 **가이딩 일반화: 사람들은 의사소통을 위해 언어를 선택하고 텍스트 관습을 따른다.**
설명	[그림 4.7]의 이미지는 두 학생의 작업을 보여 준다. 이 과제는 동사 'gustar'와 IB 학습자상[5)]과 관련된 형용사를 사용하여 친구들이 자신에게 투표하도록 설득하는 포스터를 제작하는 것이었다. 학생은 동사 'gustar'의 의미와 용법, 동사가 사용된 문장의 구조에 대한 이해를 바탕으로 설득력 있는 글을 작성했다. 〈표 4.11〉의 기준표는 학생이 직접 자신만의 포스터를 제작하기 전에 예제 포스터를 분석하는 데 사용되었던 도구이다. 샘플은 학생이 전달하고자 하는 메시지를 전달하기 위해 어떤 결정을 내렸는지 보여 준다. 학생이 자신의 선택을 이해하고 프레젠테이션을 준비할 수 있도록 교사는 가이딩 일반화와 관련된 질문을 사용하여 개별 면담을 진행했다.

저는 소통하는 사람이고, 우리의 사회를 돕기 위해 아이디어를 나누고 토론하는 것을 좋아합니다.

탈리아 슬레이만을 뽑아 주세요.

저는 열린 마음을 가지고 있으며, 다른 의견을 듣고 다른 관점을 존중하는 것을 좋아합니다.

저는 따뜻한 사람이고, 협력하는 것을 좋아하며, 따뜻한 사람이 다른 사람을 돕습니다.

저는 균형 잡힌 사람이고, 정신적, 신체적으로 강해지는 것을 좋아합니다. 저는 협력자이며, 다양한 언어를 이해하고 말하는 것을 좋아합니다.

저는 탐구자이며, 새로운 주제를 발견하는 것을 좋아합니다. 저는 성찰적이며, 실수로부터 많이 배웁니다.

5) **역자 주:** IB 학습자상(IB Learner Profile)은 모든 IB 프로그램은 국제적 소양을 갖춘 전인적 학습자를 목표로 하며, 탐구하는 사람, 지식이 풍부한 사람, 사고하는 사람, 소통하는 사람, 원칙을 지키는 사람, 열린 마음을 지닌 사람, 배려하는 사람, 도전하는 사람, 균형 잡힌 사람, 성찰하는 사람의 10가지 특성을 통해 청소년들이 더 평화롭고 나은 세상을 만들어 나갈 수 있도록 돕는다.

GEMS 국제학교 알 카일

트리스탄 손네

저는 여러분의 바라는 이상적인 회장감입니다.

왜냐하면

1. 저는 제 호기심을 따라 탐구하는 것을 좋아합니다.
2. 저는 다른 사람과 협력하는 것을 좋아합니다.
3. 저는 공감, 감수성, 존중을 실천하는 것을 좋아합니다.
4. 저는 많은 아이디어를 가지고 있습니다.
5. 저는 다양한 언어를 배우는 것을 좋아합니다.
6. 저는 좋은 리더입니다.

저를 뽑아 주세요!

[그림 4.7] 샘플 4.7 참고: 학생의 개인 정보 사용은 학부모의 승인을 받았다.

〈표 4.11〉 샘플 4.7의 평가 기준표

기준	학생	교사
나는 다양한 관련 형용사를 사용한다.		
나는 성별에 맞는 형용사를 사용한다.		
나는 다양한 동사를 적절히 사용한다.		
나는 동사 'gustar'를 올바른 형태로 사용한다.		
나는 올바른 구조를 사용하여 문장을 작성한다.		
나는 텍스트의 공간을 독창적으로 활용한다.		
나는 텍스트에 다양한 시각적 요소를 포함한다.		
내 메시지/기도(prayer)는 대상 청중에게 명확하게 전달되고 있다.		
나는 다양한 색상과 글꼴을 사용한다.		
내 텍스트는 원하는 메시지를 소통하고 있다.		
청중이 내 글의 목적(설득)을 인식할 수 있다.		

〈표 4.12〉 **샘플 4.8의 데이터**

샘플 번호	4.8
단계	산출하기 쓰기 작업 **가이딩 일반화: 사람들은 메시지를 명확하게 전달하고 효과적으로 소통하는 텍스트를 만들기 위해 언어와 디자인에 대한 결정을 내린다.**
설명	샘플 4.8은 단원의 마지막에 학생이 작성해야 하는 텍스트의 예시이다. 이메일은 정보 전달의 성격이 강하므로 학생은 이 단원에서 배운 관련 어휘와 구조를 통합하여 자신의 정체성을 표현하는 아이디어를 전달해야 한다. 이 샘플에서는 학생이 쓰기 연습용으로 읽었던 이메일에서 모델링된 텍스트와 그 규범을 모방하는 것을 관찰할 수 있다. 〈표 4.13〉은 평가 루브릭과 이 샘플에 대한 채점 내용을 보여 준다. 샘플 4.8은 교사가 개념적 렌즈 측면의 성취 단계를 '기대 수준을 뛰어넘은'이라고 한 이유를 이해하는 데 도움이 될 것이다.

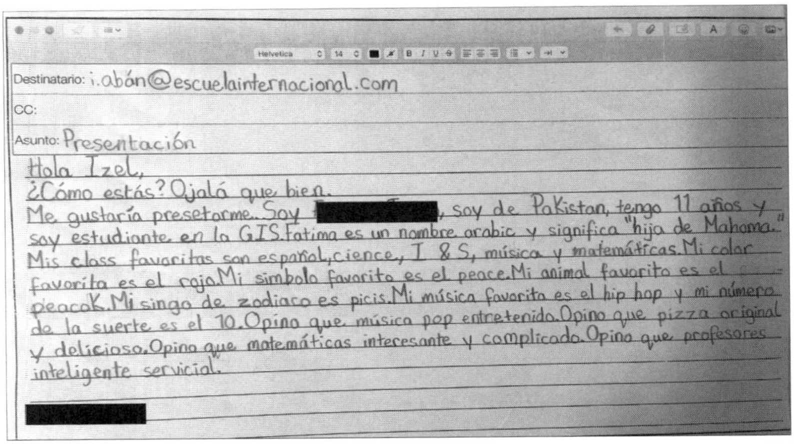
Destinatario: i.abón@escuelainternacional.com
CC:
Asunto: Presentación
Hola Izel,
¿Cómo estás? Ojalá que bien.
Me gustaría presetarme. Soy ██████, soy de Pakistan, tengo 11 años y soy estudiante en la GIS. Fatima es un nombre arabic y significa "hija de Mahoma." Mis class favoritas son español, ciencie, I & S, música y matemáticas. Mi color favorita es el rojo. Mi simbolo favorito es el peace. Mi animal favorito es el peacoK. Mi singo de zodiaco es picis. Mi música favorita es el hip hop y mi número de la suerte es el 10. Opino que música pop entretenido. Opino que pizza original y delicioso. Opino que matemáticas interesante y complicado. Opino que profesores inteligente servicial.
██████

수신자: i.abón@escuelainternacional.com

참조:

제목: 소개합니다.

안녕하세요 이젤, 어떻게 지내세요? 잘 지내고 있길 바라요. 저는 OO입니다. 저는 파키스탄 출신이고, 11세이며, GIS에서 공부하고 있습니다. 파티마는 아랍어 이름으로 "마호메트의 딸"을 의미해요. 제가 좋아하는 수업은 스페인어, 과학, T & S, 음악, 그리고 수학입니다. 제가 좋아하는 색깔은 빨간색이에요. 제가 좋아하는 상징은 평화이고요. 제가 좋아하는 동물은 공작새입니다. 제 별자리는 물고기자리입니다. 제가 좋아하는 음악은 힙합이며, 제 행운의 숫자는 10입니다. 저는 팝 음악이 재미있다고 생각합니다. 저는 피자가 독창적이면서 맛있다고 생각해요. 저는 수학이 흥미롭고 복잡 정교한 과목이라고 여기고요. 저의 선생님들은 모두 똑똑하고 친절합니다.

[그림 4.8] 샘플 4.8

단원의 총괄 과제에 대한 평가 루브릭

결과물: 이메일

〈표 4.13〉 **샘플 4.8에 대한 평가 루브릭**

1– 증거가 없는 | 2–약간 | 3–만족스러운 | 4–기대 이상

측면	개념	기술어: 학생은 다음을 수행할 수 있다.	1	2	3	4
언어	어휘(의미) lexicon(meaning)	정체성과 관련된 어휘를 적절히 사용했다.				
	어휘(형식) lexicon(form)	성별과 수를 고려하여 올바른 형태의 명사, 형용사, 동사를 사용했다.				
	어휘(기능) lexicon(function)	의견을 표현하는 구문에 대한 이해가 입증되었다.				
	문장(구조) sentence(structure)	올바른 구조의 문장을 생성했다.				
텍스트	조직(organization)	아이디어를 논리적으로 조직했다.				
	관습(conventions)	텍스트의 언어적 관습을 이해했음을 보여 주었다.				
	메시지(message)	원하는 메시지를 명확하게 전달했다.				
	청중(audience)	목표 청중에게 적합한 언어를 사용했다.				
	목적(purpose)	특정 목적에 맞는 아이디어를 표현하기 위해 언어를 사용하는 능력을 입증했다.				
개념 렌즈 (이유나 근거)	정체성(identity)	어휘와 개념 렌즈의 관계에 대한 이해했음을 보여 주었다.				

〈표 4.14〉 **샘플 4.9의 데이터**

샘플 번호	4.9
단계	성찰하기 **가이딩 일반화:** **단어 형태가 바뀌면 문장 구조가 바뀐다.** **단어의 형태는 성별과 숫자 사이에서 연결 가능한 지점을 찾는 데 도움이 된다.** **사람들은 맥락에서 어휘의 의미를 고려하여 명확하고 논리적인 메시지를 구축한다.** **각 문화는 언어를 통해 그들의 정체성을 나타내는 중요한 측면을 표현한다.**
설명	학생은 이 단원에서 경험한 것을 종합하여 영어(샘플 추출한 학교의 교수 언어)로 답안을 작성했다. 학생의 답변을 통해 학생이 이 단원에서 탐구한 개념들 사이에서 발견된 관계를 설명하는 방식을 평가할 수 있었다. 그다음에 배우는 단원들에서는 이러한 유형의 과제에 학생이 스페인어로 응답하도록 지원하려고 했다. 이 첫 번째 단원을 마무리하는 데 사용된 학습 경험은 다음 QR 코드 또는 링크를 통해 확인 가능하다. [그림 4.9] 학습 경험 마무리 활동

사례 2: 외국어로서 영어를 배우는 학생을 위한 단원

단원의 개념적 틀(프레임워크)

〈표 4.15〉 **사례 2의 탐구 단원 프레임워크**

탐구 단원의 구성 요소	정보
단원 제목	함께 모여 서로에 대해 다 같이 배우기
학년 및 연령	6~8학년, 만 11~13세, 낮은 중급 수준
최종 결과물	• 설득력 있는 동영상 제작 • 개최 도시로 유치 신청하기 위한 이메일 보내기
영역	**일반화**
맥락	• 협업은 성과를 드러내고, 과정을 부각해 준다.
이해하기 (언어적 측면)	• 사람들은 다양한 문장 유형을 결합하여 의사소통의 목적에 맞는 텍스트를 작성한다.
반응하기	• 심층 분석은 독자가 메시지를 구성하는 전략을 익히고 텍스트 관습 간의 관계를 관찰하는 데 도움이 된다. • 정확하고 관련 있는 아이디어를 다양하게 조사하고 연결하면 강력한 텍스트를 창작할 수 있는 역량이 강화된다.
비평하기	• 사용역, 스타일 및 단어의 선택은 발표자가 강력한 메시지를 작성하고 청중을 사로잡는 데 도움을 준다.
산출하기	• 사람들은 텍스트가 의도한 목표를 달성하기 위해 관련 예시와 함께 매력적이고 정교한 방식으로 아이디어를 제시한다. • 작가는 사건들의 의미와 목적을 조사하여 해당 토픽에 관련한 교육적인 텍스트를 제작한다.

〈표 4.16〉 **샘플 4.10의 데이터를 참고하여**

샘플 번호	4.10
단계	이해하기 문법 패턴 조사하기 **가이딩 일반화: 사람들은 다양한 문장 유형을 결합하여 의사소통 목적에 맞는 텍스트를 작성한다.**
설명	이 과제는 의미와 구조에 관련된 개념에 초점을 두고, 학생이 문장 패턴에서 언어 현상을 분석하도록 장려한다. 학생은 이 단원과 관련된 어휘를 조합할 뿐만 아니라, 총괄 과제에서 유용할 수 있는 문장을 만들어 보게 된다. 마지막에 나오는 가이딩 질문은 학생이 자신의 작업을 되돌아보고 자신이 관찰한 것을 일반화하도록 유도한다. 학생의 답변을 읽으면, 학생이 탐구한 개념 간의 관계를 얼마나 깊이 이해했는지 알 수 있다. 학생이 직접 문장을 작성하지 않고 과제의 빈칸만 채우는 경우, 이러한 이해가 가능한지 생각해 보는 것도 중요하다.

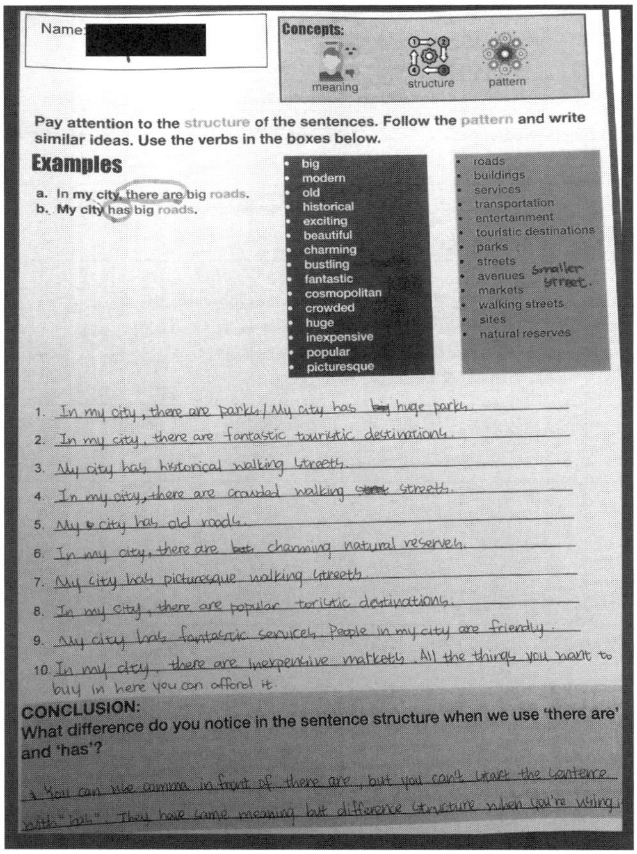
Name:

Concepts:
meaning structure pattern

Pay attention to the structure of the sentences. Follow the pattern and write similar ideas. Use the verbs in the boxes below.

Examples

a. In my city, there are big roads.
b. My city has big roads.

- big
- modern
- old
- historical
- exciting
- beautiful
- charming
- bustling
- fantastic
- cosmopolitan
- crowded
- huge
- inexpensive
- popular
- picturesque

- roads
- buildings
- services
- transportation
- entertainment
- touristic destinations
- parks
- streets
- avenues
- markets
- walking streets
- sites
- natural reserves

smaller street.

1. In my city, there are parks./My city has ~~big~~ huge parks.
2. In my city, there are fantastic touristic destinations.
3. My city has historical walking streets.
4. In my city, there are crowded walking ~~street~~ streets.
5. My city has old roads.
6. In my city, there are ~~bat~~ charming natural reserves.
7. My city has picturesque walking streets.
8. In my city, there are popular toristic destinations.
9. My city has fantastic services. People in my city are friendly.
10. In my city, there are inexpensive markets. All the things you want to buy in here you can afford it.

CONCLUSION:
What difference do you notice in the sentence structure when we use 'there are' and 'has'?

→ You can use comma in front of there are, but you can't start the sentence with "has". They have same meaning but difference structure when you're using it.

[그림 4.10] 샘플 4.10

이름: ○○○

개념:

의미(meaning)

구조(structure)

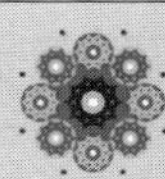
패턴(pattern)

문장의 구조에 주목하시오. 패턴을 따라 비슷한 아이디어를 작성하시오. 다음 상자에 있는 동사[6]를 사용하시오.

예시

a. 내 도시에는 큰 도로들이 있다.
b. 내 도시는 큰 도로들을 가지고 있다.

형용사(adjectives)	명사(nouns)
• 크다	• 도로
• 현대적인	• 건물
• 오래된	• 서비스
• 역사적인	• 교통
• 흥미로운	• 엔터테인먼트
• 아름다운	• 관광지
• 매력적인	• 공원
• 북적이는	• 거리
• 환상적인	• 큰길
• 국제적인	• 시장
• 붐비는	• 보행자 전용 거리
• 거대한	• 명소
• 저렴한	• 자연 보호 구역
• 인기 있는	• 작은 거리
• 그림 같은	

1. 내 도시에는 공원이 있다/내 도시는 큰 공원을 가지고 있다.
2. 내 도시에는 환상적인 관광지가 있다.
3. 내 도시는 역사적인 도보 거리를 갖고 있다.
4. 내 도시에는 혼잡한 도보 거리가 있다.
5. 내 도시는 오래된 길을 갖고 있다.
6. 내 도시에는 매력적인 자연 보호 구역이 있다.
7. 내 도시는 그림 같은 도보 거리를 갖고 있다.
8. 내 도시에는 인기 있는 관광지가 있다.
9. 내 도시는 훌륭한 서비스가 있다. 내 도시 사람들은 친절하다.
10. 내 도시에는 저렴한 시장이 있다. 여러분이 사고 싶어하는 게 모두 있다.

결론

'there are'와 'has'를 사용할 때 문장의 구조에서 어떤 차이를 발견했는가?

'there are'를 사용할 때는 'there are' 앞에 쉼표를 쓸 수 있다. 'has'로 문장을 시작할 수 없다.
'there are'와 'has'를 사용할 때 의미는 같지만 문장의 구조가 달라진다.

6) 역자 주: 형용사와 명사를 가르키는 것으로 보인다. 동사는 예제에 있는 be 동사와 have 동사를 사용하라는 지침으로 보면 되겠다.

〈표 4.17〉 **샘플 4.11의 데이터**

샘플 번호	4.11
단계	이해하기 문법 패턴 조사 **가이딩 일반화: 사람들은 다양한 문장 유형을 결합하여 특정 의사소통 목적에 맞는 텍스트를 작성한다.**
설명	이 과제는 학생이 문장의 구조를 이해하기 위해 두 가지 패턴의 문장을 따라하도록 하는 데 중점을 둔다. 이 활동은 각 패턴에 대한 모델링으로 시작되고 학생은 그 패턴을 재현한다. 패턴을 따라 문장을 작성함으로써 학생은 자신의 작업을 모니터링하고 잠재적인 오류를 식별할 수 있는 기회를 더 많이 얻는다. 일련의 패턴을 읽음으로써 언어가 어떻게 작동하는지, 개별 단어뿐만 아니라 필요한 어휘와 기능을 어떤 식으로 사용하여 아이디어를 구성하는지, 그리고 그것이 어떤 모습을 띠는지 알 수 있다. 마지막에 가이딩 질문을 사용하면 학생은 자신의 작업을 검토하고, 언어를 다루는 방식에 대한 결론에 도달하고, 일반화할 수 있게 된다.

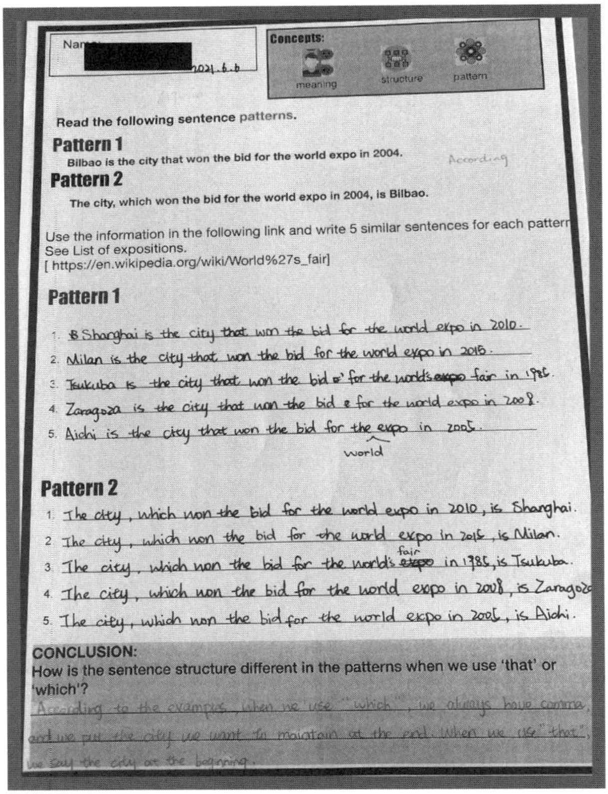

Name: 2021.6.6

Concepts: meaning structure pattern

Read the following sentence patterns.

Pattern 1
Bilbao is the city that won the bid for the world expo in 2004.

Pattern 2
The city, which won the bid for the world expo in 2004, is Bilbao.

Use the information in the following link and write 5 similar sentences for each pattern
See List of expositions.
[https://en.wikipedia.org/wiki/World%27s_fair]

Pattern 1
1. Shanghai is the city that won the bid for the world expo in 2010.
2. Milan is the city that won the bid for the world expo in 2015.
3. Tsukuba is the city that won the bid for the world's fair in 1985.
4. Zaragoza is the city that won the bid for the world expo in 2008.
5. Aichi is the city that won the bid for the world expo in 2005.

Pattern 2
1. The city, which won the bid for the world expo in 2010, is Shanghai.
2. The city, which won the bid for the world expo in 2015, is Milan.
3. The city, which won the bid for the world's fair in 1985, is Tsukuba.
4. The city, which won the bid for the world expo in 2008, is Zaragoza
5. The city, which won the bid for the world expo in 2005, is Aichi.

CONCLUSION:
How is the sentence structure different in the patterns when we use 'that' or 'which'?
According to the examples, when we use "which", we always have comma, and we put the city we want to maintain at the end. When we use "that", we say the city at the beginning.

[그림 4.11] 샘플 4.11

이름: ○○○

개념:

의미(meaning) 구조(structure) 패턴(pattern)

다음 문장 패턴(pattern)을 읽으시오.

패턴 1

빌바오는 2004년 세계 박람회 유치에 성공한 도시이다.

패턴 2

2004년 세계 박람회 유치에 성공한 도시는 빌바오이다.

다음 링크의 정보를 사용하여 각 패턴에 대해 유사한 문장을 5개씩 작성하시오. 박람회 목록을 참조하시오. (https://en.wikipedia.org/wiki/World%27s_fair)

패턴 1

1. 상하이는 2010년 세계 박람회 유치에 성공한 도시이다.
2. 밀라노는 2015년 세계 박람회 유치에 성공한 도시이다.
3. 쓰쿠바는 1985년 세계 박람회 유치에 성공한 도시이다.
4. 사라고사는 2008년 세계 박람회 유치에 성공한 도시이다.
5. 아이치는 2005년 세계 박람회 유치에 성공한 도시이다.

패턴 2

1. 2010년 세계 박람회 유치에 성공한 도시는 상하이이다.
2. 2015년 세계 박람회 유치에 성공한 도시는 밀라노이다.
3. 1985년 세계 박람회 유치에 성공한 도시는 쓰쿠바이다.
4. 2008년 세계 박람회 유치에 성공한 도시는 사라고사이다.
5. 2005년 세계 박람회 유치에 성공한 도시는 아이치이다.

결론

'that'과 'which'를 사용할 때 문장 구조는 어떻게 달라질까?

문장 구조는 'that'과 'which'를 사용할 때 차이가 있다. 'that'은 쉼표가 필요 없지만, 'which'는 항상 쉼표와 함께 사용된다. 'that'은 필수 정보를 전달하기 위해 사용되며, 'which'는 추가 정보를 제공할 때 사용된다.

〈표 4.18〉 **샘플 4.12의 데이터**

샘플 번호	4.12
단계	반응하기 텍스트 분석 **가이딩 일반화: 심층 분석은 독자가 메시지를 구성하는 전략을 익히고, 텍스트 관습 간의 관계를 관찰하는 데 도움이 된다.**
설명	이 과제는 텍스트 관습과 청중에게 전달되는 메시지와의 관계에 중점을 둔다. 여기서 촉발제(stimulus)의 사용은 학생이 언어와 텍스트의 관습을 식별하고 그 작동 방식을 이해하는 것을 돕기 위해 단순히 이해력 과제를 넘어서는 것이어야 한다. 이러한 유형의 탐구는 결국 학생이 자신만의 텍스트를 작성할 때 사용하는 전략이 된다. 학생을 안내하는 이런 과정은 학생이 의미 구성의 방식을 인식하는 데 도움을 줄 것이다. 다음 학생이 마지막에 제공한 답변은 이 과제를 받치고 있는 이해를 강화하는 데에 있어 학생이 어느 단계에 와 있는지를 명확하게 알려 준다.

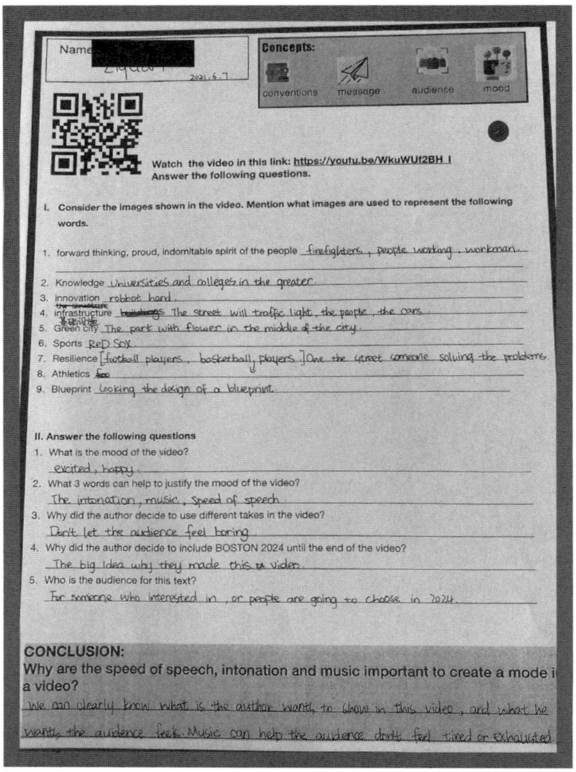

Name
2021.6.7

Concepts:
conventions message audience mood

Watch the video in this link: https://youtu.be/WkuWUf2BH_I
Answer the following questions.

I. Consider the images shown in the video. Mention what images are used to represent the following words.

1. forward thinking, proud, indomitable spirit of the people firefighters, people working, workman.
2. Knowledge Universities and colleges in the greater.
3. innovation robbot hand.
4. infrastructure The street will traffic light, the people, the cars.
5. Green city The park with flower in the middle of the city.
6. Sports ReD Sox.
7. Resilience [football players, basketball players] One the street someone solving the problems.
8. Athletics
9. Blueprint Looking the design of a blueprint.

II. Answer the following questions
1. What is the mood of the video?
excited, happy.
2. What 3 words can help to justify the mood of the video?
The intonation, music, Speed of speech.
3. Why did the author decide to use different takes in the video?
Don't let the audience feel boring.
4. Why did the author decide to include BOSTON 2024 until the end of the video?
The big Idea why they made this video.
5. Who is the audience for this text?
For someone who interested in, or people are going to choose in 2024.

CONCLUSION:
Why are the speed of speech, intonation and music important to create a mode i a video?
We can clearly know what is the author wants to show in this video, and what he wants the audience feel. Music can help the audience don't feel tired or exhausted.

[그림 4.12] 샘플 4.12

이름: ○○○

개념:

관습(conventions)

메시지(message)

청중(audience)

분위기(mood)

다음 링크에서 영상을 시청하시오. https://youtu.be/WkuWUf2BH_I
비디오에서 보이는 이미지들을 고려하시오.

I. 다음 단어들을 나타내기 위해 어떤 이미지들이 사용되었는지 말하시오.

1. 앞서는 생각, 자랑스러움, 사람들의 굴하지 않는 정신 소방관, 일하는 사람들, 작업자
2. 지식 대학교와 컬리지
3. 혁신 로봇 손
4. 기반 시설 거리에서 교통 신호등, 사람들, 자동차
5. 친환경 도시 도심 속 꽃이 피어 있는 공원
6. 스포츠 레드삭스
7. 회복력 축구 선수들, 농구 선수들, 거리에서 문제를 해결하는 사람들
8. 체육
9. 청사진 설계 도면을 보는 것

II. 다음 질문에 답하시오.

1. 비디오의 분위기는 어떠한가?
   흥분되고 행복한
2. 비디오의 분위기를 정당화하는 데 도움이 되는 세 가지 단어는 무엇인가?
   창의성, 음악, 연설의 속도
3. 저자가 이 비디오에서 다양한 영상을 사용한 이유는 무엇인가?
   시청자가 지루함을 느끼지 않게 하기 위해
4. 왜 저자는 영상의 끝에 BOSTON 2024를 포함했을까?
   이 영상을 만든 큰 이유(를 전달하기 위해)
5. 이 텍스트의 청중은 누구인가?
   2024년 올림픽 선정지를 선택해야 하는 사람들

결론
영상의 분위기를 창출하는 데에 있어서 말하기의 속도, 억양, 음악은 왜 중요한가?
우리는 이 비디오에서 저자가 무엇을 보여 주고자 하는지, 그리고 저자가 청중이 어떤 감정을 느끼기를 원하는지를 명확히 알 수 있다. 음악은 청중이 지치거나 피곤하지 않도록 도울 수 있다.

〈표 4.19〉 샘플 4.13의 데이터

샘플 번호	4.13
단계	반응하기 조사하기 과정 **가이딩 일반화: 심층 분석은 독자가 메시지를 구성하는 전략을 익히고, 텍스트 관습 간의 관계를 관찰하는 데 도움이 된다.**
설명	[그림 4.13]의 샘플 과제는 텍스트 분석 및 다양한 출처의 관련 세부 사항 조사 과정과 같은 기능을 통해 학생이 맥락 안에서 언어를 탐색할 수 있을 뿐만 아니라 총괄 수행에서 선택할 수 있는 개체들을 미리 모델링하게 해 준다. 학생의 과제를 통해 텍스트의 다양한 요소를 조사하는 것이 어떻게 학생의 사고를 어떻게 풍부하게 만드는지 보여 준다. 또한 과제 마지막에 학생이 작성한 요약에서 텍스트의 다양한 요소와 단어 선택 간의 관계를 일반화한 것이 청중과 소통의 목적 사이의 관계를 이해하는 데 어떻게 도움이 되는지 알 수 있다. 학생이 탐구하는 개념적 관계는 '산출하기'에서 일반화의 본질을 구성한다. 이러한 연결은 이 단원의 모든 일반화 간에 보이는 상호 연결성을 파악하는 데 도움이 된다.

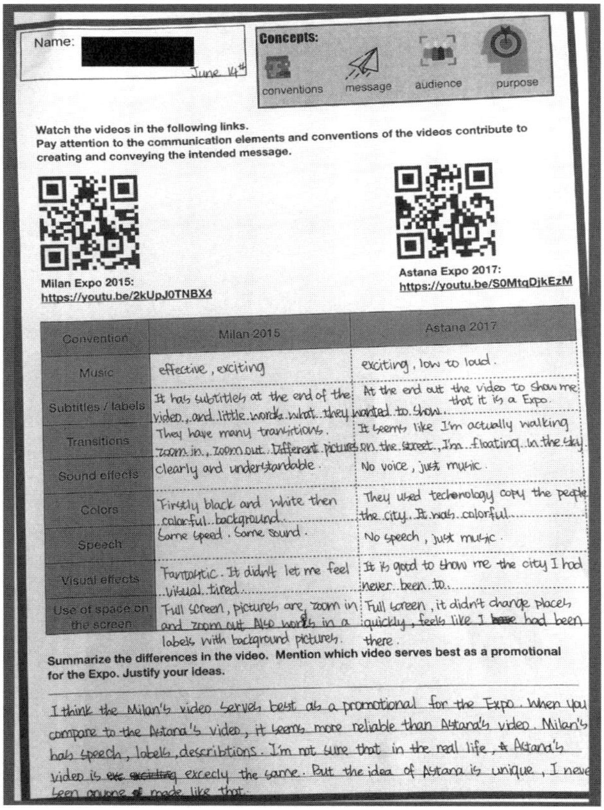
Name: June 14th

Concepts: conventions message audience purpose

Watch the videos in the following links.
Pay attention to the communication elements and conventions of the videos contribute to creating and conveying the intended message.

Milan Expo 2015: https://youtu.be/2kUpJ0TNBX4

Astana Expo 2017: https://youtu.be/S0MtqDjkEzM

Convention	Milan 2015	Astana 2017
Music	effective, exciting	exciting, low to loud.
Subtitles / labels	It has subtitles at the end of the video., and little words what they wanted to show.	At the end out the video to show me that it is a Expo.
Transitions	They have many transitions. zoom in., zoom out. Different pictures	It seems like I'm actually walking on the street., I'm floating in the sky.
Sound effects	clearly and understandable.	No voice, just music.
Colors	Firstly black and white then colorful background.	They used techonology copy the people the city. It was colorful.
Speech	Same speed. Same sound.	No speech, just music.
Visual effects	Fantastic. It didn't let me feel visual tired.	It is good to show me the city I had never been to.
Use of space on the screen	Full screen, pictures are zoom in and zoom out. Also words in a labels with background pictures.	Full screen, it didn't change places quickly, feels like I had been there.

Summarize the differences in the video. Mention which video serves best as a promotional for the Expo. Justify your ideas.

I think the Milan's video serves best as a promotional for the Expo. When you compare to the Astana's video, it seems more reliable than Astana's video. Milan's has speech, labels, describtions. I'm not sure that in the real life, Astana's video is excecly the same. But the idea of Astana is unique, I neve seen anyone made like that.

[그림 4.13] 샘플 4.13

이름: ○○○

개념:

관습(conventions)

메시지(message)

청중(audience)

목적(purpose)

링크의 영상을 보고, 영상이 의도된 메시지를 만들고 전달하는 데 기여하는 의사소통 요소와 관습에 주의를 기울이시오.

Milan Expo 2015

Astana Expo 2017

	Milan 2015	Astana 2017
음악	효과적이고 흥미로움	흥미롭고 점점 커지는 소리
자막/라벨	영상 끝에 자막이 나옴, 보여 주고자 했던 내용을 담은 단어 몇 개가 있었음	영상 마지막에 이 영상이 엑스포라는 것을 보여 줌
전환	다양한 전환 효과가 있음, 줌인, 줌아웃 다양한 장면들이 나옴	실제로 거리를 걷고 있는 것 같고, 하늘을 떠다니는 듯한 느낌
음향 효과	명확하고 이해하기 쉬움	음성 없음, 음악만 있음
색깔	처음에는 흑백이고, 이후에 컬러 배경이 나옴	테크놀로지(기술)를 사용해 사람과 도시를 재현했음, 색감이 풍부했음
연설	일부 내레이션과 음성이 있음	내레이션 없음, 음악만 있음
시각 효과	환상적이었고, 시각적으로 피로하지 않게 느껴졌음	내가 가 본 적 없는 도시를 보여 주는 데에 효과적이었음
공간의 사용	전체 화면에 그림이 나오고 줌인/아웃 효과가 있음, 배경 이미지 위에 라벨과 단어가 있음	전체 화면이지만 장소가 빠르게 바뀌지 않음, 마치 내가 그곳에 가 본 듯 한 느낌을 줌

결론

영상의 차이점을 요약하고, 어떤 영상이 Expo 홍보에 가장 적합한지 설명하시오. 이유를 정당화하시오.

나는 밀라노(Milano) 영상이 엑스포 홍보용으로 가장 적합하다고 생각한다. 아스타나(Astana) 영상과 비교했을 때, 밀라노 영상이 더 신뢰성이 있어 보인다. 밀라노 영상에는 내레이션, 라벨, 설명이 있다. 실제로도 아스타나가 영상에서처럼 퀄리티가 좋을지는 잘 모르겠지만 아스타나의 아이디어는 독특했다.

〈표 4.20〉 샘플 4.14의 데이터

샘플 번호	4.14 및 4.15
단계	비평하기 글쓰기 **가이딩 일반화: 사용역 및 스타일은 단어 선택에 영향을 주고, 발표자가 청중을 사로잡는 강력한 메시지를 작성하는 데 도움을 준다.**
설명	샘플 4.14는 텍스트의 구조와 저자의 기법을 탐구하는 것이 학습 경험의 중심이었던 활동에 학생이 어떻게 참여했는지 보여 준다. 이 활동은 학생이 콘텐츠 제작자가 만든 내용의 조사뿐만 아니라 그동안 공부한 어휘와 문법 간의 연관성, 메시지 작성에 대해 생각해 볼 수 있는 기회였다. 다음 QR 코드(샘플 4.15)는 이 학습 경험과 연결되어 있다. 이 샘플은 학습자가 읽은 텍스트의 다양한 아이디어와 텍스트의 가능한 시각적 요소를 연결한 교사와 학생 간의 개별 면담 내용을 보여 준다. 학생의 성찰에는 개념의 성취와 총괄 평가에 대한 준비도가 명확하게 드러나 있다.

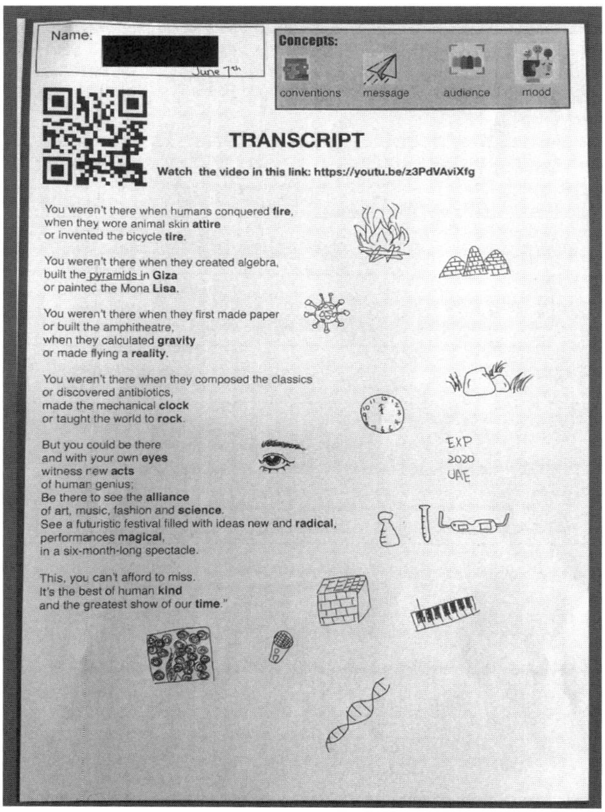
Name:
June 7th
Concepts:
conventions message audience mood

TRANSCRIPT

Watch the video in this link: https://youtu.be/z3PdVAviXfg

You weren't there when humans conquered **fire**,
when they wore animal skin **attire**
or invented the bicycle **tire**.

You weren't there when they created algebra,
built the pyramids in **Giza**
or paintec the Mona **Lisa**.

You weren't there when they first made paper
or built the amphitheatre,
when they calculated **gravity**
or made flying a **reality**.

You weren't there when they composed the classics
or discovered antibiotics,
made the mechanical **clock**
or taught the world to **rock**.

But you could be there
and with your own **eyes**
witness new **acts**
of human genius;
Be there to see the **alliance**
of art, music, fashion and **science**.
See a futuristic festival filled with ideas new and **radical**,
performances **magical**,
in a six-month-long spectacle.

This, you can't afford to miss.
It's the best of human **kind**
and the greatest show of our **time**."

[그림 4.14] 샘플 4.14

[그림 4.15] 학생의 추론과 연결

[그림 4.16] 로마 엑스포 피날레

이름: ○○○

개념:

관습(conventions) 메시지(message) 청중(audience) 분위기(mood)

대본

링크의 영상을 보고 대본을 읽으세요: https://youtu.be/z3PdVaViXlg

당신은 그곳에 없었습니다.
인간이 불을 정복할 때
그들이 동물 가죽을 입었을 때나
자전거 타이어를 발명했을 때도.

당신은 그곳에 없었습니다.
그들이 대수를 창조했을 때
기자(Giza) 피라미드를 세웠을 때나
모나리자를 그렸을 때도.

당신은 그곳에 없었습니다.
인간이 처음으로 종이를 만들었을 때나
원형 극장을 지었을 때,
중력을 계산했을 때나
비행을 현실로 만들었을 때도.

당신은 그곳에 없었습니다.
인간이 클래식을 작곡했을 때나
항생제를 발견했을 때,
기계식 시계를 만들었을 때나
록 음악을 세계에 소개했을 때도.

그러나 당신은 그 자리에 있을 수 있습니다.
당신의 두 눈으로 직접 보고,
새로운 행위들을 목격하세요.
인간 천재성의 새로운 작품들을.
예술, 음악, 패션, 과학의 융합을 보세요.
새로운 아이디어와 급진적인, 마법 같은 공연들이 가득한
6개월간의 미래 지향적인 축제를 목격하세요.

이것을 놓칠 수 없습니다.
이것은 인류의 최고이자,
우리의 시대에서 가장 위대한 쇼입니다.

〈표 4.21〉 **샘플 4.16의 데이터**

샘플 번호	4.16
단계	산출하기 총괄평가 **가이딩 일반화: 사람들은 아이디어를 매력적인 방식으로 제시하고 관련 예시를 통해 정교하게 설명하여 텍스트가 본래 가진 목표를 달성할 수 있도록 한다.** **협력을 통해 성과를 보여 주고 진전을 돋보이게 할 수 있다.**
설명	QR 코드 또는 링크에 캡처된 비디오([그림 4.16])는 이 단원의 마지막에 학생이 만든 총괄 과제 작업물의 예시를 보여 준다. 학생의 공연은 이 단원에서 탐구한 어휘와 구조를 효과적으로 사용했을 뿐만 아니라 수업에 사용된 멘토 텍스트에 나타난 제작자의 동작을 모방하고 있다. 학생이 준비한 스크립트에서는 맥락 속에서 일반화에 대한 이해를 직접적으로 다루고 다양한 언어 모드를 사용하여 청중의 참여를 유도할 수 있는 능력을 효과적으로 보여 줄 수 있는 일련의 아이디어가 포함되어 있다. 다음 평가 루브릭에는 교사가 부여한 성취도 수준이 나와 있다.

단원의 총괄 과제에 대한 평가 루브릭

결과물: 비디오 영상

〈표 4.22〉 **세계적 상호작용에 대한 탐구 단원에서 학생의 총괄 수행을 평가하는 데 사용된 평가 루브릭**

1–증거 없음 | 2–약간 | 3–만족스러운 | 4–기대 이상

카테고리	개념	기술어: 학생은 다음을 수행할 수 있다.	1	2	3	4
언어	어휘(의미)	글로벌 협력 및 소통을 위한 이벤트 조직과 관련된 어휘를 사용했다.				
	어휘(형식)	성별과 수를 고려하여 올바른 형태의 명사, 형용사, 동사를 사용했다.				
	어휘(기능)	어휘를 기능에 따라 정확하게 사용하고 의견을 표현할 수 있는 구조에 대한 이해력을 입증했다.				
	문장(구조)	올바른 구조의 문장을 생성했다.				
텍스트	조직	논리적으로 아이디어를 조직했다.				
	관습	텍스트의 언어적 관습(목소리 톤, 억양 등)에 대한 이해를 보였다.				
	메시지	의도한 메시지를 명확하게 전달했다.				
	청중	대상 청중에게 명확한 방식으로 전달하기 위한 언어를 사용했다.				
	목적	특정 목적에 맞는 아이디어를 표현하기 위해 언어를 사용하는 기능을 입증했다.				
맥락적 일반화	협력 의사소통	맥락 속에서 일반화의 본질을 다루도록 언어를 사용했다.				

전이하기

새로운 언어를 배우는 과정을 이해하는 데 있어 가장 어려운 것 중 하나는, 언어를 습득했다고 판단할 수 있는 이해의 변화 과정을 시각적으로 확인하기 어렵다는 점이다. 새로운 개념을 탐구하거나, 특정 언어 기능을 강화한 후 우리의 뇌에서 어떤 변화가 일어나는지 볼 수 있다면 얼마나 좋을까?

이 장의 첫 번째 부분에서 나는 최종 산출물이 학습의 성취 수준을 결정하는 역할을 하는 경우가 많으며, 때로는 상위 수준의 수업으로 이동할지를 평가하는 도구로 활용된다는 점을 강조했다. 마찬가지로 나는 이 장에서 학생이 무엇을 수행할 수 있는지 설명하고, 아직 완전히 숙달하지 못한 부분을 향상시키기 위해 무엇을 해야 하는지 결정하려면, 교사는 단원 전반에서 나타난 학습의 모든 증거를 고려해야 한다는 주장도 해 왔다.

이 장에서는 개념 이해가 어떻게 구성되고 적용되는지 인식하는 것을 평가 개념의 핵심으로 다룰 예정이다. 이는 새로운 어휘를 익히는 것부터 학생의 과제에서 반복되는 언어적 실수를 예방하는 것까지를 포괄하는 전 과정을 다루는 것을 말한다.

기존의 지식과 새롭게 습득한 이해가 어떻게 결합되는지를 관찰하면, 다양한 역량과 함께 성장하는 일관된 언어적 역량을 목격하게 된다. 이러한 역량을 통해 학생은 익숙한 상황과 낯선 상황, 연습된 상황과 즉흥적인 상황, 그리고 유사한 맥락과 다른 맥락에서 자신이 알고 있는 언어를 활용하여 무엇을 할 수 있는지를 보여 준다.

> 전이는 우리가 설계하는 교수 · 학습 시스템과 직접적으로 관련되어 있다.

총괄 평가 및 다양한 평가 단계에서 전이의 적절성은 교사가 평가 중에 감독하고, 모니터링하고, 패턴을 관찰하는 것과 언어 발달 및 개선의 징후에 대한 피드백을 제공하기 위해 설계하는 시스템과 관련한다. 또한 우리가 무엇을 측정하고 그것을 어떻게 측정하는지는 우리가 평소 중시하는 가치와 목표를 반영한다. 교사가 정말로 전이를 중요하게 생각한다면, 평가의 실천을 통해 이 메시지를 전달하는 것이 가장 좋은 접근이라고 할 수 있다(Stern et al., 2021, p. 185).

수행의 측정을 통해 우리는 학생이 한 맥락에서 다른 맥락으로 지식을 전이하고 있다고 말할 수 있다. 다행히도, 우리 언어 교사에게는 학생이 사전에 구축한 이해를 복기하고 이를 다양한 상황이나 사례에 적용하도록 유도하는 학습 경험을 의도적으로 설계하여 학습의 전이를 관찰할 기회가 비교적 많은 편이다.

이해는 학습 과정에서 더 많은 맥락과 연결될수록 전이 가능성이 높아지므로(Bransford et al., 1990; Gick & Holyoak, 1983), 학생이 언어를 사용할 수 있는 다양한 맥락을 인식하여 자신의 이해를 전이할 가능성을 높일 수 있다.

우리가 외국어를 습득할 때, 첫 번째 유형의 전이는 목표 언어를 모국어와 비교할 때 발생하며, 나중에 다양한 맥락에서 그 언어를 사용하고 서로 다른 상황에서 기능과 전략을 사용할 수 있음을 보여 줄 때 그 전이가 더 복잡하고 정교해진다. 따라서 우리는 학생이 개념적 지식뿐만 아니라 기능도 전이할 수 있기를 기대해야 한다.

단순히 문법 규칙을 기억하는 능력과 전이를 혼동해서는 안 된다. 문법 규칙을 인지하지 못해도 유창하게 언어를 구사할 수 있으며, 반대로 문법 규칙을 알고 있어도 실제 상황에서 자연스럽게 언어를 사용할 수 없는 경우가 있기 때문이다. 외국어 수업은 사회적 활동을 연습하는 리허설의 장소가 아니라, 학생이 이미 모국어로 해석해 온 세계를 바탕으로 사물을 명명하고 의사를 표현하는 새로운 방식을 발견하는 실험실이다.

전이는 우리가 알고 있는 것을 활용하여 질문에 답하거나 문제를 해결할 때만 발생하는 것이 아니다. 학습에 도움이 되는 요소를 이미 알고 있고, 구축된 이해를 활용할 때도 전이가 이루어진다.

학생에게 기존의 이해나 기능을 다양한 맥락에서 활용하도록 요구할 때, 우리는 학생이 자연스럽게 이를 회상하고 연결하여 하나의 '힘(power)'으로 발휘하도록 독려한다. 이러한 과정에서 과제의 난이도나 복잡성이 점차 높아지면서, 학생은 처음 특정한 이해를 형성했을 때보다 더 깊이 사고하고 확장할 기회를 갖게 된다(Ruiz, 2020, p.99). 따라서 개념 간의 관계를 명시적으로 가르치는 것처럼, 학생이 학습 전략을 인식하는 영역에서는 명시적으로 가르쳐야 한다. 학생이 이를 달성하는 데 사용된 전략을 인식하여 학습 이후에도 필요한 순간이 오면 이를 활용할 수 있도록 해야 한다.

제6장에 제시된 자료 D와 E는 언어를 사용할 때 다양한 개념적 지식이나 기능이 어떻게 나타나는지 인식할 수 있도록 학생이 사전 지식을 떠올리는 습관을 기르는 데 활용할 수 있는 예시를 제시한다. 이러한 교육은 메타인지를 촉진할 뿐만 아니라 학생이 이미 통합된 지식을 효과적으로 전이할 수 있는지, 또는 이를 더욱 확립하기 위해 교사의 개입이 필요한지 그 여부를 파악하는 데도 도움이 된다.

우리는 학습할 때 새로운 정보를 연관된 사전 지식과 체계적으로 연결한다(Ruiz, 2020, p. 97). 우리가 설계하고 학생이 참여하는 모든 학습 기회에 있어서, 새로운 지식은 특정 사전 지식과 연결되어야 한다. 그 특정 지식이라는 것은 우리가 수행할 과제와 관련이 있고 학습 경험의 방향에서 벗어나지 않는 범주의 것을 말한다. 따라서 학생이 다양한 상황에서 전이를 경험할 수 있도록 교사가 다양한 시나리오를 탐색할 기회를 신중하게 선별하고 창출하는 것은 설계에서 중요한 실천 사항이다.

결국, 전이는 학습이 깊이 있게 이루어질 때 가장 잘 일어난다. 이는 학습 내용이 여러 개의 스키마와 연결되어 있고, 일정 수준의 추상화가 포함될 때 가능하다. 즉, 학습은 단순히 데이터를 암기하거나 규칙과 절차를 재현하는 데 그치지 않고, 이해를 바탕으로 일어날 때 전이가 잘 발생한다. 이 추상화 과정이 바로 전이성을 촉진하는 방법이라고 할 수 있다.

개념 기반 언어 학습의 주요 목표를 계속 설명하기 위해 다음과 같은 시나리오 두 가지가 예시로 활용된다. 각 시나리오에서 학생은 과거 학습 경험을 통해 습득한 사전 지식, 개념적 이해 및 기능을 전이한다. 이러한 순간을 포착하는 것이 가능했던 것은 그 수업의 설계가 해당 단원의 교수 및 학습 과정의 필수적인 부분이었기 때문이다.

시나리오 1: 학습 경험을 사용하여 개념 간의 관계 이해를 시도하기

라파엘(Rafael)은 다양한 수준의 학습자가 포함된 외국어로서의 영어 수업을 위해 탐구 단원을 설계했다. 이 수업에는 중급 학습자들뿐만 아니라, 한 명의 고급 수준 학습자와 한 명의 원어민 구사자가 포함되어 있었다. 이 단원은 '**미디어는 현실을 표현하기 위해 실제 사건과 허구적 사건을 활용한다.**'라는 맥락적 일반화를 기반으로 한다. 이 단원에서 학생들은 사실을 전달하기 위해 영어에서 단순 현재 시제와 단순 과거 시제를 사용하는 방법과 이러한 시제가 서로 결합하여 사건에 대한 묘사에 뉘앙스를 더하는 방법을 탐구한다.

이 단원에서 학생들은 자신이 택한 미디어의 유형에 따라 다양한 사건에 대해 글을 쓰고 공유하는 작가와 기자 역할을 맡았다. 또한 학생들은 교실에서 생산된 텍스트의 소비자의 역할도 하게 되었다. 이러한 방식으로 반 전체가 반 친구들의 작업물에 대해 의견을 나누고 피드백을 통해 배울 수 있었다.

학생들에게 제공된 멘토 텍스트에는 다양한 기사를 읽고 독자가 작성한 비평이 포함되었다. 이러한 방식으로 학생들은 같은 반 친구의 글에 반응하는 방식과 다른 사람들의 반응 방식을 비교할 수 있는 기회를 가질 수 있었다.

단원이 끝날 무렵, 라파엘은 학생들에게 작가와 독자로서의 경험을 떠올리고 앞에 제시된 명사와 동사를 활용하여 자신의 경험을 요약하는 문장을 구성하도록 요청했다. 이러한 방식으로 라파엘은 학생들이 논리적이고 문법적으로 올바른 문장을 표현하는 방식을 관찰하는 것 외에도 어떤 개념에 흥미를 느꼈으며, 개념 간 어떤 관계를 형성하려 했는지도 파악할 수 있었다. 이러한 초기 시도는 학생들이 향후 다른 단원에서 자신만의 일반화를 구성하는 데 도움이 될 것이다.

이 학습 경험의 녹화본은 다음 링크를 통해 또는 [그림 4.17]의 QR 코드를 스캔하여 확인할 수 있다. 영상은 영어로 제공되며, 스페인어 자막이 포함되어 있다.

[그림 4.17] 학습 마무리 (일반화)

시나리오 2: 개별 면담(conference)

6학년의 EAL(English as an Additional Language, 추가 언어로서의 영어) 수업을 위해 **'필수 자원의 관리는 활동의 제한 또는 기회를 창출할 수 있는 루틴 개발에 기여한다.'** 라는 맥락적 일반화에 기반한 탐구 단원을 설계했다. 이 단원에서는 정보 텍스트를 탐색하고 사람들이 다양한 출처의 데이터와 세부 정보를 활용하여 메시지를 통합하는 방법을 조사하는 데 중점을 둔다.

이 단원에서는 단순 현재 시제, 조동사 및 특정 토픽과 관련된 어휘의 사용(use)을 검토하는 것 외에도 학생이 언어 관습과 시각적 요소의 역할을 파악하고 이해할 수 있도록 하는 것을 목표로 한다. 이에 따라 학생들의 최종 과제 형식은 봉사 학습[7] 과제에 사용될 문서로 설정되었다.

학생들은 색상, 모양, 공간 활용, 다양한 글꼴 사용의 다양한 의미에 대해 탐구했다. 또한 문장에 포함될 수 있는 단순절 또는 종속절의 사용과 이를 통해 전달하고자 하는 내용에 대해서도 탐색했다.

학생들은 이전에 학습한 언어적 개념과 시각적 요소가 나타나는 일련의 텍스트로 상호작용했다. 또한 학생들은 단원에서 다룬 시제와 핵심 어휘가 특정 맥락에서 어떤 목적을 가지고 사용되었는지 탐구하고 성찰하였다. 그 외에도, 학생들은 동의와 반대 표현을 사용했으며, 일부 의견을 반박하기 위해 다양한 출처의 아이디어를 활용했다.

학생들이 제작한 텍스트 최종안 중 하나는 지역 및 세계적으로 직면한 문제에 대해 지역사회 사람들에게 알리는 브로슈어였다. 브로슈어에는 다양한 출처의 데이터, 사실 및 아이디어가 포함되어야 했다. 학생들은 단원을 공부하는 동안 연습한

7) 역자 주: 봉사 학습(service learning)은 봉사(service)와 학습(learning)을 결합한 교육 방법으로, 지역사회 활동을 통해 학문적 지식을 적용하고 시민의식과 사회적 책임감을 함양하는 것을 목표로 한다.

문법과 어휘를 사용해야 했으며, 문장의 유형, 사용하는 언어의 유형, 포함해야 할 관습과 시각적 요소에 대해 스스로 결정해야 했다.

개인 면담은 학생들의 구두 발표 능력을 평가하고 학생들이 구축하고 해석할 수 있는 개념적 관계를 이해하는 기회를 제공했다. 이러한 대화를 텍스트의 최종 제작을 위한 예비 단계로 활용할 때, 우리는 학생이 언어를 정확하고 효과적으로 사용하는지 뿐만 아니라, 개념적 지식을 어떻게 적용하는지도 평가하는 것이 가능하다.

따라서 최종 결과물 제작의 준비 작업의 일환으로 한 학생이 개인적인 성찰과 피드백을 통한 교사와의 대화에 참여했다. 교사는 이 학생의 작품 초안을 검토하는 것 외에 학생의 발표 기능을 관찰하고, 언어 오류를 식별하고, 학생 자신이 내리는 결정에 대해 인지하고 있는지 확인할 수 있는 기회를 가졌다. 또한 이 학습 경험을 통해 해당 학생이 관습에 대한 개념적 이해와 아이디어를 전이시키기 위해 언어를 사용하는 방식을 종합적으로 이해할 수 있었다.

[그림 4.18] 개별 면담에서 결정 설명하기

해당 학습 경험의 녹화본은 왼쪽의 링크를 통해 또는 [그림 4.18]의 QR 코드를 스캔하여 확인할 수 있다. 녹화 영상은 영어로 되어 있으며, 스페인어 자막이 제공된다.

시나리오 3: 개념적 지식은 다양한 맥락에 적용될 때 어떤 특징을 보이는가?

사람들이 다양한 직업에서 사용하는 지식과 기능에 대한 탐구 단원을 마친 후, 라파엘은 학생들의 요청에 따라 서로 다른 나라 사람들이 돈을 사용하는 다양한 방법에 대한 탐구 단원을 설계했다. 이 단원의 의도 중 하나는 학생들이 숫자를 다양한 맥락에서 개념으로 사용하는 경험을 통해, 다양한 유형의 아이디어를 표현할 기회를 갖고 궁극적으로 다른 맥락의 사람들과 공유할 수 있는 텍스트를 작성할 수 있도록 하는 것이었다.

이 단원을 통해 학생들은 토픽과 관련된 어휘를 습득하고 특정 문법 구조를 사용하고 결합함으로써 관점을 표현하고, 다른 사람들과 상호작용하며, 데이터를 수집하고, 이러한 데이터가 가질 수 있는 가능한 의미를 설명할 수 있는 기회를 만들 수 있다는 것을 알게 될 것이다. 마찬가지로, 의사소통할 수 있는 내용을 인식하고 학습한 어휘와 구조로 만들 수 있는 텍스트를 알아차리는 것은 학생이 토픽, 어휘 및 문법, 텍스트 간의 관계를 이해하는 데 도움이 될 것이다.

다양한 청중이 소비할 수 있는 텍스트를 만들고, 그에 대한 피드백을 제공받는 경험은 언어 수업에 참여하는 청소년들에게서 잊을 수 없는 특별한 경험이 될 것이다.

따라서 교사는 단원의 마지막에 메시지를 전달하고 교실 밖에서도 활용할 수 있는 텍스트를 제작하는 학습 경험을 설계한다면, 학생이 새로운 언어를 습득할 수 있는 잠재력을 실현할 수 있도록 도울 수 있을 것이다.

[그림 4.19]의 QR 코드와 링크를 통해 돈의 사용에 관한 뉴스 인터뷰에 참여한 한 학생의 첫 번째 과제를 보게 될 것이다. 이 과제를 통해 학생은 다양한 의도를 가진 문장을 만드는 능력과 다양한 출처의 콘텐츠를 사용하여 상호작용에 참여하는 능력을 향상시킬 수 있었다.

[그림 4.19] 인도에서 돈을 어떻게 사용할까?

다음 QR 코드와 [그림 4.20]의 링크를 통해 자국의 화폐 사용에 관한 리포트를 제작하는 기자로 활동한 학생의 첫 번째 제작물도 볼 수 있다. 이 과제를 통해 학생은 특정 소통의 목적에 맞는 텍스트를 제작하는 능력과 자신이 제작한 아이디어를 다른 과제에서 사용하는 기능을 전이할 수 있었다. 이 영상은 전 세계 여러 지역의 스페인어 사용자와 공유되어 학생의 과제에 대한 피드백을 교환함으로써 학생이 제작한 텍스트의 효과를 확인할 수도 있었다.

인도 사회와 돈 에티오피아 사회와 돈 파키스탄 사회와 돈

[그림 4.20]

기능이나 이해의 전이는 실제 목적을 추구하는 특정 과제를 개발할 때 관련된 개념적 이해가 적용되면서 명확해진다.

따라서 학생이 습득하고 있는 이해와 기능을 인식하고, 그리고 학생의 창작물을 통해 다양한 청중 또는 텍스트 소비자와 함께 공유할 수 있는 경험을 인식하도록 학습 경험을 설계하는 것이 중요하다.

[그림 4.21]은 특정 토픽과 연결된 어휘 학습이 교실 안팎에서 작동하는 소비 가능한 텍스트의 생산을 추구할 때 외국어 교실에서 발생할 수 있는 전이의 순서를 보여 주는 예이다.

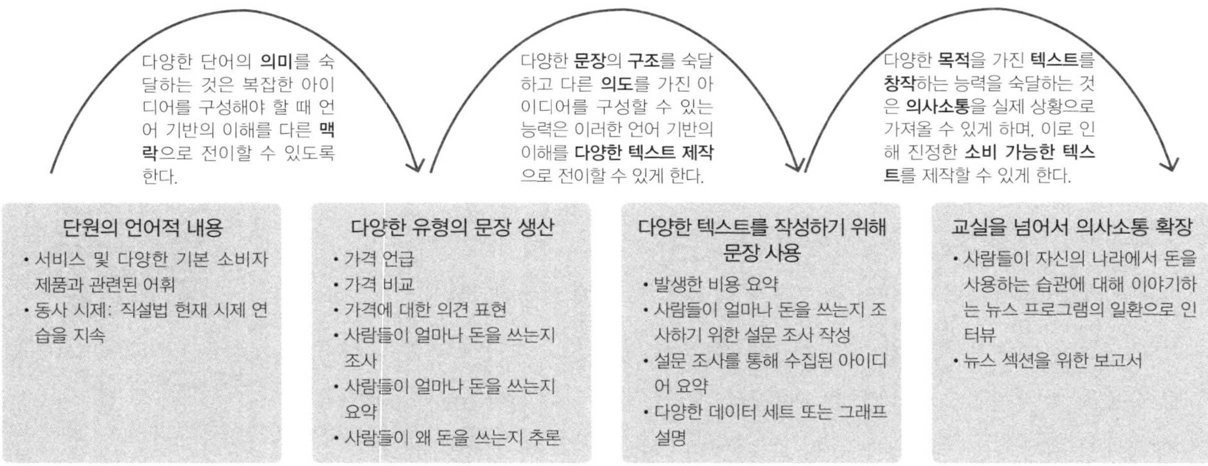

[그림 4.21] 한 맥락에서 다른 맥락으로의 개념적 지식 전이

[그림 4.22]의 영상은 이 탐구 단원에 참여한 학생 중 한 명의 성찰을 보여 준다.

[그림 4.22] 개념 기반 언어교육에 참여한 학생의 경험 성찰

[그림 4.23]과 [그림 4.24]는 외국어로서의 프랑스어 수업이 개념 기반 교수·학습 모델로 전환된 과정에서, 한 학생이 자신의 경험을 요약한 성찰을 보여 준다.

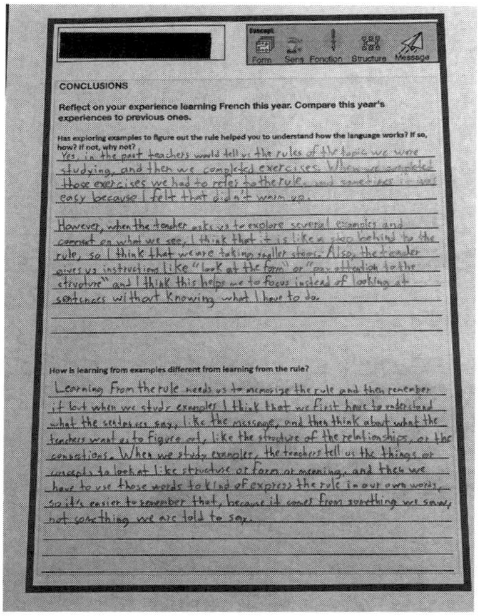

Concept
Form Sens Fonction Structure Message

CONCLUSIONS

Reflect on your experience learning French this year. Compare this year's experiences to previous ones.

Has exploring examples to figure out the rule helped you to understand how the language works? If so, how? If not, why not?

Yes, in the past teachers would tell us the rules of the topic we were studying, and then we completed exercises. When we completed those exercises we had to refer to the rule, and sometimes it was easy because I felt that didn't warm up.

However, when the teacher asks us to explore several examples and comment on what we see, I think that it is like a step behind to the rule, so I think that we are taking smaller steps. Also, the teacher gives us instructions like "look at the form" or "pay attention to the structure" and I think this helps me to focus instead of looking at sentences without knowing what I have to do.

How is learning from examples different from learning from the rule?

Learning from the rule needs us to memorize the rule and then remember it but when we study examples I think that we first have to understand what the sentences say, like the message, and then think about what the teachers want us to figure out, like the structure of the relationships, or the connections. When we study examples, the teachers tell us the things or concepts to look at like structure or form or meaning, and then we have to use those words to kind of express the rule in our own words, so it's easier to remember that, because it comes from something we saw, not something we are told to say.

[그림 4.23] 학생의 최종 성찰의 첫 번째 부분

개념:

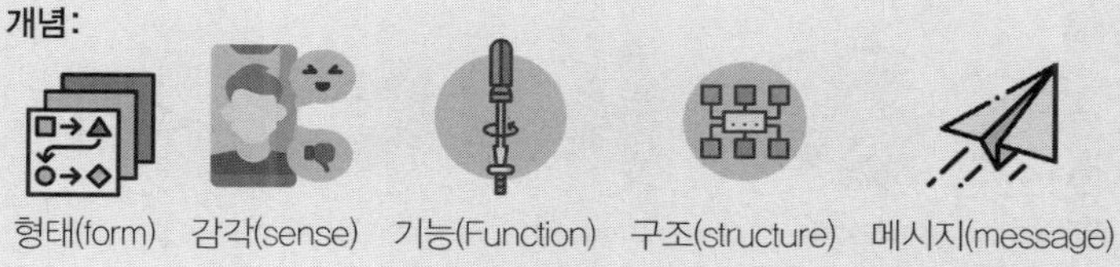

결론

올해 프랑스어를 배우면서 겪은 경험을 성찰해 보시오. 올해의 경험을 이전의 경험과 비교해 보시오.

Q: 예제를 탐구하여 규칙을 파악하는 것이 언어의 작동 방식을 이해하는 데 도움이 되었는가? 그렇다면 어떻게 도움이 되었는가? 아니라면, 왜 도움이 되지 않았는가?

A: 도움이 되었다. 과거에는 선생님이 우리가 공부하고 있는 토픽의 규칙을 알려 주셨고, 그 후 우리는 연습 문제를 완성했다. 그 연습 문제들에서 우리는 규칙을 적용해야 했다. 그 과정이 쉬웠던 이유는 준비 연습 같이 느끼지 않았기 때문이다.

하지만 선생님이 여러 가지 예제를 탐구하고 우리가 본 것을 논평하도록 요청할 때, 이는 규칙으로 돌아가는 한 단계 전으로 가는 것과 같다. 그래서 나는 우리가 더 작은 단계를 밟고 있다고 생각한다. 또한 선생님은 '형태를 봐라.' 또는 '구조를 봐라.'와 같은 지침을 준다. 이는 단순히 문장을 보는 대신 텍스트에 집중할 수 있게 도와준다고 생각한다.

Q: 예제에서 배우는 것과 규칙에서 배우는 것의 차이점은 무엇인가요?

규칙에서 배우는 것은 우리에게 그 규칙을 암기하고 나중에 기억해야 한다는 것을 의미한다. 하지만 예제를 공부할 때는 먼저 문장이 의미하는 것을 이해해야 한다고 생각한다. 예를 들어, 의미를 파악하고 나서 선생님이 우리가 알아내기를 원하는 것, 예를 들어 관계의 구조나 연결을 생각한다. 우리가 예제를 공부할 때, 선생님은 구조나 형태와 의미 같은 것을 보라고 지시하고, 그런 다음 우리가 그 단어들을 사용해 그 규칙을 우리만의 말로 표현해야 한다. 그래서 이는 우리가 지시받은 것을 말하는 것이 아니라, 우리가 본 것에서 비롯된 규칙을 말하는 것이기 때문에 더 쉽게 기억할 수 있다.

개념:

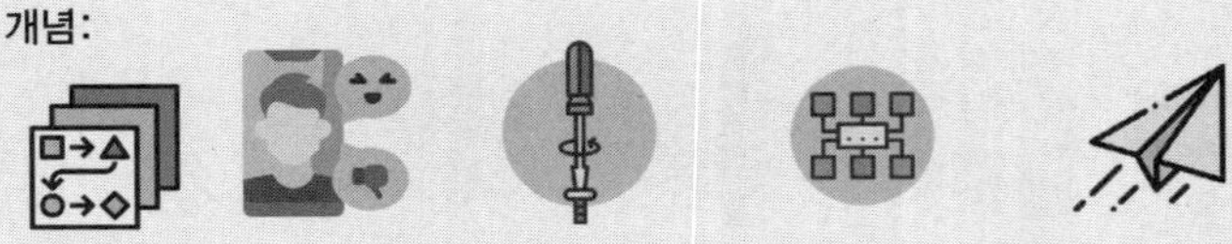

형태(form) 감각(sense) 기능(Function) 구조(structure) 메시지(message)

결론

올해 프랑스어 학습 경험을 성찰해 보세요. 올해의 경험을 이전의 경험과 비교해 보세요.

Q: 언어를 사용하고 피드백을 받을 때, 어떻게 작업의 질을 향상시킬 수 있는지 알게 되나요?

A: 선생님은 항상 질문을 던지셔서 왜 문장에서 실수가 발생했는지 알아내도록 도와주신다. 가끔 선생님은 '영어와 프랑스어의 동사의 차이점에 대해 우리가 기억해야 할 것은 무엇이지?' 혹은 '프랑스어 과거 시제에서 'être'와 함께 사용하는 동사는 어떻게 변화하지?'와 같은 질문을 하신다.

이러한 질문들은 우리가 배운 수업을 기억하는 데 도움이 되어, 노트를 다시 보고 우리가 왜 그 결론을 도출했는지 확인할 수 있게 해 준다. 만약 선생님이 내 산출물에 대해 이런 이야기를 하지 않으셨다면, 나는 내 산출물을 그렇게 쉽게 수정할 수 없었을 것이다.

Q: 이런 학습 모델에서 언어 학습이 주는 차이점은 무엇인가요?

A: 과거에는 선생님이 나에게 규칙을 기억하고 무엇을 해야 하고 하지 말아야 하는지 기억하는 것만을 원했다고 생각한다. 디디어(Didier) 선생님은 우리가 왜 그렇게 하는지 설명하기를 원하시고, 글을 쓸 때 작가처럼 생각하라고 요청하신다. 예를 들어, 왜 그렇게 블로그를 시작했는지, 혹은 그렇게 블로그를 끝내는 것이 효과적이라고 생각하는지 묻는다. 그래서 내 선택에 대해 생각해야 하고, 개선할 필요가 있다는 것을 깨달으면, 내가 배운 전략들을 사용한다. 우리는 글을 읽고 나서 글쓴이들이 왜 그런 행동을 했는지 논의하며, 다른 것 대신에 그런 행동을 한 이유를 이해하기 위해 읽기를 한다. 그렇게 하면 우리는 더 독립적으로 작업할 수 있다.

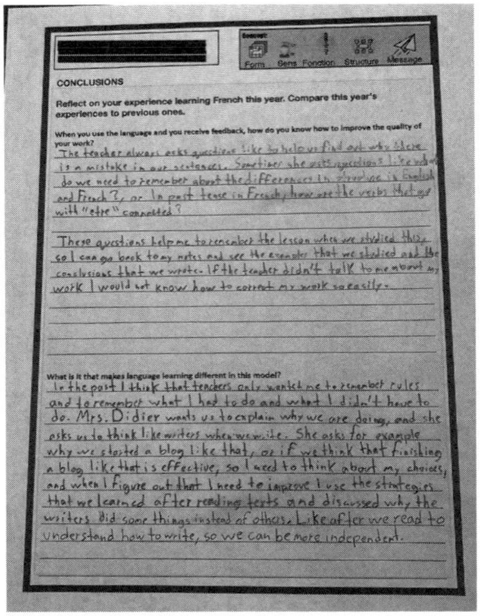

Concept:
Form Sens Fonction Structure Message

CONCLUSIONS

Reflect on your experience learning French this year. Compare this year's experiences to previous ones.

When you use the language and you receive feedback, how do you know how to improve the quality of your work?

The teacher always asks questions like to help us find out why there is a mistake in our sentences. Sometimes she asks questions like what do we need to remember about the differences in [illegible] in English and French?, or In past tense in French, how are the verbs that go with "etre" connected?

These questions help me to remember the lesson when we studied this, so I can go back to my notes and see the examples that we studied and the conclusions that we wrote. If the teacher didn't talk to me about my work I would not know how to correct my work so easily.

What is it that makes language learning different in this model?

In the past I think that teachers only wanted me to remember rules and to remember what I had to do and what I didn't have to do. Mrs. Didier wants us to explain why we are doing, and she asks us to think like writers when we write. She asks for example why we started a blog like that, or if we think that finishing a blog like that is effective, so I need to think about my choices, and when I figure out that I need to improve I use the strategies that we learned after reading texts and discussed why the writers did some things instead of others. Like after we read to understand how to write, so we can be more independent.

[그림 4.24] 학생의 최종 성찰의 두 번째 부분

개인적 성찰

다음 장을 시작하기 전에, 다음 질문을 고려하여 성찰해 보자.

- 총괄 평가의 결과만 고려할 경우 학습 경험의 어떤 측면을 간과할 수 있는가?
- 개념적 지식을 공고히 하는 것이 중요한 이유는 무엇인가?
- 학습을 모니터링하고 그 과정에 학생을 참여시키는 것이 중요한 이유는 무엇인가?
- 평가 실천에 있어 어떤 것을 통합할 생각인가?
- 어떤 교육적 발전의 측면이 여러분에게 새롭게 다가오는가?

참고문헌

Bransford, J. D., & Shwarts, D. L. (1999). Rethinking transfer: A simple proposal with multiple implications. *Review of Research in Education, 24*(1), 61-100.

Cohen, A. D. (1998). *Strategies in learning and using a second language*. Longman.

Frey, N., Hattie, J., & Fisher, D. (2018). Developing assessment-capable visible learners, grades K-12. Corwin.

Gick, M. L., & Holyoak, K. L. (1983). Schema induction and analogical transfer. *Cognitive Psychology, 12*(3), 306-355.

Grenfell, M., & Harris, V. (1999). *Modern languages and learning strategies in theory and practice*. Routledge.

Griffin, P. (2018). *Assessment for teaching* (2nd ed.). Cambridge University Press.

Halliday, M. A. K., & Matthiessen, C. M. I. M. (2014). *Halliday's introduction to functional grammar* (4th ed.). Routledge.

Kern, R. (2000). *Literacy and language teaching*. Oxford University Press.

McTighe, J., & Ferrara, S. (2021). *Assessing student learning by design: Principles and practices for teachers and school leaders*. Teachers College Press.

Paesani, K., Allen, H., & Dupuy, B. (2016). *A multiliteracies framework for collegiate foreign language teaching*. Pearson.

Ruiz, H. (2020). *¿Cómo aprendemos? Una aproximación científicaal aprendizaje y la* *enseñanza*. Editorial Graó.

Santa, C., Havens, L., & Valdes, B. (2004). *Project CRISS: Creating independence through student-owned strategies*. Kendall Hunt.

Skehan, P. (2002). Theorising and updating aptitude. In P. Robinson (Ed.), *Individual differences and instructed language learning* (pp. 69-93). John Benjamins.

Stern, J., Ferraro, K., Duncan, K., & Aleo, T. (2021). *Learning that transfers*. Corwin Press.

Wiggins, G., & McTighe, J. (2005). *Understanding by design*. ASCD.

Zohar, A., & David, A. B. (2009). Paving a clear path in a thick forest: A conceptual analysis of a metacognitive component. *Meta-Cognition Learning, 4*(3), 177-195.

5

결론

언어적 기능 개발을 넘어 학생의 전인적이고 포괄적인 교육에 기여하려면 외국어 교사는 어떻게 학습 경험을 설계해야 좋을까? 평생 학습을 위한 기능을 유지하는 것이 우선시되는 오늘날, 우리 언어 교사는 어떤 기여를 해야 하는가? 청소년기에 겪는 끊임없는 변화는 학생이 자신의 정체성을 정의하는 과정에 직접적인 영향을 미친다. 또한 이 시기는 학생이 지속적으로 기능을 개발하고 지식을 풍부하게 쌓아 가는 시기이다. 이러한 과정에서 학습을 단순히 추가하는 방식이 아닌 학습의 동반자가 될 수 있는 학습을 설계할 수 있는 방법을 고민하는 것이 더 적절하지 않을까?

청소년 시기가 가진 복합성과 이를 대처하는 데 필요한 전략은 이러한 복합성을 강조하거나 심화시키기보다는 존중하고 완화하는 방향으로 중등교육과정이 설계되도록 지원해야 한다. 학생이 구두 또는 서면 산출물이 언어 사용 능력을 입증할 수 있는 유일한 수단이라고 느끼지 않도록 언어 교사는 과목의 접근 방식을 다시 고민하고 조정할 수 있도록 스스로 동기를 부여해야 한다. 내성적인 학생에게 우리는 어떻게 말을 걸어야 할까? 외국어로 쓰여진 책을 읽고자 하는 열정을 발견한 학생에게는 어떤 것을 제시해야 할까? 교실 상황에서와 같이 가상 미디어 공간에서도 언어를 활발히 사용하는 이들과는 무슨 이야기를 어떻게 나누어야 할까?

우리의 모국어는 우리가 현실을 해석하고 이에 반응하는 첫 번째 도구이다. 따라서 학생이 새로운 언어를 습득하는 과정에서 의미를 찾을 수 있도록 하려면, 구두 또는 서면 의사소통 이상의 기능을 개발할 수 있는 기회와 경험을 포함하는 교육과정을 설계해야 한다.

우리 과목은 성찰, 사고, 연구 조사 및 협업 기능을 실제적으로 개발하는 데 기여할 수 있다. 우리는 단지 그것을 위한 공간을 마련하기만 하면 된다.

많은 이들이 하나 이상의 언어를 배웠고, 심지어 그 언어로 실제 소비 가능한 텍스트를 제작하여 정보 생성에 기여하고 있다. 이를 학생에게 동기를 부여하는 계기로 삼으면 어떨까? 오늘날의 새로운 세대는 양질의 콘텐츠를 생산하는 것이 성인에게만 국한되지 않는다는 것을 보여 준다. 그렇다면 학생이 관심 있는 토픽에 대해 그들의 신념을 공유할 수 있는 플랫폼으로 수업을 활용하는 것은 어떨까?

이제 어른들이 주로 하는 간단한 대화나 실용적인 의사소통뿐만 아니라, 청소년기를 지난 사람들이 관심을 가지는 토픽들도 청소년의 외국어 학습에 대한 흥미를 떨어트리는 원인 중 하나가 될 수 있음을 인정해야 할 때이다. 우리는 이미 특정 목적(비즈니스나 기타 분야)에 맞춰 성공적으로 언어 과정을 설계한 경험이 있기 때문에, 현재 가르치고 있는 외국어 과목의 방향을 조정하는 것만으로도 변화를 주기에 충분하다.

학생이 다양한 기능을 향상하고, 책임감 있게 정보를 소비하고 생산할 수 있도록 돕는 학습 경험을 제공하여, 우리 언어 과목에 대한 존중감을 높이고, 인식에 전환을 만들어 보는 시도가 필요하다. 전통적인 문법 중심에서 탈피하여, 규칙을 직접 설명하고 그것을 적용하게 만드는 대신 학생이 언어가 작동할 수 있는 원리를 이해할 수 있도록, 규칙이 적용된 예시를 통해 학생이 그 원리들을 자연스럽게 익히도록 문을 열어 주자.

학생이 문장을 쓴다는 것이 무엇을 의미하는지 이해하고, 의사소통 의도에 따라 다양한 유형의 문장이 있다는 것을 인식하도록 도와주자. 일부 학생이 문장 부호 기능을 효과적으로 발휘하지 못하는 이유에 대해 생각해 본 적이 있는가? 어쩌면 이는 우리가 학생에게 단어를 공부한 후, 누군가 만든 문장의 빈칸을 채우고, 그다음으로 논리적인 단락을 구성하는 과정으로 바로 넘어가도록 요구하기 때문일지도 모른다.

학생이 다양한 언어적 측면을 숙달하고 독자, 작가, 연사 또는 청중의 역할을 수행할 때 의사 결정을 내릴 수 있는 전략을 갖추도록 학습 경험을 설계해 보자.

청소년이 지닌 감수성을 활용하여, 단어 선택이 대화를 어떻게 형성하는지 탐구하도록 도와주자. 이를 통해 인간적으로 서로 가까워질 수도 있고, 반대로 고정관념을 반복하는 표현을 사용함으로써 거리감을 만들 수도 있다는 점을 학생이 이해할 수 있도록 하자.

학생이 특정한 방식으로 바라보도록 강요하지 않고, 다양한 상황에 대해 생각해 볼 수 있는 교육과정과 학습 경험을 설계해 보자. 또한 토픽의 본질적인 내용을 단순히 언어 수업에서 교사와 급우들끼리만 공유하는 것이 아니라, 교실 밖 친구들과도 자연스럽게 이야기할 수 있도록 하자. 이를 통해 학생이 청소년기의 삶을 더욱 풍요롭게 가꿀 수 있도록 돕자.

요컨대, 우리가 학생에게 숙제를 계속 내 주고 그들이 무엇을 할 수 없는지를 알려 주는 것이 반복된다면 어떻게 될까? 학생이 알고 있는 것을 활용해 무엇을 할 수 있는지 스스로 깨달을 시간을 충분히 확보하지 못하는 문제가 생길 것이다. 사실, 학생이 자신의 지식을 바탕으로 스스로 할 수 있는 것을 발견하도록 돕는 것이야말로 학습의 본질적인 목표가 아닐까?

나는 여전히 학교에서 언어 수업도 진행하고 있고, 여섯 번째 언어를 배우는 와중에 이 책을 쓸 수 있어서 참 기쁘다. 이 챕터들은 모두 내가 직접 겪은 경험을 통해 만들어진 내 교수와 학습의 여정이기도 하다. 여러분이 이 책을 가까이 두고 필요한 만큼 여러 번 펼쳐 보면서 유용한 도구와 전략, 좋은 아이디어 또는 도발적인 내용들을 챕터 안에서 찾고 스스로 동기부여를 할 수 있기를 바라본다.

6

자료

자료 A 교육과정 지도(curriculum map) 예시

제2장에서 외국어 학습자를 위한 교육과정을 설계하거나 개정하는 과정에서 유용하게 사용할 수 있는 프로토콜을 공유했었다. 학교의 사명, 비전, 철학을 직접적으로 반영하는 학습 경험으로 채우는 것의 중요성을 강조하는 것 외에도, 탐구 단원이 적용될 학년의 학생 연령대와 토픽의 관련성에 대해서도 생각해 보았다.

마칼리스터와 네이션(Macalister & Nation, 2020)이 제안한 교육과정 설계 원칙에서 도출된 단계들을 적용하는 과정에서 언급된 언어적 요소의 순서는 각 토픽과 관련된 어휘, 교육 프레임워크를 만드는 성취 기준(ACTFL 또는 CEFR),[1] 그리고 그 기준을 충족하는 데 필요한 문법 사항을 포함한다. 마찬가지로, 단원의 총괄 과제와 학습자가 소비하고 생산하는 텍스트의 관계를 고려하는 것이 중요하다. 이를 통해 명시적으로 가르칠 기능(skill)을 결정하고, 단원의 목표와 총괄 과제의 의사소통 목적에 맞도록 교수 과정에 반영할 문법적 접근법을 설정할 수 있다.

다음 페이지에서는 6학년부터 10학년까지 5년 동안의 IB 중등교육 프로그램(Middle Years Programme: MYP)을 다양한 맥락에서 다루는 교육과정 지도의 예시를 볼 것이다. 이 예시는 해당 교육기관에서 5년간의 교육을 이수하는 학생이 경험하게 될 이상적인 학습 연속성을 보여 준다. 이 교육과정 지도의 한 가지 특징은 단원을 여러 학년에 통합할 수 있고 학생의 수준에 맞게 조정하는 데 필요한 학습 경험의 유연성을 보여 준다는 점이다. 즉, 이러한 단원들은 학생의 수준에 따라 구현이 가능해야 하며 또 그래야 옳다.

---

1) 역자 주: ACTFL: American Council on the Teaching of Foreign Language, 미국 외국어 교육 위원회; CEFR: Common European Framework of Reference for languages, 유럽 언어 공통 기준

단원		MYP 1	MYP 2	MYP 3	MYP 4	MYP 5
1	제목	• 나의 정체성과 인간 관계에 대한 정보 교환하기	• 다름이 얼마나 멋진 일인지 설명하기	• 우리가 광고의 노예인지 여부를 궁금해하기	• 부모님들이 어렸을 때 살던 방식으로 산다고 가정하기	• 새로운 국가의 통치 시스템을 구축하는 데 도움이 되는 문서를 제작하기
	탐색	• 개인 정보 • 가족 및 사회적 관계	• 다양성 • 포용 • 공감	• 정체성 • 지속 가능성 • 책임 • 편향	• 정체성 • 책임 • 시간	• 세계화 • 정부 • 의사 결정 • 책임
	총괄 과제 & 의사소통의 목적 (제작할 텍스트)	• 이메일 작성 • 포스터 발표	• 학급 친구 프로필 작성(학교 사람들에 대한 잡지를 모은 것의 일부) • 모범 사례 두 가지를 가지고(교사와) 짝을 지어 대화하기	• 원탁 토론(설득) • 연구보고서(서면)	• 미니 다큐멘터리(유익한 정보 제공 및 비교) • 블로그 게시물 습관 및 생활방식 공유(엔터테인먼트)	• 두 가지 영역에 대한 (서면) 규칙 • 새로운 나라에서의 삶을 다룬 정보 영상 제작
	사용할 텍스트	• 문자 메시지 • 이메일 • 인포그래픽 • 포스터 • 소셜미디어 게시물	• 개인 프로필 • 설문조사 • 설문 보고서 • 인터뷰 (제3자 관련)	• 소셜 미디어 게시물 • 인포그래픽 • 기사	• 동영상 • 뉴스 • 기사 • 포스터 • 광고	• 규정 • 웹사이트 • 공식 문서 • 결의안(UN 모델 스타일) 홍보 동영상
	언어 내용	• 성별 • 문법적 수 • 동사–되다 & 가지다 • 숫자 0~31	• 단순 현재시제 (습관 및 빈도) • 기능 • 즐거움 • 비교 • 학교 가치 • 학교 태도	• 제품 및 서비스 • 외모 • 고정관념 • 현재 시제 복습 • 단순 과거 시제 (다양한 라틴어 표현) • 과거 및 현재 연결 • 원인과 결과 • 정당화	• 단순 과거 시제 • 단순 과거 시제와 단순 현재 시제의 연결 • 단순 과거 시제와 불완료 과거 시제의 대조 • 시간 표현	• 조동사 • 규칙 • 사회적 관습 • 단순 현재 시제 • 단순 과거 시제 • 미래 시제

단원		MYP 1	MYP 2	MYP 3	MYP 4	MYP 5
2	제목	• 내가 즐기고 열정을 쏟는 것에 대해 이야기하기	• 내가 살고 있는 도시를 잘 알고 있는지, 현실과 단절되어 살고 있는 것은 아닌지 토론하기	• 삶을 변화시켜 준 경험 이야기하기	• 동일한 정보가 과거와 현재에 어떻게 전달되었는지 조사하기	• 정보를 신뢰할 수 있는지에 대해 성찰하기
	탐색	• 사람들 간의 취향 공통점	• 시민 단체 서비스 • 휴양 지역	• 세계화 • 상상력 • 가치 • 공감	• 편향성 • 진실성 • 신뢰성 • 혁신	• 건강 • 정체성 • 웰빙
	총괄 과제 & 의사소통의 목적 (제작할 텍스트)	• 블로그 게시물 • 정보 동영상 • 블로그	• 설득력 있는 비디오 • 설득력 있는 잡지 기사(~하는 열 가지 이유)	• 성찰적 블로그 게시물(엔터테인먼트) • 인터뷰(엔터테인먼트)	• 출처 평가에 대한(설득력 있는) 연설 스크립트 • 과거와 현재-의사소통에 대해 3인 1조로 인터뷰하기	• 다이어트 지식의 필요성을 논하는 설득력 있는 브로슈어 작성 및 발표
	사용할 텍스트	• 블로그 게시물 • 인포그래픽 • 차트 • 소셜 미디어 게시물	• 소셜 미디어 게시물 • 웹사이트 • 브로슈어 • 기사	• 소셜 미디어 게시물 • 저널 기록 • 블로그 게시물 • 신문 뉴스 • 연설문	• 뉴스 • 광고 • 기사 • 소셜 미디어 게시물	• 브로슈어 • 블로그 게시물 기사 • 소셜 미디어 게시물
	언어 내용	• 동사 like(좋아하다)와 prefer(선호하다) • 활동 • 성격 • 정당화 • 비교 표현 (comparatives)	• 개인 정보 • 도시 내 장소 • 전치사 • 숫자(시간) • 교통수단 • 단순 현재 시제 (빈도, 습관 및 루틴의 표현) • 가구 (households) • 조동사	• 단순 과거 시제 (다양한 라틴어 표현) • 형용사 • 감각 어휘 • 여행 • 모험 • 발견	• 불완료 과거 시제 • 단순 현재 시제 • 관계절 • 임시적 시간 표현 • 논리적 연결사	• 현재 시제 • 조동사 • 원인과 결과 • 영향 • 논리적 연결사

단원		MYP 1	MYP 2	MYP 3	MYP 4	MYP 5
3	제목	• 실제 또는 상상 속 장소를 묘사하고 비교하기	• 국가를 흥미롭게 만드는 요소에 대한 관점 교환하기	• 영웅이 지도자인지 유명인인지에 대한 토론하기	• 미래 세대가 물려받을 세상에 대해 추측하기	• 가장 적게 대변되는 목소리에 대한 정의 요구하기
	탐색	• 공간, 위치	• 문화 • 문화 표현 • 세계화 • 유산	• 문화적 표현 • 역사적 유산 • 형평성 • 기여	• 세계화 • 지속 가능성 • 혁신	• 세계화 • 형평성 • 개발 • 연대 • 공감
	총괄 과제 & 의사소통의 목적 (제작할 텍스트)	• 엔터테인먼트를 위한 소셜 미디어 게시물 (서면 및 구두)	• 미니 다큐멘터리 • 정보 기사(편집 개요의 일부)	• 토론: 이 거리에 어떤 이름을 붙일까? (설득) • 신문 기사 – 거리 이름 광고	• 팟캐스트 시즌 에피소드(엔터테인먼트) • 단편소설(엔터테인먼트 – 서면)	• 신문 뉴스 (유익한 정보) • 토론
	사용할 텍스트	• 사진 • 동영상 • 기사 • 소셜 미디어 게시물	• 웹사이트 • 소셜 미디어 게시물 • 기사	• 신문 뉴스 • 소셜 미디어 상호작용 • 기사 • 전기	• 팟캐스트 • 브이로그 • 블로그 게시물 • 짧은 이야기 • 사진	• 뉴스 • 기사 • 인포그래픽 • 소셜 미디어 게시물
	언어 내용	• 장소와 사물 • 전치사 • 비교 표현 • 활동 • 단순 현재 시제 소개(읽기 및 모방)	• 전통 • 문화 표현과 관련된 동사 • 음식 • 단순 현재 시제 (사실 표현) • 비교 표현(자신의 문화와) • 정당성	• 단순 과거 시제 • 단순 현재 시제 • 현재 완료 시제 • 비교 표현 • 사람과 행동을 묘사하는 형용사 • 추론	• 미래 시제 • 조건부 • 원인과 결과 • 가정 • 가정법 논리 연결사를 가르치지 않고도 아이디어를 창출할 수 있도록 'had'와 'out'을 도입	• 원인과 결과 • 영향 • 단순 과거 시제 (사건) + 미래 시제(결과) • (논리적 연결을 위한) 연결사

단원		MYP 1	MYP 2	MYP 3	MYP 4	MYP 5
4	제목	• 내가 쓰는 돈으로 다른 아이들이 무엇을 할 수 있는지 설명하기	• 함께 협력하여 파티를 기획하기	• 역사적 순간 다시 쓰기	• 우주 식민지 실험에 참여하도록 사람들을 초대하기	• 논리와 증거를 활용하여 누군가의 무죄를 증명하기
	탐색	• 경제 • 도시 • 엔터테인먼트 • 트렌드	• 규칙 • 경제 • 예산 • 소비와 책임	• 역사 • 유산 • 형평성 • 개발 • 시간	• 형평성 • 테크놀로지 • 책임	• 정의 • 성찰 • 형평성
	총괄 과제 & 의사소통의 목적 (제작할 텍스트)	• 정보성 인포그래픽 • 인포그래픽 발표	• 파티 예산 발표 • 파티 지출 보고서(서면)	• '우리가 알지 못했던 이야기'(보고서)라는 제목의 책 챕터 • 선택된 사건에 대한 개인적인 대화	• 우주 식민지 프로젝트 지원 영상(설득력 있는) • 관심 표현 편지(설득력 있는)	• 3인 그룹으로 재판 시뮬레이션 (설득력) • 대상의 무죄 또는 유죄에 관한 신문 뉴스
	사용할 텍스트	• 브로슈어 • 웹사이트 • 차트	• 구매 송장 • 문자 메시지 • 브로슈어 • 웹사이트	• 기사 • 신문 뉴스 • 역사책 발췌문 • 다큐멘터리	• 기사 • 소셜 미디어 게시물 • 포스터 • 직원 프로필	• 신문 뉴스 • 소셜 미디어 게시물
	언어 내용	• 숫자 0~1000 • 성(gender) 및 문법적 수(number) 복습 • 단순 현재 시제 확장(사용 시작) • 동사: 지출하다, 저장하다, 지불하다, 사용하다, 구매하다, 판매하다, 비용이 들다.	• 제품 • 서비스 • 숫자 복습 • 비교 표현 • 조동사 • 단순 현재 시제 복습 • 동사: 지불하다, 비용이 들다, 절약하다 등에 대한 복습 • 지출 보고서에 과거 시제 소개(다양한 라틴어 표현)	• 단순 과거 시제(과거 사건 보고) • 사건의 논리적 순서 • 임시적 시간 표현 • 논리적 사고 • 관계절	• 직업 • 기능 • 지식 • 근로자의 역할과 책임 • 단순 현재 시제 • 단순 미래 시제 • 조동사	• 단순 과거와 불완료 과거의 다양한 조합이 가지는 의미 • 임시적 시간 표현 • 관계절

자료 B 단원 계획서 샘플(초급 수준 마무리 단계)

제2장에서 초급 탐구 단원을 계획할 때 협업한 사례를 공유했었다. 다음 단원 계획서는 그러한 협업의 결과물을 보여 줄 예정이다.

개념 기반 탐구 단원 계획서 – 기초 쌓기(Grounding)

학년/학년: 6~10학년 학생 연령: 만 10~16세	단원 제목: 테크놀로지와의 상호작용하기	이전 단원: 도시마다 그만의 언어가 있다.	다음 단원:
이 단원의 탐구는 다음 항목에서 전이된다.			
이해도: 성별, 수, 단어 형태, 문장 구조, 조동사, 문장에 포함된 기능어 능력(ability): 포스터, 정보성 브로슈어 및 동영상 제작 원격 학습 상황에서의 개인적인 경험 관련 기능: 발음, 명료한 표현(enunciation), 텍스트 제작, 메시지 작성(다양한 상호작용 환경)			
단원의 목적:			
이 단원은 학생이 능동적인 어휘를 풍부하게 개발하고 테크놀로지를 통해 자신의 작업을 설명할 수 있는 의사소통 기능을 개발하도록 지원하는 것을 목표로 한다. 이 단원의 학습 경험과 언어 발달은 학생이 사용하는 플랫폼과 가상 학습 공간에서 수행되는 활동에 있어서 효과적으로 대화할 수 있는 역량을 강화해 줄 것이다.			

언어 이해하기
토픽 관련 어휘(의미)
동사 및 주어(형태)
문법구조
의도
명령문
명령형/조동사

언어에 반응하기
능동적 청취
개인적 연결
가상 환경에서의 읽기 행동
단계별 탐색
다양한 역할

단원 제목:
테크놀로지와의 상호작용

개념 렌즈:
기능/의사소통

언어 생산하기
정보 전달 말하기/쓰기 기술
구두 표현
청중 인식
관습
텍스트 유형

언어 비평하기
다양한 유형의 문장
주어-동사 대응
질문-응답 관계
내용의 정확성

영역[2]	세부 정보	가이딩 개념적 이해	가이딩 질문: F: 사실적 질문 C: 개념적 질문 D: 논쟁적 질문
맥락	• 학습 및 개인 생활	**(G1)** 정보 제공 및 교육용 다중모드 텍스트는 사람들이 과제를 수행하고, 목표를 달성하고, 독립적으로 작업할 수 있도록 지원한다.	1.1 우리는 다중 모드 텍스트로 메시지를 구성할 때 어떤 시각적 및 언어적 요소를 고려하는가? (F) 1.2 사람들은 왜 교육용 또는 안내용 텍스트를 사용하는가? (F) 1.3 다중 모드 텍스트를 읽는 것은 인쇄된 텍스에 있는 텍스트만 읽는 것과 어떻게 다른가? (C) 1.4 다양한 언어 모드가 텍스트의 의미를 만드는 데 어떻게/얼마나 기여할 수 있는가? (D)

2) 역자 주: 영역(strand)은 줄기라는 뜻으로 설계에서는 단원의 목차에 해당하고, 과정 기반의 과목에서는 각각의 과정의 영역을 설정하는 공간이 되기도 한다.

영역	세부 정보	가이딩 개념적 이해	가이딩 질문: F, C, D
이해하기	• 가상 환경(웹사이트, 플랫폼, 앱)과 관련된 어휘[열다, 저장하다, 보내다, 공유하다, 복사/붙여넣다, 답장하다, 게시하다, 다운로드하다, 업로드하다 등의 동사] • 조동사(제안, 예방, 가능성 진술) • 명령어(스페인어로 긍정형)	**(G2)** 언어 구조와 다양한 언어 모드를 결합하면 명확하고 논리적이며 다양한 청중 유형이 접근하기 쉬운 메시지를 작성하는 데 도움이 된다.	2.1 가상 학습 공간에서 일반적으로 사용되는 어휘는 무엇인가? (F) 2.2 교육용 가상 텍스트에서 공통적으로 발견되는 요소는 무엇인가? (F) 2.3 대화 상대에 대한 사전 지식은 어떻게 탐색할 수 있는가? (F) 2.4 지시, 안내 등 다양한 의도를 표현할 때 어떤 언어 구조를 사용하는가? (F) 2.5 다양한 사용자를 위한 교육 동영상을 만들 때 다양한 언어 모드와 언어 구조를 고려하는 이유는 무엇인가? (C) 2.6 어떤 언어 모드가 특정 목적에 더 효과적인가? (D)
반응하기	듣기 또는 읽기 활동을 통해: • 아이디어 식별 • 응답 생성 • 의견 비교 • 맥락 안에서 아이디어 이해 • 맥락에 따른 언어 분석	**(G3)** 사람들은 정보에 연계하고 서로 다른 세부 사항 간에 연결 짓기를 하여 텍스트가 의도한 목적이나 목표를 충족한다.	3.1 지침을 따를 때 사전 언어 지식은 어떤 역할을 하는가? (F) 3.2 시청자가 이미지를 아이디어와 연관시키는 데 도움이 되는 요소에는 무엇이 있는가? (F) 3.3 청취자가 아이디어를 따르는 데 도움이 되는 것은 무엇인가? (D)
		(G4) 독자는 텍스트의 다양한 언어 요소 간의 관계성을 해석하여 이해력을 보여 주고 효과적으로 응답할 수 있다.	4.1 어떤 아이디어가 이미지나 삽화를 통해 더 쉽게 전달될 수 있는가? (F) 4.2 어떤 전략이 서로 다른 언어의 소통 방식을 시각화하는 데 도움이 될 수 있는가? (F) 4.3 어떤 아이디어가 단어를 통해 더 쉽게 전달될 수 있는가? (F) 4.4 독자가 의미나 메시지를 해석할 때 언어 요소 간의 관계를 이해해야 하는 이유는 무엇인가? (C)

영역	세부 정보	가이딩 개념적 이해	가이딩 질문: F, C, D
비평하기	• 축제 및 기념일 설명하기 • 축제 관련 대화에 참여하기 • 의견 및 관점 표현 • 논리적인 문장 만들기 • 올바른 문장 작성하기 • 텍스트의 구조 및 형식	**(G5)** 의사소통의 목적이 명확하면 사람들은 의도적으로 말하고 청중의 참여를 유도하고 안내할 수 있다.	5.1 발표자나 연사는 청중/시청자가 지침을 따르도록 돕기 위해 어떤 전략을 사용할 수 있는가? (F) 5.2 사람들이 텍스트를 작성할 때 의사소통의 목적, 단어 선택, 메시지 간의 관계를 고려하는 이유는 무엇인가? (C) 5.3 가르치거나 안내를 하기 위한 텍스트를 작성할 때 문장을 적절하고 명확하게 표현해야 하는 이유는 무엇인가? (C)
생산하기	• 신입생에게 학교에서 사용하는 플랫폼 중 하나를 설명하는 사용 방법 안내 비디오 • 한 학생이 다른 학생에게 플랫폼 사용 단계를 안내하는 역할극 • 앱 사용 방법을 설명하는 인포그래픽 또는 순서도	**(G6)** 작가는 텍스트의 전달 목적을 고려하여 원하는 메시지를 전달하는 데 필요한 어휘와 언어 구조를 선정한다.	6.1 명령문의 구조는 다른 진술문과 어떻게 다른가? (F) 6.2 조동사로 표현된 아이디어의 의미는 다른 진술문과 어떻게 다른가? (F) 6.3 조동사 뒤에 오는 동사는 어떤 형태를 취하는가? (F)
		(G7) 언어 사용자는 다양한 언어 요소와 구조를 결합하여 정보를 제공하고 안내하는 논리적인 메시지를 생성한다.	7.1 명령형 동사를 다른 활용형 동사와 비교하여 구별하는 데 도움이 되는 요소는 무엇인가? (F) 7.2 과정을 안내하는 데 유용한 진술문의 유형은 무엇인가? (F) 7.3 튜토리얼(교육 동영상)이나 DIY(자체 제작) 텍스트를 만들 때 청중의 사전 언어 지식을 고려해야 하는 이유는 무엇인가? (F) 7.4 다양한 아이디어를 표현할 때 서로 다른 조동사를 사용하는 것이 중요한 이유는 무엇인가? (C) 7.5 텍스트 메시지를 구성할 때 어떤 언어 선택이 가능한가? (D)[3]

3) 역자 주: 사실적 질문이 토론을 이끌 때는 F 유형이 D 유형과 같이 유연하게 활용될 수 있다.

주요 내용(contents) 및 주요 기능(skills)

영역	주요 내용	주요 기능
이해하기	• 테크놀로지 플랫폼과 관련된 어휘 • 가상 학습 환경에서의 행동과 관련된 어휘 • 다양한 문법 구문의 형태, 사용 및 의도 • 할 것과 하지 말 것 표현	• 다양한 단어 사용하기 • 문장을 올바르게 구성하기 • 다양한 유형의 문장 생성 및 결합하기 • 다양한 구문을 사용하여 아이디어 전달하기 • 다양한 구조 간의 차이점에 대한 이해를 드러내기 • 질문과 답변 간의 관계 파악하기
반응하기	• 맥락에서 어휘 사용 • 읽기 전략 • 시각적 문해력 • 텍스트의 시각적 요소를 탐색하는 전략 • 반응하기 전략	• 논리적인 아이디어 수립하기 • 다양한 매체를 정확하게 다루기 • 지침 따르기 • 시각적 요소 간의 관계 해석하기 • 의미 있는 반응 작성하기 • 탐구 과정에서 습득한 어휘 사용하기
비평하기	• 어휘와 다양한 문법 구조의 효과적인 사용 • 의도가 다른 문장 • 문장 유형에 따른 올바른 구문	• 다양한 단어의 의미와 사용(use)을 구분하기 • 다양한 구조의 올바른 사용법 설명하기 • 아이디어를 논리적으로 구성하기 • 다양한 출처의 관련 정보 사용하기 • 자체 수정 능력 입증하기 • 피드백에 따라 행동하기
생산하기	• 특정 청중을 대상으로 하는 언어 사용 • 특정 목적을 위해 아이디어를 전달하기 위한 언어 사용 • 아이디어의 논리적 구성 • 명확하고 논리적인 메시지 작성 • 관습을 적절히 사용	• 일관성 있는 글쓰기 • 명확하게 말하기 • 청중에게 적합한 방식으로 다가가기 • 원하는 메시지를 전달하기 • 청중과 목적에 맞는 어휘와 구조 선택하기 • 언어를 올바르게 사용하기

교수 및 학습 과정

주 (Week)	평가기준/ 스트랜드	개념적 초점 G	가이딩 질문 Q	학습 경험
1	Ci, Di[4]	(7) 언어 사용자는 다양한 언어 요소와 구조를 결합하여 정보를 제공하고 안내하는 논리적인 메시지를 만든다. (2) 언어 구조와 다양한 언어 모드를 결합하면 명확하고 논리적이며 다양한 청중 유형이 접근하기 쉬운 메시지를 작성하는 데 도움이 된다.	7.1 명령형 동사를 다른 활용형 동사와 비교하여 구별하는 데 도움이 되는 요소는 무엇인가? (F) 2.1 가상 학습 공간에서 흔히 볼 수 있는 어휘는 무엇인가? (F) 2.2 교육용 가상 텍스트의 일반적인 기능에는 어떤 것이 있는가? (F) 2.3 대화 상대에 대한 사전 지식은 어떻게 탐색할 수 있는가? (F) 2.4 지시, 안내 등 다양한 의도를 표현할 때 어떤 언어 구조를 사용하는가? (F)	• G7을 사용하여 탐구 전체를 맥락화한다. • 앱의 플랫폼과 같은 가상 학습 시나리오의 사진이나 삽화를 사용하여 어휘를 미리 가르친다. • Q2.1을 사용하여 문법 활용을 알린다. 학습 플랫폼에서 우리가 하는 일을 설명하는 데 사용되는 일련의 유용한 동사를 가르친다. • 명령형 문장의 예시를 보여 주고, 학생에게 문장에서 주어의 부재 및 동사의 형태와 같은 차이점을 발견하도록 요청한다. Q2.2를 사용해 언어 탐구를 더 심화하고 더 많은 예시를 탐구한다. Q7.1을 통해 일반화하도록 한다. • 문장이 쓰여진 방식과 시제에 따라 문장의 의미를 탐구할 수 있다. • 학생에게 보여 줄 멘토 텍스트 및 문장을 선택할 때 Q2.2를 사용하여 질문에 답변하도록 한다. • 학생에게 다양한 시나리오에서 어휘가 사용되는 것을 볼 수 있는 이해하기 쉬운 정보를 제공한다. Q2.3을 형성 평가로 사용한다. • 가상 환경에서 작업을 수행해야 하는 텍스트(예: 지원서 작성)에 언어를 사용하는 방식을 살펴본다.

4) 역자 주: MYP의 언어 습득 평가 기준안에는 A, B, C, D가 있고, 각 기준안에는 세부 요소 i, ii, iii 등이 명시되어 있다. 기준안 내용이 궁금한 독자는 구글에서 MYP Langugae aquisition guide(2020/2021)를 검색하면, 그 정보를 찾을 수 있을 것이다.

주 (Week)	평가기준/ 스트랜드	개념적 초점 G	가이딩 질문 Q	학습 경험
2	Cii, Dii	(6) 작가는 텍스트의 전달 목적을 고려하여 원하는 메시지를 전달하는 데 필요한 어휘와 언어 구조를 선정한다.	6.1 명령문의 구조는 다른 진술문과 어떻게 다른가? (F) 6.2 조동사로 표현된 아이디어의 의미는 다른 진술문과 어떻게 다른가? (F) 6.3 조동사 뒤에 오는 동사는 어떤 형태를 취하는가? (F)	• G6를 사용하여 이 탐구 단계를 맥락화한다. • Q6.1을 사용하여 명령문의 동사 형태를 검토한다. • 가상 학습 환경에서 텍스트를 생성하기 위해 작성자가 내리는 결정에 대해 탐구한다. • 아이콘의 의미와 복사/붙여넣기 같은 기능이 어떻게 표현되는지 탐구한다. • 조동사와 명령문의 사용 개념을 비교하며 의도(intention) 개념을 탐구해 본다. 학생들이 이러한 구조를 사용하여 문장을 작성하는 일련의 사례 연구를 사용하는 것이 유용할 것이다. Q6.1 및 Q6.2를 사용하여 일반화를 지원한다. • 사용 설명서에서 명령문의 사용을 탐구하고, 학생 수준의 언어로 지시문을 작성한다. 이러한 텍스트를 멘토 텍스트로 사용한다. • 학생에게 다른 맥락에서 이러한 텍스트를 모방하여 쓰도록 한다.
3	Ai, Bi	(4) 독자는 텍스트의 다양한 언어 요소 간의 관계성을 해석하여 이해력을 보여 주고 효과적으로 응답할 수 있다.	4.1 어떤 아이디어가 이미지나 삽화를 통해 더 쉽게 전달될 수 있는가? (F) 4.2 어떤 전략이 서로 다른 언어의 소통 방식을 시각화하는 데 도움이 될 수 있는가? (F) 4.3 어떤 아이디어가 단어를 통해 더 쉽게 전달될 수 있는가? (F) 4.4 독자가 의미나 메시지를 해석할 때 언어 요소 간의 관계를 이해해야 하는 이유는 무엇인가? (C) 4.5 디지털 환경과 관련된 명사와 동사 사이의 관계는 무엇인가? (C)	• G4를 사용하여 이 탐구 단계를 맥락화한다. • 의미를 전달하는 데 사용할 수 있는 언어 방식(형태, 선, 색, 상징)에 대해 브레인스토밍한다. Q4.1을 사용하여 이 경험을 확장한다. • 가상 환경과 다른 시나리오에서 텍스트를 접할 때 사용하는 전략의 차이점을 살펴본다. 예를 들어, 웹사이트와 브로슈어의 지침을 비교한다. Q4.4를 사용하여 성찰하고 일반화한다. • 학생에게 몇 가지 앱에 접근하여 주어진 지침을 적고 번역해 보도록 요청한다. 사용된 동사 형태와 시제에 대해 생각해 보도록 요청한다. • 학생에게 자신이 사용하는 앱의 랜딩 페이지(홈페이지 방문 시 보는 첫 페이지)에 있는 단계/다양한 지침을 설명해 보라고 한다. Q4.5를 사용하여 성찰하고 일반화한다.

주 (Week)	평가기준/ 스트랜드	개념적 초점 G	가이딩 질문 Q	학습 경험
4	Aii, Bii	(3) 사람들은 정보에 연계하고 서로 다른 세부 사항 간에 연결 짓기를 하여 텍스트가 의도한 목적이나 목표를 충족한다.	3.1 지침을 따를 때 사전 언어 지식은 어떤 역할을 하는가? (F) 3.2 시청자가 이미지를 아이디어와 연관시키는 데 도움이 되는 요소에는 무엇이 있는가? (F) 3.3 청취자가 아이디어를 따르는 데 도움이 되는 것은 무엇인가? (D)	• G3를 사용하여 이 탐구 단계를 맥락화한다. • 학생에게 청자와 독자로서의 자신의 역할에 대해 성찰해 보고, 텍스트에 몰입하기 어려운 이유를 공유하도록 요청한다. 예: 토픽에 익숙하지 않음. Q3.1을 사용하여 토픽을 더 자세히 살펴본다. • 일련의 텍스트를 선택하고, 학생에게 이를 듣고, 보고, 읽도록 요청한다. 학생에게 콘텐츠에 완전히 몰입하기 위해 어떤 배경 지식이 필요한지 논의하도록 요청한다. • 학생에게 청취자, 시청자 또는 독자로서 해당 텍스트를 이해하는 데 도움이 되는 핵심 단어를 식별하도록 요청한다. • 학생에게 텍스트에 몰입할 때 시청자, 독자 또는 청취자에게 도움이 되는 요소에 대해 논의하도록 요청한다. Q3.2를 사용하여 토론을 지원한다. • 총괄 평가 내용을 공지하고, 학생에게 최종 과제를 제작하기 전에 고려할 사항의 초안을 공유하도록 요청하여 이 단계를 마무리한다.
5	Ciii, Diii	(1) 정보 제공 및 교육용 다중 모드 텍스트는 사람들이 과제를 수행하고, 목표를 달성하고, 독립적으로 작업할 수 있도록 지원한다.	1.1 우리는 다중 모드 텍스트로 텍스트의 메시지를 구성할 때 어떤 시각적 및 언어적 요소를 고려하는가? (F) 1.2 사람들은 왜 교육용 또는 안내용 텍스트를 사용하는가? (F) 1.3 다중 모드 텍스트를 읽는 것은 인쇄된 텍스에 있는 텍스트만 읽는 것과 어떻게 다른가? (C) 1.4 다양한 언어 모드가 텍스트의 의미를 만드는 데 어떻게/얼마나 기여할 수 있는가? (D)	• G1을 사용하여 이 탐구 단계를 맥락화한다. 각자의 검색 전략을 활용하여 가상 환경과 관련된 어휘를 복습한다. • Q1.2를 사용하여 이 단계의 탐구를 시작한다. • Q1.1을 사용하여 가상 환경에서 사용되는 언어와 효과적인 메시지 전달에 대해 탐구한다. • 이전에 사용했던 멘토 텍스트를 다시 사용한다. Q1.3 및 Q1.4를 사용하여 의미가 생성된 방식을 탐구한다. • 학생에게 최종 과제를 제작하는 데 사용할 전략에 대해 논의하도록 요청한다. • 명령문, 조동사 및 기타 구조를 검토하여 학생이 지시문을 작성할 수 있도록 지원한다.

주 (Week)	평가기준/ 스트랜드	개념적 초점 G	가이딩 질문 Q	학습 경험
6	C, D 세부요소 모두 적용	(2) 언어 구조와 다양한 언어 모드를 결합하면 명확하고 논리적이며 다양한 청중 유형이 접근하기 쉬운 메시지를 작성하는 데 도움이 된다.	2.1 가상 학습 공간에서 일반적으로 사용되는 어휘는 무엇인가? (F) 2.2 교육용 가상 텍스트에서 공통적으로 발견되는 요소는 무엇인가? (F) 2.3 대화 상대에 대한 사전 지식은 어떻게 탐색할 수 있는가? (F) 2.4 지시, 안내 등 다양한 의도를 표현할 때 어떤 언어 구조를 사용하는가? (F) 2.5 다양한 사용자를 위한 교육 동영상을 만들 때 다양한 언어 모드와 언어 구조를 고려하는 이유는 무엇인가? (C) 2.6 어떤 언어 모드가 특정 목적에 더 효과적인가? (D)	• G7 및 G2를 사용하여 탐구 단계를 맥락화한다. • 각자의 검색 전략을 사용하여 가상 환경과 관련된 어휘를 복습한다. • Q2.1과 Q2.2를 가이드로 참조한다. • Q7.3을 사용하여 청중의 사전 지식을 고려하는 것의 중요성에 대해 검토한다. • Q7.2를 도구로 사용하여 학생이 자신의 총괄 과제를 위한 언어를 선별하도록 지원한다. • 기말 총괄 평가를 위해 생성한 루브릭을 학생에게 안내한다. Q2.3, Q2.4 및 Q7.5를 사용하여 학생이 텍스트 생산자로서의 역할을 수행하도록 유도한다. • 다양한 검색 전략을 사용하여, 교육용 텍스트를 제작하는 데 필요한 어휘 및 관련 구조를 검토한다. • 학생에게 교육용 텍스트를 제작하는 과정을 안내해 준다. 질문을 도구로 사용하여 학생이 메타인지적 연습을 경험하도록 돕는다.
		(7) 언어 사용자는 다양한 언어 요소와 구조를 결합하여 정보를 제공하고 안내하는 논리적인 메시지를 생성한다.	7.1 명령형 동사를 다른 활용형 동사와 비교하여 구별하는 데 도움이 되는 요소는 무엇인가? (F) 7.2 과정을 안내하는 데 유용한 진술문의 유형 무엇인가? (F) 7.3 튜토리얼(교육 동영상)이나 DIY(자체 제작) 텍스트를 만들 때 청중의 사전 언어 지식을 고려해야 하는 이유는 무엇인가? (F) 7.4 다양한 아이디어를 표현할 때 서로 다른 조동사를 사용하는 것이 중요한 이유는 무엇인가? (C) 7.5 텍스트 메시지를 구성할 때 어떤 언어를 선택이 가능한가? (D)	

평가

여러분은 이 과제에서:

사람들이 테크놀로지와 상호작용하는 방식을 조사하여, 정보 제공 및 지시적 멀티모달 텍스트가 어떻게 사람들이 작업을 수행하고, 목표를 달성하며, 독립적으로 작업할 수 있도록 지원하는지에 대해 논의할 것이다.

당신은 학교의 국제 학생 지원팀의 일원이다. 일부 학생들은 작업하고 협업해야 하는 상황에서 여러 가지 플랫폼을 사용하는 데 문제를 겪고 있다.

서비스 활동의 일환으로, 학교의 플랫폼 중 하나를 사용하는 방법을 설명하는 'How-to(튜토리얼)' 동영상을 제작하라는 임무를 맡았다.

주어진 30분 동안 동영상 대본을 준비한 다음, 학생들을 지원하기 위한 실제적 텍스트를 작성할 시간이 주어질 예정이다.

최종 결과물 안에 다음 질문에 대한 답과 근거를 제시해야 한다.

1) 청중에게 맥락을 제공하기 위해 어떤 전략을 고려했는가?
2) 텍스트에 메시지를 구성하는 데 어떤 시각적 및 언어적 요소를 사용했는가?
   왜 그런 요소들이 중요한가?
3) 텍스트를 작성할 때 청중에 대한 사전 지식을 고려했는가?
4) 어떻게 그것을 수행했는가? 이 점이 중요한 이유는 무엇인가?

단원의 마무리

교사 노트 및 성찰	
이 단원은 …에서 전이할 것이다.	

자료 C 단원 계획서 샘플(중하급 수준, lower intermediate level)

제4장에서는 학생이 해당 단원의 최종 시험을 치르는 데 필요한 기능과 개념 지식을 개발할 수 있도록 준비시키기 위해 수행한 작업의 샘플을 공유했었다. 다음 계획서가 해당 단원의 교수 및 학습을 위한 가이드 역할을 했다.

개념 기반 탐구 단원 계획서

기초 다지기(Grounding)

학년: 6~8 2, 3단계	단원 제목: 국제 기념 행사	이전 단원: 생물은 어떻게 의사소통을 할까요?	다음 단원: 만약에 …다면,
이 단원은 다음 항목에서 전이할 것이다.			
관련된 개념적 이해 • 문장 구조 • 주어–동사 일치 • 긍정문, 의문문, 부정문 • 도시의 장소와 관련된 어휘 • 현재 및 과거 시제 관련 기능 • 특정 시청자를 위한 동영상 제작 • 청중을 고려하며 특정 목적에 맞는 글쓰기 • 공식적인 언어를 사용하기			
단원의 목적:			
이 단원에서는 두바이 엑스포 2021과 같은 국제 행사의 영향에 대해 학생이 탐구하도록 하는 것이 그 목표이다. 학생은 이 행사의 성취 사례를 보여 주고, 협력을 촉진하며, 기술, 경제 및 사회적 진보를 강조할 수 있는 기회가 무엇이었는지에 대해 탐구할 것이다. 학생은 행사 유치를 하고 홍보하는 데 필요한 언어에 대해 탐구할 예정이다.			

언어 이해하기

어휘(의미)
관계절(구조, 용법)
시제(현재, 과거)
단어 선택
텍스트 구조
설득

언어에 반응하기

탐구
조사 과정
연결
요약
주요 분석

단원 제목:
국제 기념 행사

개념 렌즈: 협력/의사소통

언어 생산하기

텍스트 형식
텍스트 구조
청중에 대한 인식
단어 선택
메시지

언어 비평하기

스타일-공식적 vs 비공식적
메시지 사이의 청중과의 관계를 고려한
형식, 관습 & 메시지

영역	세부 정보	가이딩 개념적 이해	가이딩 질문: F: 사실적 질문[5)] C: 개념적 질문 D: 논쟁적 질문
맥락	• 인문학: 세계적 행사의 의미와 목적	**(G1)** 협업을 통해 성과를 돋보이게 하고 진행 상황을 강조할 수 있다.	1.1 성취에 대해 이야기할 때 어떤 어휘를 사용하는가? (F) 1.2 진보에 대해 말할 때 어떤 어휘를 사용하는가? (F) 1.3 우리 도시의 프로필을 성공적으로 표현하는 데 도움이 되는 시각 자료에는 어떤 것이 있는가? (F) 1.4 협력이 국가가 성장하고 국민에게 새로운 기회를 제공하는 데 어떻게 도움이 되는가? (C) 1.5 각국의 사회, 과학, 기술 및 경제 발전에 대해 배우는 것이 어떻게 상업과 관광을 발전시킬 수 있는가? (C) 1.6 국가가 다른 국가와의 협력에 관심을 가져야 하는 이유는 무엇인가? (D)

5) **역자 주:** 사실적 질문(factual questions)은 지식의 기초를 형성하는 질문이다. 개념적 질문(conceptual questions)은 개념 간의 관계를 탐구하며, 연결을 촉진하는 질문이다. 이는 더 깊은 탐구와 정교한 사고 과정을 요구한다. 논쟁적 질문(debatable questions)은 학생이 자신의 입장을 정하고 다양한 관점을 논의하도록 유도하는 질문이다. 이를 통해 비판적 사고를 촉진한다.

영역	세부 정보	가이딩 개념적 이해	가이딩 질문: F, C, D
이해하기	• 단순 현재 시제 • 단순 과거 시제 • 관계절(주로 소유를 나타내는 whose에 초점) • 설득	**(G2)** 사람들은 다양한 문장 유형을 결합하여 특정 의사소통 목적에 맞는 텍스트를 작성한다.	2.1 우리 도시에 대해 이야기할 때 어떤 문장 구조를 사용하는가? (F) 2.2 우리 도시의 발전에 대해 이야기할 때 어떤 문장 구조를 사용하는가? (F) 2.3 우리 도시의 성취에 대해 이야기할 때 어떤 문장 구조를 사용하는가? (F) 2.4 우리 도시의 다양한 측면을 다른 도시와 비교할 때 어떤 문장 구조를 사용하는가? (F) 2.5 우리 도시의 최고의 면모를 강조할 때 설득력 있는 주장의 예에는 무엇이 있을까? (F) 2.6 문장에서 관계절이 무엇을 지칭하는지 어떻게 알 수 있는가? (F) 2.7 우린 왜 문장 안의 서로 다른 단어 사이의 관계를 이해해야 하는가? (C)
반응하기	• 다양한 출처를 사용한 조사 • 다양한 출처 분석 • 출처 비교 전략 • 서로 다른 출처의 의사소통 목적 비교하기	**(G3)** 심층 분석은 독자가 메시지를 구성하는 전략에 익숙해지고 텍스트 관습 간 관계를 관찰하는 데 도움이 된다.	3.1 비디오에서 중요한 정보를 전달하는 언어 모드에는 어떤 것이 있는가? (F) 3.2 맥락에서 어휘의 의미를 이해하는 데 도움이 되는 전략에는 어떤 것이 있는가? (F) 3.3 텍스트의 시각적 요소와 의사소통 요소에 주의를 기울이면 메시지를 이해하는 데 어떠한 이점이 있는가? (C) 3.4 텍스트의 시각적 요소와 의사소통 요소에 주의를 기울이면 대상 청중을 이해하는 데 어떠한 이점이 있는가? (C) 3.5 다양한 출처를 사용하면 의미 있는 메시지를 작성하는 데 어떠한 도움이 되는가? (C)
		(G4) 다양한 정확하고 관련성 있는 아이디어를 조사하고 연결하는 것은 강력한 텍스트를 만드는 데 기여한다.	4.1 콘텐츠 제작자가 다양한 출처에서 얻은 아이디어를 사용하는 이유는 무엇인가? (F) 4.2 관련 정보를 담은 텍스트에서 어떤 특징을 볼 수 있는가? (F) 4.3 콘텐츠 제작자는 왜 다양한 출처에서 아이디어를 얻어야 하는가? (D) 4.4 콘텐츠 제작자가 비디오를 통해 메시지를 효과적으로 전달하기 위해 어떤 결정을 내리는가? (D)

영역	세부 정보	가이딩 개념적 이해	가이딩 질문: F, C, D
비평하기	• 스타일: 격식 있는 표현 vs 비격식 표현 • 청중에 대한 감각: 청중을 고려하여 말하기 • 다음 항목에 집중하세요: 형식, 관습 및 메시지	**(G5)** 사용역과 스타일 결정 및 단어 선택은 발표자가 강력한 메시지를 작성하고 청중을 사로잡을 수 있도록 도와준다.	5.1 어떤 언어적 특징이 격식 있는 텍스트와 비격식 텍스트를 구별하는 데 도움이 될 수 있는가? (F) 5.2 발표자가 메시지를 전달할 때 청중과 소통해야 하는 이유는 무엇인가? (C) 5.3 원하는 메시지를 전달하는 데 발음과 조음이 어떻게 도움이 될 수 있는가? (C) 5.4 억양과 분위기(mood) 사이의 관계는 무엇인가? (C) 5.5 리듬과 청중의 몰입(참여도) 사이에는 어떤 관계가 있는가? (C) 5.6 구두 발표에서 사용할 수 있는 도구는 음성뿐인가? (D) 5.7 의사소통 대상과 목적을 염두에 두면 효과적인 텍스트를 작성하는 데 어떤 이점이 있는가? (C)
생산하기	• 세계 엑스포 유치를 위한(학생이 제작한) 도시 소개 영상 • 이메일을 통해 세계 엑스포 조직위원회에 차기 행사 개최에 대한 관심을 공식적으로 표명하기	**(G6)** 사람들은 아이디어를 매력적으로 표현하고, 목표를 달성하기 위해 관련 예시를 정교하게 확장하여 텍스트를 구성한다.	6.1 우리 도시의 프로필을 설명하는 데 도움이 될 수 있는 어휘와 구조에는 무엇이 있는가? (F) 6.2 세계 엑스포 참가 입찰은 어떤 어조로 이루어져야 하는가? (F) 6.3 신청하기 전에 이벤트의 요구 사항을 이해하는 것이 왜 중요한가? (F) 6.4 어떻게 분위기와 어조를 활용하여 전달하고자 하는 메시지를 수정할 수 있는가? (C) 6.5 텍스트가 특정 관습을 따라야 하는 이유는 무엇인가? (C)
		(G7) 작가는 행사의 의미와 목적을 파악하여 사람들에게 해당 토픽에 대해 교육할 수 있는 텍스트를 작성한다.	7.1 문장에서 관계절은 어떤 정보를 가리키는가? (F) 7.2 우리가 작성하는 절의 유형에 따라 문장 구조는 어떻게 달라지는가? (F) 7.3 부정확한 문장부호가 문장이 전달하는 메시지에 어떤 영향을 미칠 수 있는가? (F) 7.4 텍스트 유형의 관습과 텍스트 구성의 관계는 무엇인가? (C)

주요 내용(contents) 및 주요 기능(skills)

영역	주요 내용	주요 기능
이해하기	• 세계 엑스포와 관련된 어휘 • 글로벌 상호작용과 관련된 동사 • 설득적 언어 • 시제(단순 현재, 단순 과거) • 텍스트 형식	• 다양한 어휘를 사용하기 • 문장을 정확하게 구조화하기 • 다양한 유형의 문장을 만들고 결합하기 • 다양한 시제를 결합하여 사용하기 • 설득적 언어 사용하기
반응하기	• 조사 과정 • 다양한 텍스트 분석 • 데이터 수집 전략 • 데이터 해석 기법 • 의사소통의 목적 비교 • 출처의 효과성	• 시각적 및 언어적 요소 식별하기 • 언어 관습 간의 관계 확립하기 • 텍스트의 의사소통 목적을 정의하는 언어가 무엇인지 판별하기 • 출처에서 정보의 효과성 평가하기 • 출처 비교하기
비평하기	• 어휘와 다양한 문법 구조의 효과적인 사용 • 의사소통의 목적, 청중, 단어 선택 간의 관계 • 격식 및 비격식 스타일	• 다양한 단어의 의미와 사용을 구분하기 • 메시지를 구성할 단어를 선택하기 • 다양한 출처의 관련 정보 사용하기 • 의사소통의 목적, 청중, 단어 선택 간의 관계를 설명하기 • 자체 수정 능력 입증하기
생산하기	• 특정 청중을 대상으로 하는 언어 • 특정 목적을 위해 아이디어를 전달하기 위한 언어 • 논리적 아이디어 구성 • 명확하고 논리적인 메시지 생성 • 적절한 관습	• 명확하고 논리적인 언어로 표현하기 • 청중에게 적절히 전달하기 • 원하는 메시지 전달하기 • 청중과 목적에 맞는 어휘와 구조 선택하기 • 올바르게 언어를 사용하기

교수 및 학습 과정

주 (Week)	평가기준 / 스트랜드	개념적 초점	가이딩 질문: F: 사실적 질문 C: 개념적 질문 D: 논쟁적 질문	학습 경험
1		**(G1)** 협업을 통해 성과를 돋보이게 하고 진행 상황을 강조할 수 있다.	1.1 성취에 대해 이야기할 때 어떤 어휘를 사용하는가? (F) 1.2 진보에 대해 말할 때 어떤 어휘를 사용하는가? (F) 1.3 우리 도시의 프로필을 성공적으로 표현하는 데 도움이 되는 시각 자료에는 어떤 것이 있는가? (F) 1.4 협력이 국가가 성장하고 국민에게 새로운 기회를 제공하는 데 어떻게 도움이 되는가? (C) 1.5 각국의 사회, 과학, 기술 및 경제 발전에 대해 배우는 것이 어떻게 상업과 관광을 발전시킬 수 있는가? (C) 1.6 국가가 다른 국가와의 협력에 관심을 가져야 하는 이유는 무엇인가? (D)	**G1**을 사용하여 단원의 탐구 내용을 맥락화한다.
		(G2) 사람들은 다양한 문장 유형을 결합하여 특정 의사소통 목적에 맞는 텍스트를 작성한다.	2.1 우리 도시에 대해 이야기할 때 어떤 문장 구조를 사용하는가? (F) 2.2 우리 도시의 발전에 대해 이야기할 때 어떤 문장 구조를 사용하는가? (F) 2.3 우리 도시의 성취에 대해 이야기할 때 어떤 문장 구조를 사용하는가? (F) 2.4 우리 도시의 다양한 측면을 다른 도시와 비교할 때 어떤 문장 구조를 사용하는가? (F) 2.5 우리 도시의 최고의 면모를 강조할 때 설득력 있는 주장의 예시에는 무엇이 있는가? (F) 2.6 문장에서 관계절이 무엇을 지칭하는지 어떻게 알 수 있는가? (F) 2.7 우리는 왜 문장 안의 서로 다른 단어 사이의 관계를 이해해야 하는가? (C)	**G2**를 사용하여 해당 단원의 탐구와 관련된 어휘를 식별한다. **G2**를 사용하여 의미 형성을 모델링하기 위해 문장을 설계하고 작성한다.

주 (Week)	평가기준 / 스트랜드	개념적 초점	가이딩 질문: F, C, D	학습 경험
2		**(G3)** 심층 분석은 독자가 메시지를 구성하는 전략에 익숙해지고 텍스트 관습 간 관계를 관찰하는 데 도움이 된다.	3.1 비디오에서 중요한 정보를 전달하는 언어 모드에는 어떤 것이 있는가? (F) 3.2 맥락에서 어휘의 의미를 이해하는 데 도움이 되는 전략에는 어떤 것이 있는가? (F) 3.3 텍스트의 시각적 요소와 의사소통 요소에 주의를 기울이면 메시지를 이해하는 데 어떠한 이점이 있는가? (C) 3.4 텍스트의 시각적 요소와 의사소통 요소에 주의를 기울이면 대상 청중을 이해하는 데 어떠한 이점이 있는가? (C) 3.5 다양한 출처를 사용하면 의미 있는 메시지를 작성하는 데 어떠한 도움이 되는가? (C)	**G3**를 사용하여 듣기 목표를 제한하거나 초점을 맞춘다.
		(G4) 다양한 정확하고 관련성 있는 아이디어를 조사하고 연결하는 것은 강력한 텍스트를 만드는 데 기여한다.	4.1 콘텐츠 제작자가 다양한 출처에서 얻은 아이디어를 사용하는 이유는 무엇인가? (D) 4.2 관련 정보를 담은 텍스트에서 어떤 특징을 볼 수 있는가? (F) 4.3 콘텐츠 제작자는 왜 다양한 출처에서 아이디어를 얻어야 하는가? (D) 4.4 콘텐츠 제작자는 비디오를 통해 메시지를 효과적으로 전달하기 위해 어떤 결정을 내리는가? (C)	**G4**를 사용하여 읽기 목표를 제한하거나 초점을 맞춘다.
3		**(G7)** 작가는 행사의 의미와 목적을 파악하여 사람들에게 해당 토픽에 대해 교육할 수 있는 텍스트를 작성한다.	7.1 문장에서 관계절은 어떤 정보를 가리키는가? (F) 7.2 우리가 작성하는 절의 유형에 따라 문장 구조는 어떻게 달라지는가? (F) 7.3 부정확한 문장부호가 문장이 전달하는 메시지에 어떤 영향을 미칠 수 있는가? (F) 7.4 텍스트 유형의 관습과 텍스트 구성의 관계는 무엇인가? (C)	**G7**을 사용하여 글쓰기 과정을 안내하고 가르친다.

주 (Week)	평가기준 / 스트랜드	개념적 초점	가이딩 질문: F, C, D	학습 경험
4		**(G5)** 사용역 스타일 결정 및 단어 선택은 발표자가 강력한 메시지를 작성하고 청중을 사로잡을 수 있도록 도와준다.	5.1 어떤 언어적 특징이 격식 있는 텍스트와 비격식 텍스트를 구별하는 데 도움이 될 수 있는가? (F) 5.2 발표자가 메시지를 전달할 때 청중과 소통해야 하는 이유는 무엇인가? (C) 5.3 원하는 메시지를 전달하는 데 발음과 조음이 어떻게 도움이 될 수 있는가? (C) 5.4 억양과 분위기(mood) 사이의 관계는 무엇인가? (C) 5.5 리듬과 청중의 몰입(참여도) 사이에는 어떤 관계가 있는가? (C) 5.6 구두 발표에서 사용할 수 있는 도구는 음성뿐인가? (D) 5.7 의사소통 대상과 목적을 염두에 두면 효과적인 텍스트를 작성하는 데 어떤 이점이 있는가? (C)	**G5**를 사용하여 말하기 과정 훈련을 안내한다.
5		**(G6)** 사람들은 아이디어를 매력적으로 표현하고, 목표를 달성하기 위해 관련 예시를 정교하게 확장하여 텍스트를 구성한다. **(G2)** 사람들은 다양한 문장 유형을 결합하여 특정 의사소통 목적에 맞는 텍스트를 작성한다.	6.1 우리 도시의 프로필을 설명하는 데 도움이 되는 어휘와 구조는 무엇인가? (F) 6.2 세계 엑스포에 참가하려면 어떤 어조를 가져야 하는가? (F) 6.3 신청하기 전에 이벤트의 요구 사항을 이해하는 것이 중요한 이유는 무엇인가? (F) 6.4 사람들이 전달하고자 하는 메시지를 어떻게 분위기와 어조로 수정할 수 있는가? (C) 6.5 텍스트가 특정 관습을 따라야 하는 이유는 무엇인가? (C)	**G6**를 지침으로 삼아 최종 결과물을 도출하게 한다. **G2**를 총괄 평가 과제에서 의미 결정을 위한 자료로 사용한다.

평가

글로벌 기념행사를 조사하여 협업이 어떻게 그 프로젝트의 성과와 진행 과정을 지원하는지 알아보기로 한다.
당신은 차기 세계 엑스포 유치 위원회의 일원이다. 지난 몇 년 동안 당신의 팀은 세계 엑스포를 자신의 도시에 유치하기 위해 노력해 왔다. 당신은 도시의 장점을 소개하는 유치 동영상을 제작하여 심사위원단이 당신의 도시를 선택하도록 설득하는 임무를 맡게 되었다. 효과적인 글 작성에 대해 공부한 내용과 의미 있고 영향력 있는 언어 선택의 중요성을 고려해서 제작하도록 한다.

과제의 일부로, 다음 질문에 영어로 답해야 한다.

1) 우리 도시가 이룬 성취를 돋보이게 하기 위해 어떤 어휘와 문장 구조를 선택했는가? 그 이유는 무엇인가?
2) 청중의 참여를 유도하기 위해 메시지 작성 시 어떤 결정을 내렸는가? 이것이 왜 중요한가?
3) 적절한 분위기(mood)를 조성하기 위해 어떤 결정을 내렸는가?
4) 당신의 텍스트가 설득력이 있는지 어떻게 알 수 있는가?

단원의 마무리

교사 노트 및 성찰	
이 단원은 …에서 전이할 것이다.	

자료 D 개념적 이해를 연습하기 위한 전략의 예시

제4장에서는 각 개념과 관련된 정보를 기억할 수 있는 행위의 중요성을 강조했다. 이는 지식을 다양한 맥락이나 상황에 전이하는 과정을 관찰하기 위해서였다. 마찬가지로 개념적 지식을 기억할 수 있다는 것은 그러한 지식을 습득하는 방식과 관련된 전략을 기억하는 것으로 이어진다. 그러한 이유로 학생이 특정 지식, 기능 또는 개념적 이해의 숙달을 증명하고자 할 때 사용할 수 있도록 관련된 전략을 생생하게 개발하고 유지하도록 지원해야 한다.

읽기 과정과 관련된 개념

개념	기능	전략(나는 다음을 실천한다)	아니요	도움을 받아…	예
메시지 (message)	텍스트의 메시지를 이해하기	텍스트의 이미지, 표, 데이터에서 단서를 찾으려고 노력한다.			
		제목에서 텍스트에 나타날 아이디어를 예측하려고 노력한다.			
		토픽에 대해 알고 있는 단어 목록을 준비한다.			
		읽는 동안 이해하기 어려운 부분이 있어도 당황하지 않는다.			
		읽는 동안 모르는 단어를 넘어가서 대략적인 내용을 파악하려고 노력한다.			
		읽는 동안 맥락에서 단어를 이해하기 위해 문장을 다시 읽었다.			
		읽는 동안 유사 단어를 찾는다.			
		사람, 사물 또는 장소의 이름을 찾고 정보를 분류한다.			
		이야기가 진행되는 순간에 따라 아이디어를 정리한다.			

개념	기능	전략(나는 다음을 실천한다)	아니요	도움을 받아…	예
목적 (purpose)	텍스트의 목적을 파악하기	텍스트에 나타나는 동사, 형용사, 명사 간의 관계를 찾는다.			
		제목과 부제목에 주의를 기울인다.			
		텍스트 사용역(격식 또는 비격식)에 주의를 기울인다.			
		텍스트가 스스로에게 미치는 영향에 주의를 기울이고 성찰한다.			
관습 (conventions)	텍스트의 관습을 분석하기	읽기 시작하기 전에 텍스트의 구조를 살펴본다.			
		다양한 시각적 요소 간의 관계를 찾는다.			
		텍스트의 청중과의 관계를 찾는다.			
청중 (audience)	텍스트의 목표 청중을 식별하기	단어 선택에 주의를 기울인다.			
		시각적 요소의 특성에 주목한다.			
		저자가 청중을 부르는 표현을 찾는다.			

글쓰기 과정과 관련된 개념

개념	기능	전략(나는 다음을 실천한다)	아니요	도움을 받아…	예
메시지 (message)	특정 메시지를 소통하기	토픽에 대해 알고 있는 단어 목록을 준비한다.			
		토픽에 대한 관련 아이디어를 표현하는 유용한 문장 목록을 준비한다.			
		유사 단어를 찾는다.			
		텍스트의 아이디어를 보완할 수 있는 이미지를 생각한다.			
		메시지를 전달하는 데 도움이 될 수 있는 다양한 정보 표현 방법(그래프, 표)을 생각해 본다.			
		텍스트의 논리를 검증하기 위해 연결사를 사용하여 핵심 아이디어를 작성한다.			
		메시지 전달에 도움이 되는 예시 목록을 작성한다.			
		다양한 출처에서 아이디어를 찾아 사용 가능한 것을 식별한다.			
		마무리 작업을 하기 전에 텍스트를 읽어 본다.			

개념	기능	전략(나는 다음을 실천한다)	아니요	도움을 받아…	예
목적 (purpose)	특정 목적을 가지고 아이디어를 전달하기, 아이디어를 소통하기	원하는 목적을 전달하는 데 도움이 되는 동사, 형용사, 명사를 선택한다.			
		목적에 부합하는 제목을 선택한다.			
		텍스트 사용역을 선택한다(형식적 또는 비형식적).			
		청중에게 영향을 줄 수 있는 아이디어를 선택한다.			
형식 (format)	텍스트의 관습에 대한 이해도를 보이기	글쓰기를 시작하기 전에 텍스트의 구조를 기억한다.			
		아이디어를 기획한다.			
		다양한 시각적 요소를 기억한다.			
청중 (audience)	특정 청중과 아이디어를 소통하기	단어 선택에 대해 성찰하고 작업을 용이하게 하기 위해 의미 체계 영역을 고려한다.			
		텍스트가 대상으로 하는 독자에게 가장 적합한 시각적 요소와 그 특성에 주의를 기울인다.			
		의도적으로 청중에게 말을 건다.			

자료 E 문법에 대한 탐구를 가능하게 하는 학습 루틴 설계

제3장에서는 다양한 학급, 언어 및 언어적 수준의 과제 샘플을 공유했다. 제3장에서 설명된 학습 경험에서 나온 전략들의 특징 중 하나는 탐구 대상이 되는 언어학적 현상을 가시화하는 방식과, 질문을 통해 일반화를 시작하거나 이를 달성하는 방식이라고 할 수 있다.

[그림 6.1] 문법 탐구를 설계하기 위한 학습 루틴

우리가 설계하는 학습 경험에서 고려해야 하는 단계의 본질은 다루는 개념에 대한 의도적인 조사 활동과 관련이 있다. 따라서 각 단계에서 동사(verb)로 표현되는 행위 또는 행동을 제안한다. [그림 6.1]에 표시된 링크나 QR 코드를 스캔하여, 교수 및 학습 과정 설계 시 유용할 수 있는 일련의 학습 루틴을 다운로드해 보자.

자료 F 개인적 성찰 도구

제1장에서는 개념 기반 언어교육의 기본 원리에 대해 설명했다. 다음 서식은 개념 기반 교육 프레임워크를 적용하는 동안 사용할 수 있는 성찰 프로토콜이다. 교사는 개인적으로 변화하기 위해 나아가야 할 단계를 결정하는 데 이 프로토콜을 사용할 수 있다.

변경 가능한 사항	추가하고 싶은 미묘한 차이점(nuance)	바라는 점(aspiration)
자극(활성화)에 포함된 정보를 사용하여 대화나 응답을 생성하도록 통합한다.		
점수 시스템으로 듣기 및 독해 이해도를 산출한다.		
이해를 입증하기 위한 서면 또는 구두 응답을 포함한다.		
팀워크와 짝 활동을 통해 개발하려는 기능의 순서를 파악하고 기획한다.		
특정 시나리오에 기반한 평가를 추가한다.		
과제 포트폴리오들을 통합한다.		
학생과 개별 면담을 통해 학생이 개발해야 할 개념적 지식을 같이 성찰해 본다.		
학생이 자신의 진척도를 확인할 수 있는 모니터링 시스템을 활용한다.		

자료 G 토픽 및 시제에 따라 사용 가능한 텍스트

참고: X는 설정에 가장 적합하도록 선택할 수 있는 항목, 사건 또는 활동의 이름을 나타낸다.

토픽	간단한 어휘 및 간결한 의사소통 표현	현재 시제	과거 시제	미래 시제
일상적인 물건	• 사진 속 물건을 가리키기 • 물건의 위치 설명하기(+ 전치사 또는 색깔 포함) • 물건의 높이, 크기, 무게 비교하기(비교 표현) • 게임: 차이점 찾기(있다/없다)	• 세계 여러 지역에 있는 방이나 학교를 묘사하는 텍스트 • 물건이 캐릭터인 그래픽 소설에서 자기 소개하는 장면(젓가락 vs 마리아치 모자)	• 방/교실/집의 변경 사항에 대한 후기 • 인간이 사용하던 물건에 대해 미래에 쓴 일기장	• X를 대체할 새로운 물건에 대한 추측성 뉴스 보도
장난감	• 자신의 장난감을 주제로 '쇼 앤 텔(show and tell)' • 선물로 받기를 원하는 장난감 그리기 및 색칠하기 • 산타에게 보내는 편지	• 다른 나라에서 아이들이 사회 계층/돈에 따라 노는 장난감을 비교하는 텍스트 • 현재 가장 인기 있는 장난감에 대한 팟캐스트/동영상 • 교육적 측면에서 유익한 장난감을 다루는 브이로그	• 과거의 장난감과 현재의 장난감에 대한 텍스트 • 후기: 나에게 무언가를 가르쳐 준 장난감	• 장애인을 위한 장난감 설계하기 • 장난감의 기능 설명하기

토픽	간단한 어휘 및 간결한 의사소통 표현	현재 시제	과거 시제	미래 시제
교통수단	• 교통수단의 소리와 종류를 연결하기 • 박물관에서 본 물건 그리기/색칠하기 • 다양한 날씨/지역 관련 항목 그리기/색칠하기 • 점토로 모델 만들기 • 교통 박물관: 육상, 해상, 항공 • 교통수단의 진화 과정을 보여 주는 타임라인 만들기(예: 자전거, 자동차, 비행기 등) • 교통 수단에 대한 인포그래픽 • 기본 도시 보고서: X 도시에서 …가 있다/사람들은 …을 사용한다.	• 나와 친구들이 학교에 등교하는 방식 • 내 맥락에서 가장 많이 사용하는 교통 관련 보고서 • 서로 다른 교통 수단 유형 비교 • X(교통수단)의 장점 설명 • X 도시 내 다양한 수단의 사용 • 토론: 대중교통은 발전의 신호인가?	• X 교통수단의 역사 • 교통수단 X의 발전에 대한 정보 텍스트 • 특정 교통수단이 쓸모없게 된 시기를 묘사한 텍스트 • X 운송 모드 도입을 설명하는 텍스트 • 현대 교통 수단 이전의 출퇴근 방식 • 자전거 덕분에 삶이 바뀌었다는 이야기 • 보행 공간으로 변모한 도시에 대한 텍스트	• 향후 교통수단의 변화에 대한 추측 • 다양한 교통 수단으로 인해 생활방식이 어떻게 변화할 수 있는가? • 연료의 미래에 대한 추측 뉴스 보도 • 도심의 미래에 대한 추측 뉴스 보도 • 통신 수단의 미래에 대한 추측 뉴스 보도
과일 및 채소	• 과일/채소 식별 • 추측 게임 • 내 냉장고에는 무엇이 있는가? • 마켓에서의 판매하기 • 다양한 샐러드에서 과일/채소 식별하기	• 다양한 식습관을 가진 사람들을 위한 레시피 설명 • 각 나라의 날씨에 따라 생산되는 음식에 대한 텍스트 • 음식과 축제의 관계에 대한 텍스트	• 과일과 채소의 기원과 그것이 다른 나라에 어떻게 전해졌는지에 대한 텍스트 • 여행 중에 먹은 '이상한' 과일과 채소에 대한 블로그 게시물	

토픽	간단한 어휘 및 간결한 의사소통 표현	현재 시제	과거 시제	미래 시제
식품	• 식품 구별하기 • 추측 게임 • 다양한 레스토랑(채식주의자/비건 레스토랑) • 푸드 트럭에 대한 설명 • 메뉴에는 무엇이 있는가?	• 다양한 식습관을 가진 사람들을 위한 메뉴 디자인 • 다양한 음식의 영양 성분을 설명하는 텍스트 • 음식과 알레르기가 있는 사람 사이의 관계에 대한 텍스트	• 레스토랑에서 음식 리뷰 • '피자의 역사'에 대한 텍스트	
의류	• 옷가게 브로슈어 • 판매 전단지 • 쇼핑 웹사이트	• 팟캐스트: 다양한 매장의 가격 비교하기 • 다양한 문화권의 사람들이 입는 옷에 대한 기사 • 광고–판매	• X 이벤트의 레드카펫 보도 • 다양한 연령대의 사람들이 과거에 입었던 옷과 현재 입는 옷을 비교	
날씨 및 장소(지역)	• 지도에서 다양한 지역의 날씨 묘사 • 다양한 도시의 날씨 설명하기 • 날씨/기후와 의류를 연관 짓기 • 날씨와 관련된 활동 연관 짓기	• 일기 예보	• 자연 재해 관련 텍스트	
주택	• 집 묘사하기 • 임대/판매용 주택 브로슈어 • 자신의 집을 다른 사람의 집과 비교하기 • 집안에 있는 가구에 대한 설명(there is/are ~가 있다 + 전치사)	• 새 집을 묘사하는 동영상 • 판매용 주택에 대한 부동산 동영상 • 세계 각지의 주택이 어떤 재료로 만들어졌는지 설명하는 텍스트 • 집의 특징과 사회 계층, 문화, 지리적 위치 사이의 관계를 설명하는 텍스트	• 시각 장애인, 신체적 어려움이 있는 사람들을 위해 집을 지은 건축가에 대한 기사 • 사람들이 살던 집에 대해 미래 시점에서 서술한 짧은 이야기 • 집의 리모델링을 묘사하는 텍스트	

추천 후기

이 책은 양질의 외국어 교육과정 설계와 관련된 내용을 교사용 자료에서 찾아볼 수 없었던 교사에게 선물과도 같습니다.

라파엘은 개념 기반 교육과정과 수업(CBCI) 언어 교실을 구현하는 데 필요한 단계들의 예제를 제공해 줍니다. 단원 계획서, QR 코드, 동영상 링크를 통해 독자는 라파엘의 수업과 워크숍을 경험할 수 있습니다. 언어 학습 공간을 매력적으로 만드는 아이디어와 수업혁신을 창출하고 실행하는 방법을 이해하기 위한 모범 사례는 늘 소중합니다. 바쁜 교사에게 이러한 라파엘의 지식과 통찰은 매우 가치 있는 자료라 여겨집니다. 언어 교사는 언어 수업의 모습, 느낌, 소리를 통해 성공적인 학습 공간인지 아닌지 알 수 있습니다. 이 책은 그런 공간을 성취하기 위한 도구와 연구 내용을 공유합니다.

저는 지난 10년 이상 동안 라파엘이 열정적으로 워크숍을 이끌고, 스페인어 습득 교과서를 저술하며, 교사를 위한 지원 자료를 개발하는 모습을 보아 왔습니다. 『개념 기반 외국어 교수 및 학습』은 뛰어난 언어 교사가 다른 언어 교사들을 위해 집필한 책입니다. 이 책의 마지막 부분에서 언급했듯이 라파엘은 이제껏 언어를 배우는 학습자로서, 학생과 전 세계 교육자를 가르치는 데 힘써 왔습니다. 이제 라파엘은 언어 교사가 쉽게 따라할 수 있는 단계별 안내 콘텐츠를 통해 자신의 전문 지식, 통찰력 및 학습 내용을 공유하고 있습니다.

라파엘, 당신은 언어 교사들이 자신의 가슴(hearts)과 머리(heads)를 따르며 언어를 통해 소통하고 연결할 수 있도록 영감을 주고 격려합니다. 전 세계 학교의 언어 학습자가 방 묘사, 가족 설명, 여행 일정에 대해 이야기하는 구시대적인 대화에서 벗어나 여러 매체를 활용한 학습 환경에서 기후 위기, 웰빙, 정체성에 대한 생각을 공유하는 모습을 보게 되어 너무나 기쁘게 생각합니다.

–캐롤린 레니(Carolinne Rennie)
뉴질랜드 그린 스쿨 학교장

찾아보기

저자 소개

라파엘 안헬(J. Rafael Ángel)은 2000년부터 스페인어와 영어를 모국어(언어와 문학)로 가르치며, 영어, 스페인어, 프랑스어를 외국어로 가르치는 언어교육자이다. 라파엘은 고국인 멕시코를 시작으로 미국, 요르단, 인도, 중국, 유럽연합 및 벨기에에 이르기까지 다양한 곳에서 국제 교육 경험을 쌓았다. 세 가지 국제 바칼로레아(IB) 프로그램—초등교육 프로그램(PYP), 중등교육 프로그램(MYP), 디플로마 프로그램(DP)—에서 폭넓은 경험을 쌓았고, 2005년부터는 교육자, 부서장, 프로그램 코디네이터(PYP 및 MYP), 교수 및 학습 책임자로서의 전문성을 키웠다. 현재는 벨기에 보가츠 국제학교 북캠퍼스에서 커리큘럼 디렉터로 재직 중이다.

라파엘은 IB MYP 및 DP를 위한 교사 지원 자료(TSM) 작업에 참여했다. MYP 스페인어 교육을 위한 세 권의 개념 기반 도서와 DP 기초 스페인어(Ab Initio) 교수를 위한 세 권의 책을 저술했다. 이 책들은 2015년부터 2017년 사이에 호더 인터내셔널(Hodder International)에서 출판되었고, 2020년에 2판을 발행했다.

원격 환경에서의 언어 교수 방법론에 관한 라파엘의 논문은 2013년과 2015년에 국제 평생공학 교육 및 평생 학습 저널에 게재되었다. 개념 기반 언어교육 및 학습에 관한 그의 연구는 2022년(스페인어)과 2023년(영어)에 책으로 출판되었다. 이 번역서는 그 책을 한국어로 옮긴 것이다. 몬테레이 공과대학교에서 교수 및 학습에 대한 접근법을 전공하여 교육학 석사학위를 받았다.

라파엘은 린 에릭슨 박사와 로이스 래닝 박사의 개념 기반 교육과정 및 수업(CBCI) 워크숍을 이끌 수 있는 공인 트레이너 자격을 갖추고 있으며, 레이첼 프렌치와 함께 CBCI 인스티튜트 팀의 일원으로 예비 CBCI 공인 트레이너를 교육하고 인증하는 일을 현재 하고 있다.

2005년부터 자신의 블로그 'Ser y Estar'에 글을 쓰고 있으며, 라파엘의 블로그는 www.rafangel.wordspress.com에서 확인할 수 있다.

역자 소개

고은지(Eunjee Ko)

한국교원대학교 영어교육 박사과정(수료)

국제영어대학원대학교(IGSE) 영어교육 석사

현 충청남도 교육청, 중등 영어 교사

남서울대학교 IBEC 과정 객원강사, IB MYP/DP Educator Certificates

공주교육대학교 IBEC 과정 겸임교수

IB MEP(다국어 편집 출판 부서) 프리랜서 번역자 및 감수자

개념 기반 교육과정과 수업(CBCI) 공인 트레이너 & 컨설턴트

한국개념기반교육협회 초대 학술연구이사

*이메일: koeunjee30@gmail.com

*홈페이지: https://www.edu-tribes.com

신은정(Grace Eunjung Shin)

영국 바스 대학교 국제교육학 석사

현 공주교육대학교 겸임교수 및 IBEC 과정 디렉터

중등 수학 교사, IB DP 수학 채점관

국제 바칼로레아 교육자 네트워크(IBEN): 워크숍 리더, 학교 인증단 리더, 학교 컨설턴트

IB MEP(다국어 편집 출판 부서) 프로그램 컨설턴트

개념 기반 교육과정과 수업(CBCI) 공인 트레이너 & 컨설턴트

한국개념기반교육협회 초대 회장

*이메일: graceshinnz@gmail.com

*홈페이지: https://kcbea.com

개념 기반 외국어 교수와 학습
−깊이 있는 학습을 통한 의사소통 역량 함양−

From Inception to Fruition:
Concept-Based Language Teaching and Learning

2025년 10월 5일 1판 1쇄 인쇄
2025년 10월 10일 1판 1쇄 발행

지은이 • J. Rafael Ángel
옮긴이 • 고은지 · 신은정
펴낸이 • 김진환
펴낸곳 • ㈜학지사
04031 서울특별시 마포구 양화로 15길 20 마인드월드빌딩
대표전화 • 02-330-5114 팩스 • 02-324-2345
등록번호 • 제313-2006-000265호

홈페이지 • http://www.hakjisa.co.kr
인스타그램 • https://www.instagram.com/hakjisabook

ISBN 978-89-997-3538-7 93370

정가 18,000원

역자와의 협약으로 인지는 생략합니다.
파본은 구입처에서 교환해 드립니다.